Die
Wikipedia-Story

W0342369

Pavel Richter

Die Wikipedia-Story

Biografie eines Weltwunders

Campus Verlag
Frankfurt/New York

MIX
Papier aus verantwortungsvollen Quellen
FSC® C089473
FSC
www.fsc.org

ISBN 978-3-593-51406-2 Print
ISBN 978-3-593-44752-0 E-Book (PDF)
ISBN 978-3-593-44753-7 E-Book (EPUB)

Das Werk einschließlich aller seiner Teile ist urheberrechtlich geschützt. Jede Verwertung ist ohne Zustimmung des Verlags unzulässig. Das gilt insbesondere für Vervielfältigungen, Übersetzungen, Mikroverfilmungen und die Einspeicherung und Verarbeitung in elektronischen Systemen. Trotz sorgfältiger inhaltlicher Kontrolle übernehmen wir keine Haftung für die Inhalte externer Links. Für den Inhalt der verlinkten Seiten sind ausschließlich deren Betreiber verantwortlich.
Copyright © 2020 Campus Verlag GmbH, Frankfurt am Main
Umschlaggestaltung: Verena Bönniger, Delicious Layouts, Hilden
Umschlagmotiv: © shutterstock/YIUCHEUNG
Redaktion: Dr. Kirsten Reimers
Satz: Publikations Atelier, Dreieich
Gesetzt aus der Sabon Next
Druck und Bindung: Grafische Betriebe GmbH, Bad Langensalza
Printed in Germany
www.campus.de

Im Gedenken an meine Mutter Sabine
Gewidmet meinem Vater Dieter

Danke

Inhalt

Vorwort von Jimmy Wales

Am 15. Januar 2001 habe ich eine kleine Webseite mit dem Namen Wikipedia gestartet, indem ich eine Open-Source-Software installierte und ein paar Worte als Test in dieses Wiki schrieb. Meine Idee war eine Enzyklopädie von allen Menschen für alle Menschen, und schnell zeigte sich, dass ich damit nicht alleine war. Die englische Ausgabe wuchs in wenigen Wochen rasant, immer mehr Menschen machten mit, schrieben Artikel und bildeten eine Community. Wikipedia ist eine globale Idee – deshalb starteten wir bereits am 16. März des gleichen Jahres Ausgaben in anderen Sprachen. Dass die deutsche Ausgabe die erste nach der englischen war, ist ein faszinierender historischer Zufall. Wie es dazu kam und noch viel mehr, erzählt Pavel Richter in diesem Buch.

Nachschlagewerke waren schon immer ein Teil meines Lebens. Als ich als kleiner Junge mit meiner Familie in Huntsville, Alabama, lebte, kaufte meine Mutter ein Lexikon mit dem Titel *World Book* von einem Vertreter an der Haustür. Damals konnte ich noch nicht einmal lesen, ich blätterte jedoch in dem Lexikon und war sofort fasziniert. Für mich war das *World Book* ein Fenster in eine schier unendliche neue Welt.

Ich habe einen ganz normalen Lebenslauf: Ich habe studiert und in der Finanzbranche gearbeitet, beim Internetboom der Jahrtausendwende habe ich mein Glück probiert. Schnell war mir klar, dass das Internet den Menschen ungeahnte Möglichkeiten bot, sich zu informieren und zusammenzuarbeiten. Gerade diese frühen Jahre des World Wide Webs haben mir gezeigt, welches Fenster in eine unglaublich große Welt das Netz sein kann.

Die Enzyklopädie hat mich nie wirklich losgelassen – nicht gerade als dickes, in Leder gebundenes Buch, aber als Idee. Wenn man das ganze Wissen der Menschheit allen Menschen der Welt frei zur Verfügung stellen könnte – und wenn man das noch verbinden würde mit den Möglichkeiten der Zusammenarbeit des Internets …

Um dies zu verwirklichen, habe ich Wikipedia ins Leben gerufen. Allerdings nicht allein: Viele andere Menschen verdienen Anerkennung für ihre Rolle beim Aufbau von Wikipedia, denn von Anfang an war das Projekt eine echte Gemeinschaftsaufgabe. Larry Sanger war zum Beispiel der erste (und einzige) Chefredakteur. Tim Shell erfand das Konzept der Diskussionsseite, eine eigene Seite für jeden Artikel in Wikipedia, auf der die Autoren Verbesserungen besprechen können. Und es gibt noch viele andere in unserer Community, die ebenso brillante Ideen zu Wikipedia beigetragen haben.

Als mein Freund Pavel mir erzählte, dass er ein Buch über Wikipedia schreiben wolle, war mir sofort klar: Dazu möchte ich etwas beitragen! Denn Deutschland und die deutsche Wikipedia mit ihrer Community hat für mich stets eine besondere Bedeutung gehabt. Außerdem kenne ich Pavel schon seit der Zeit, als er mitgeholfen hat, das deutsche Wikimedia-Chapter erfolgreich aufzubauen.

Kurz nachdem wir die deutsche Wikipedia gestartet haben, stellte sich heraus, dass die Deutschen offenbar ein besonderes Verhältnis zur Idee hinter Wikipedia haben. Denn wie sonst ließe sich erklären, dass Deutsch zwar auf der Liste der am häufigsten gesprochenen Sprachen weltweit nur auf Platz 13 steht, die deutsche Wikipedia aber die viertgrößte aller Ausgaben ist? Ein deutscher Wikipedianer sagte einmal zu mir: »Es brauchte einen optimistischen Amerikaner, um so etwas wie Wikipedia überhaupt zu denken.« Worauf ich antwortete: »Und es bedurfte der Deutschen, um rauszufinden, wie man das dann umsetzt.«

Wikimedia Deutschland war die erste lokale Organisation, das erste sogenannte Chapter, das es auf der Welt gab, und es ist auch heute noch das größte. Das erste weltweite Treffen der Wikipedianer, die Wikimania, fand 2005 in Frankfurt am Main statt. Die Deutschen sind also offenbar sehr gut darin, eine Enzyklopädie zu schreiben und Dinge zu organisieren!

Woher ich das alles weiß? Natürlich aus Wikipedia. Es vergeht kaum ein Tag, an dem ich Wikipedia nicht nutze. Um Vorträge vorzubereiten, bevor ich Interviews gebe oder auf Kongressen auftrete. Aber natürlich nutze ich Wikipedia auch wie alle andere: Um eine Frage zu beantworten, über die ich mir mit einem Kumpel nicht einig werden kann. Um meiner Tochter bei den Hausaufgaben zu helfen. Oder einfach nur so, indem ich mich von einem Artikel zum anderen klicke.

Ich selbst nehme bei Wikipedia eine besondere Rolle bei. Allerdings nicht in dem Sinne, wie sich das viele Menschen außerhalb von Wikipedia vorstellen. Ich bin nicht der Geschäftsführer der Wikimedia Foundation, und ich bin niemandes Chef. Ich bin eines von zehn Mitgliedern des Kuratoriums der Wikimedia Foundation. In Wikipedia schreibe ich natürlich mit. Und ich werde innerhalb und außerhalb des Projekts um Rat gefragt. Am Anfang war ich noch sehr direkt beteiligt, habe viele der frühen Regeln festgelegt und auch mal jemanden rausgeworfen, der das Projekt sabotierte. Heute äußere ich mich, wenn ich gefragt werde oder wenn ich glaube, dass ich etwas zu einer Diskussion beitragen kann. Denn Wikipedia lebt von der Qualität des Arguments, des Belegs, des Gedankens. Nicht vom Namen oder Status eines Einzelnen.

Ein wichtiges Element des Erfolgs von Wikipedia ist, dass wir von Anfang an und bis heute den Menschen vertrauen. Es ist eine der weltweit größten Webseiten – und jeder kann sie ändern, ohne sich anzumelden und ohne zu fragen. Einfach so. Das geht nur mit Vertrauen: darauf, dass die Menschen diese Freiheit nicht für eigennützige Zwecke missbrauchen, und in die Gemeinschaft der Wikipedianer, dass sie Regeln und Prozesse aufstellen, die diese Freiheit ermöglichen und unterstützen. Diese Art zu denken fällt vielen schwer, denn in gewisser Weise wird die Kontrolle aufgegeben. Doch es funktioniert, auch und besonders in einem Land wie Deutschland, dem gerne mal eine besondere Beziehung zu Regeln und Kontrolle unterstellt wird. Vertrauen ist ein wichtiges Element zum Gelingen des Projekts Wikipedia.

Was mich heute umtreibt, sind zwei Dinge: zum einen die Qualität von Wikipedia. Wir sind so erfolgreich geworden, dass mit dem enormen Erfolg auch enorme Verantwortung einhergeht. Was in Wikipedia steht, das wird von Millionen Menschen gelesen. Zwar sollte sich jeder immer auch noch zusätzlich außerhalb von Wikipedia informieren, aber oft genug schauen die Leute nur in unseren Artikel zu einem Thema. Umso wichtiger ist es, dass unsere Artikel stimmen. Dafür ist es nötig, dass alles, was wir schreiben, mit seriösen Quellen belegt ist. Voraussetzung dafür sind funktionierende Communities: Communities, in denen die Mitglieder respektvoll und freundlich miteinander umgehen; Communities, die offen sind für Menschen aus jeder Religion, jeden Geschlechts, jeder politischen Ausrichtung und jeder sozialen Herkunft.

Das Zweite, was mich bewegt, ist die nächste Milliarde Menschen, die in den kommenden Jahren online gehen wird. Denn diese Menschen kommen fast ausschließlich aus Entwicklungsländern. Immer wenn ich in Asien, Afrika oder Südamerika unterwegs bin, sehe ich, wie wichtig Wikipedia für die Menschen dort ist. In Ländern, in denen Schulbücher nur schwer erhältlich oder zu teuer sind, ist Wikipedia oft die einzige Quelle für verlässliche Informationen, die den Menschen zur Verfügung steht. Wikipedia ist eigentlich nicht für uns, sondern für sie. Sie ist für die Mädchen irgendwo in Afrika, die das Leben von Hunderttausenden Menschen um sie herum retten könnten – aber nur, wenn sie Zugang zu Wissen haben.

Wikipedia lebt nicht nur davon, gelesen zu werden. Wikipedia lebt davon, dass Menschen mitmachen und mitschreiben. Und es ist wichtig, dass aus dieser nächsten Milliarde Menschen nicht nur viele Wikipedia lesen, sondern auch zu ihr beitragen. Damit auch ihre Sichtweisen, ihre Sprachen, ihr Denken und ihr Wissen repräsentiert sind in Wikipedia. Davon profitieren nicht nur die Entwicklungs- und Schwellenländer, sondern auch wir in der westlichen Hemisphäre. Wir können mit Wikipedia die Sichtweisen ansonsten marginalisierter Gruppen kennenlernen. Diese Chance sollten wir nutzen.

Doch mein Denken und mein Handeln gehen über Wikipedia hinaus. Wikipedia wird immer einen besonderen Platz in meinem Herzen haben. Aber die Idee dahinter kann auch in vielen anderen Bereichen erfolgreich umgesetzt werden. Sei es Wikidata (übrigens auch in Deutschland erfunden und umgesetzt) oder sei es als ein freies und selbstverwaltetes alternatives soziales Netzwerk, wie ich es gerade mit WT.social aufbaue. Wir sollten das Internet als einen Ort der Freiheit und der Gemeinschaft erhalten und verteidigen.

Ich wünsche Ihnen viel Vergnügen beim Lesen dieses Buches von Pavel Richter. Es bietet Ihnen einen Blick in den Maschinenraum von Wikipedia; schauen Sie uns über die Schulter, während wir Wikipedia schreiben, für Sie und für uns.

Aber bitte schauen Sie nicht nur zu: Machen Sie mit. Ich schließe daher mit einer Bitte, ja sogar mit einem Appell, an Sie, die Leserin, den Leser dieses Buches: Bleiben Sie der Idee von Wikipedia gewogen. Beteiligen Sie sich, nehmen Sie teil an Wikipedia: als Leser, als Spender, als Autor, als Fotograf, als Korrektor, als Diskutant.

Denn Wikipedia, das sind wir!

Einleitung: Wissen ist Macht

Wikipedia ist eine Enzyklopädie, und sie ist die größte Enzyklopädie aller Zeiten. Doch Wikipedia ist noch sehr viel mehr.

Sie ist eine schier unglaubliche Erfolgsgeschichte – sie ist weltweit die einzige Webseite unter den Top 10, die nicht kommerziell ausgerichtet ist. Niemand wurde durch sie zum Milliardär, Werbung gibt es nicht – und doch ist sie global zum Synonym für Wissen geworden. Zunächst belächelt als ein Internetprojekt von ein paar Nerds, lange von den etablierten Nachschlagewerken ignoriert, schließlich heftig bekämpft, hat sie sich schließlich behauptet: Brockhaus und Co. gibt es nicht mehr. Die Geschichte der Enzyklopädie Wikipedia ist abwechslungsreich, spannend, voller faszinierender Entwicklungen, Anekdoten und auch einiger Skandale.

Zugleich ist Wikipedia, und gerade auch die deutsche Wikipedia, geprägt von einer mitunter toxischen Diskussionskultur. Der Umgangston kann rau werden, immer wieder auch aggressiv. Fachleute fühlen sich oft nicht ernst genommen, ja geradezu verachtet von einer Kultur der Anonymität. Auch Frauen sind massiv unterrepräsentiert unter den Autoren (90 Prozent sind Männer), von Menschen mit Migrationshintergrund oder ohne formale Schulbildung wollen wir gar nicht erst sprechen. Wikipedia ist eine Erfolgsgeschichte mit Schattenseiten, die hier nicht verschwiegen werden sollen.

Als Enzyklopädie steht Wikipedia in der Tradition der *Encyclopédie* des Denis Diderot, der *Encyclopedia Britannica*, von *Meyers* und *Brock-*

haus. Enzyklopädien sammeln nicht nur einfach Wissen. Sie sind Instrumente der Aufklärung, der »Befreiung des Menschen aus seiner selbstverschuldeten Unmündigkeit«, wie es der Philosoph Immanuel Kant 1784 formulierte. Das war im 18. Jahrhundert ebenso revolutionär, wie es das heute ist. »Wissen ist Macht« ist kein Spruch aus einem Glückskeks, sondern Versprechen und Drohung zugleich. Ein Versprechen für die Unterdrückten und Benachteiligten auf Teilhabe und Macht, und eine Drohung gegen diejenigen, die Wissen bisher kontrolliert und den Zugang zu ihm beschränkt haben. Indem Wikipedia Wissen frei zur Verfügung stellt und für jedermann zugänglich macht, bedroht es die Machtpositionen von Herrschenden, von Kirchen, von Unternehmen nachhaltig. Wissen ist ein großes Geschäft – und Wikipedia erschüttert die Grundlagen dieses Geschäftes.

Wikipedia ist aber auch ein Projekt zum unabhängigen Aufbau einer Enzyklopädie. Denn dahinter steht kein Verlag, keine Redaktion, kein Vertrieb, keine Anzeigenabteilung. Wikipedia lebt vom Engagement von Zehntausenden Menschen, die Tag für Tag ihr Wissen einbringen, damit es frei für jeden zugänglich und nutzbar ist. Dafür haben diese Menschen ein komplexes und ausgefeiltes System entwickelt, mit dem sie den Aufbau der größten Enzyklopädie der Welt organisieren. Es haben sich formale Regeln herausgebildet, aber auch unendlich viele ungeschriebene. Doch wie funktioniert das? Niemand steuert die Wikipedianer, niemand gibt eine Richtung vor, außer sie sich selbst. Ihre Mission lautet: »Stell dir eine Welt vor, in der jeder einzelne Mensch frei an der Summe allen Wissens teilhaben kann. Das ist unsere Verpflichtung.«

Dieses Buch lädt Sie ein, einen Blick hinter die Kulissen dieses unglaublichen Projektes zu werfen. Es berichtet von den sieben Versuchen, die es vor Wikipedia gab, die aber allesamt gescheitert sind; von den Anfängen in Florida, als die Enzyklopädie sich ihre Rechner noch mit Softpornos teilte, während gleichzeitig in wenigen Wochen Tausende Artikel entstanden; von der deutschen Wikipedia, die nach der englischen Ausgabe die erste in einer anderen Sprache war. Überhaupt spielt Deutschland, das wird schnell klar, eine besondere Rolle für Wikipedia. Immer wieder kommen Impulse aus diesem

Land, die weit über die deutsche Ausgabe der Enzyklopädie hinausgehen, zuletzt Wikidata, eine nach dem Prinzip der Wikipedia aufgebaute Wissensdatenbank und das am schnellsten wachsende Wikimedia-Projekt, das in Karlsruhe erfunden, in Berlin programmiert und weltweit ein Erfolg wurde.

Wie kommt ein Artikel in Wikipedia, und wieso fliegen auch immer wieder Artikel raus? Wie wird dabei für Qualität gesorgt? Wie geht man mit Lügen, Fälschungen und Fake News um? Wie werden Selbstdarstellung, Werbung und Lobhudelei verhindert? Wer sind die Menschen hinter Wikipedia, wer verbringt seine Tage und Nächte damit, Enzyklopädie-Artikel zu schreiben? Und kann wirklich jeder beitragen, einfach so, ohne Anmeldung?

Wikipedia gilt Kritikern als notorisch unzuverlässig und ist aus vielen Schulen verbannt. Und tatsächlich sind Probleme mit Edit-War und Relevanzkriterien, Streit und Fake trauriger Alltag bei Wikipedia. Kein Wunder also, dass Wikipedia oft Anlass gibt für eine teils hämische, teils herablassende Kritik der »Intelligenz der Vielen«. Doch Wikipedia ist zugleich das transparenteste Medium, das es gibt. Niemand ist so radikal offen, auch und gerade für die eigenen Fehler und Unzulänglichkeiten, wie Wikipedia.

Das ist die eine Geschichte, die der Enzyklopädie. Doch es gibt noch eine zweite Geschichte zu erzählen. Denn Wikipedia ist nicht nur ein Internetphänomen, sondern Ausdruck grundlegender gesellschaftlicher Veränderungen. Diese Geschichte beginnt im Summer of Love 1967 in Haight-Ashbury, als 10 000 Menschen in diesem verschlafenen Viertel in San Francisco zusammenkamen und einfach alles anders machen wollten – anders lieben, anders leben, anders Musik machen, anders wirtschaften, anders aussehen, anders Politik machen. Ausgehend von den USA begann eine grundlegende Verschiebung zentraler gesellschaftlicher Werte: Akzeptanz für unterschiedliche Lebensentwürfe und eine gewisse Skepsis gegenüber staatlichem Handeln, verbunden mit einem Ethos des Experimentierens, mit einer Erfindungs- und Erneuerungskraft, die sich in der Kultur, in der Musik, im Zwischenmenschlichen und schließlich in der ganzen Gesellschaft Bahn brach.

Heute wird dieser Veränderungsprozess in der digitalen Transformation sichtbar, die alle Bereiche unseres Lebens berührt. Das Buch betrachtet diese Veränderungen nicht aus der Sicht der Technik und der Produkte, nicht als die Erfolgsgeschichten von Google, Facebook, TikTok. Eine sich verändernde Gesellschaft baut sich die Tools, die sie benötigt. Digitalisierung ist nicht das Ergebnis neuer Technik – die neue Technik ist im Gegenteil Ergebnis eines Veränderungsprozesses, der lange vor dem Internet begonnen hat.

In dieser Dimension ist Wikipedia ein Paradebeispiel für eine neue Art des gemeinsamen Arbeitens und Lebens, sie ist Ausdruck des Wunsches, dass nicht alle Aspekte des Lebens kommerziellen Interessen unterliegen sollen. Wikipedia repräsentiert die Werte einer sich verändernden Gesellschaft: Hierarchiefreiheit, Nachhaltigkeit und Achtsamkeit, Individualismus und Gemeinwohlorientierung.

Wikipedia ist Ausdruck eines Wunsches und ein Versprechen zugleich; Ausdruck des Wunsches vieler Menschen, nicht nur reine Konsumenten zu sein, Empfänger, Leser, sondern selbst beizutragen, mitzumachen, weil sie es können, aber vor allem, weil das Ergebnis nicht nur so viel besser ist, sondern weil es eben ihr eigenes Ergebnis ist. Wikipedia zeigt, wie erfolgreich dieser Ansatz sein kann. Ebenso gibt es zahllose lokale Wikis, die längst die Aufgaben einer Dorfchronik übernommen haben und oft auch die der lokalen Presse. Aber auch Rezeptsammlungen werden nach dem Wiki-Prinzip erstellt, Landkarten, Witzesammlungen, Medizininformationen, Reiseinfos, Wörterbücher – kaum ein Lebensbereich, in dem Menschen nicht nach der gleichen Idee wie Wikipedia zusammenkommen.

Wikipedia und ihr Erfolg sind außerdem ein Versprechen, dass ein anderes Internet immer noch möglich ist. Ein Internet, das nicht aufgeteilt ist zwischen den Interessen milliardenschwerer Konzerne aus dem Silicon Valley und den Tech-Provinzen in China einerseits und einer zunehmenden staatlichen Einflussnahme auf die Grundstrukturen des Netzes andererseits. Das Versprechen von Wikipedia ist, dass wir uns selbst organisieren können, dass wir selbstbestimmt unser Leben regeln können.

1

Die Anfänge von Wikipedia

»Hello, world«, schrieb Jimmy Wales am 15. Januar 2001 auf wikipedia.com, nachdem er die Webseite wenige Tage zuvor registriert hatte. Kurz müssen diese Worte – der Gruß der Programmierer – aufgeleuchtet haben, bevor Wales sie wieder löschte.[1] Unmittelbar damit beginnt die Geschichte von Wikipedia, der mit Abstand größten Wissenssammlung, die die Welt jemals gesehen hat. Geschrieben nicht von Experten und Professoren, sondern von Menschen wie dir und mir, die sich häufig hinter Pseudonymen verbergen. *»Wiki«* steht für die genutzte Software, die bereits 1995 von Ward Cunningham entwickelt worden war, und *»pedia«* nimmt direkten Bezug auf die Idee einer Enzyklopädie, wie sie Denis Diderot und andere im 18. Jahrhundert entwickelt hatten.

Wikipedia ist nicht der erste Versuch einer gemeinschaftlich im Netz erstellten Variante. In den ersten Wochen diente Wikipedia sogar gar nicht dem Aufbau einer Enzyklopädie, sondern sollte nur die große, aber auch etwas schwerfällige Schwester Nupedia mit Inhalten anfüttern. Allen Vorläufern war gemein, dass sie als Autoren nicht etwa Fachwissenschaftler gewinnen oder bezahlte Redaktionen aufbauen wollten, sondern sich auf die noch junge Form des Crowdsourcings verließen. Diese Form des gemeinschaftlichen Produzierens von Inhalten schien ideal für ein komplexes Unterfangen wie den Aufbau einer Enzyklopädie. Wikipedia war der siebte Versuch, eine Enzyklopädie gemeinschaftlich zu schreiben, und doch gelang ihr etwas, woran alle anderen scheiterten: Sie lockte zunächst Hunderte, schnell Tausende und bis heute Zehntausende Menschen an, die sich dauerhaft zu einer Gemeinschaft, einer *Community*, von Enzyklopädisten zusammenschlossen und bereits drei Monate nach Start des Projekts den 1000. Artikel auf Englisch veröffentlichten.

Die ersten Jahre von Wikipedia sind geprägt vom Entstehen der weltweiten Community, einem kurzen, aber folgenreichen Streit mit der spanischen Ausgabe der Wikipedia und von der Zusammenarbeit und späteren Konkurrenz zweier Männer: Jimmy Wales und Larry Sanger. Am Ende dieser ersten Phase waren alle Grundlagen gelegt, die den Erfolg des Projekts erst möglich machen.

Enzyklopädie trifft Technik

Was hatte Jimmy Wales anders gemacht? Warum setzte sich Wikipedia durch, während andere scheiterten? Diese Frage ist nicht ganz einfach zu beantworten. Bevor wir ihr nachgehen, sollten wir zunächst klären, wer Jimmy Wales ist und wieso er auf die Idee kam, eine Enzyklopädie im Netz zu starten.

Wales stammt aus den Südstaaten der USA, geboren am 7. August 1966 (oder vielleicht auch am 8. August, aber dazu kommen wir noch) in Huntsville im Bundesstaat Alabama als eines von vier Kindern. Seine Eltern waren amerikanische Mittelschicht par excellence: Der Vater, Jimmy sen., war Manager eines Lebensmittelladens, und seine Mutter Doris Ann leitete zusammen mit Jimmys Großmutter eine kleine Privatschule namens House of Learning. In dieser Einklassenschule, die sich an den Montessori-Prinzipien orientierte, ging Jimmy in die Grundschule ebenso wie sein Bruder und seine beiden Schwestern. Da es nur noch vier weitere Schüler in seiner Klasse gab, folgte der Unterricht keinem festen Lehrplan. Vielmehr hatten die Kinder die Gelegenheit, sich eigenständig mit Themen zu beschäftigen und sich in den Stoff zu vertiefen, der sie interessierte. Dieser Ansatz kam dem lesebegeisterten Jimmy entgegen.

Stoff dazu fand er in seinem cigenen Elternhaus. Besonders seine Mutter war bemüht, stets ausreichend intellektuelle Nahrung vorrätig zu halten. Und was lag da näher, als sich eine Enzyklopädie zuzulegen? 1968 klingelte ein Handelsvertreter an der Haustür von Jimmy sen. und Doris Ann Wales und stellte ihnen das *World Book* vor.[2] 1917 das erste Mal erschienen, verstand sich das *World Book* stets als eine Populär-Enzyklopädie; wo andere trocken, akademisch und technisch-formal waren, setzte man auf Illustrationen und eine verständliche Sprache.

Die Ausgabe des *World Book* im Hause Wales war vermutlich die zwanzigbändige Ausgabe, die ab 1967 erschien. Diese basierte auf dem redaktionellen Stand von 1960, jeweils mit Aktualisierungen einzelner Artikel, sowie entsprechenden Ergänzungslieferungen, mit denen die Redaktion auf aktuelle Entwicklungen reagierte. Zusammen mit dem Kauf schloss Familie Wales auch ein Aktualisierungs-Abonnement ab und bekam daraufhin neben dem jährlichen Ergänzungsband auch Einleger und Aufkleber, mit denen neu entdeckte Fehler sowie neue Fakten in den bereits ausgelieferten Bänden korrigiert beziehungsweise ergänzt werden konnten.

Das *World Book* hat das Auftauchen von Wikipedia übrigens überlebt: Seit 1985 gehört es zum Mega-Konzern Berkshire Hathaway des legendären Investors Warren Buffet. Zwar gibt es bereits seit 1998 (also drei Jahre vor Wikipedia) eine kostenpflichtige digitale Ausgabe, daneben bietet der Verlag jedoch bis heute jedes Jahr eine 22-bändige gedruckte Enzyklopädie an, die 2019 für 999 US-Dollar zu erwerben war. Nach eigenen Angaben verkauft der Verlag jedes Jahr Tausende dieser Enzyklopädien, hauptsächlich an Schulbibliotheken und Familien, die ihre Kinder zu Hause unterrichten.

Der junge Jimmy fing früh an, im *World Book* zu stöbern. Mit vier Jahren konnte er bereits etwas lesen, und er erinnerte sich später daran, wie er sich stundenlang in den oft farbig illustrierten Artikeln verlor.

In schulischer Hinsicht ging Wales den typischen Weg der bildungsaffinen amerikanischen Mittelschicht: Nach acht Jahren Grundschule wechselte er an die angesehene (und entsprechend teure) Randolph School, eine Privatschule, in der er sich von 1979 bis 1983 auf den Besuch eines Colleges vorbereitete. Was die Randolph School schon damals auszeichnete, war ihre exzellente und äußerst moderne technische Ausstattung: 1982 eröffnete das erste Computer Lab der Schule, in dem eine ganze Reihe von PDP-11-Rechnern der Digital Equipment Corporation (DEC) den Schülern zur Verfügung standen. Diese für damalige Verhältnisses überaus modernen Rechner erlaubten es Wales, sich ein erstes Verständnis für die Funktionsweise von Computern und die Grundlagen des Programmierens anzueignen.

Statt mit Computern beschäftige sich Wales beruflich jedoch zunächst mit Finanzen. Er besuchte die Auburn University und die University of Alabama, die er 1988 mit einem Master in Finanzwissenschaften verließ. Damit legte Wales nicht nur die Grundlage für seine kurze, aber äußerst lukrative Karriere als Trader an den globalen Finanzmärkten; wichtiger noch wurde seine fast schon exzessive Beschäftigung mit den ersten Online-Spielen, die er in seiner Zeit an der University of Alabama kennenlernte. Diese Online-Fantasy-Rollenspiele (auch Multi-User Dungeons oder MUD genannt) machten ihm erstmals die Bedeutung von Communities, von Gemeinschaften im Netz, bewusst. Der operative und technische Rahmen dieser Spiele wurde von Unternehmen geschaffen, die damit ihr Geld verdienten. Was jedoch den Reiz dieser Spiele für die User ausmachte, waren die Gruppendynamik zwischen den Spielern, das Aushandeln von Regeln untereinander und ganz besonders die radikal nicht-hierarchische, egalitäre Einstellung aller Beteiligten. Wer man im »richtigen Leben« war, spielte keine Rolle. Das Verhalten im Spiel, die Interaktion mit den Mitspielern und die eigenen Beiträge zum Gesamtverlauf waren das, was zählte, nicht, wie viel Geld man hatte, welchen Bildungsabschluss, wie man aussah oder welcher sozialen Schicht man entstammte. Und mit der Zeit erwarben die Spieler dieser Rollenspiele ein soziales Kapital, das sie in Diskussionen, Auseinandersetzungen, Debatten einsetzen konnten, um ihre rein virtuellen Mitstreiter zu überzeugen.

Zugleich trennte sich in den MUDs der 1990er Jahre auch erstmals die reale Person von der Online-Persona. Es kam in diesen

MUDs oft vor, so Sherry Turkle, Professorin am Massachusetts Institute of Technology (MIT), dass Menschen, die diese MUDs länger nutzten, die Fähigkeit entwickelten, zugleich mehrere Personas innerhalb des gleichen Spiels einzunehmen.[3] Motiviert wird dies nicht durch den Versuch, zu schummeln oder anderweitig zu betrügen; vielmehr bieten das Internet und die MUDs die Möglichkeit, verschiedene Personas »auszuprobieren«. Wer hat nicht davon geträumt, einmal jemand ganz anderes zu sein – auf Zeit, ohne Risiko? Tatsächlich lag (und liegt auch heute noch) ein besonderer Reiz vieler Angebote im Netz darin, dass man nicht »man selbst« sein muss, sondern dass man sich neu erfinden kann. Für die meisten Menschen ist das ein spielerisches Ausprobieren – wie man ein Paar verrückter Schuhe anprobiert oder sich ganz anders gibt, wenn man im Urlaub neue Menschen kennenlernt.

Alle drei Aspekte, das Zurücktreten der »echten« Person hinter die Spiele-Persona, die Kraft der Selbstorganisation einer Community und die Möglichkeit, mit unterschiedlichen Personas an einem Internetprojekt teilzunehmen, werden wir bei Wikipedia wiederfinden. Denn Wikipedia ist das Paradebeispiel einer selbstorganisierten Community, und »Sockenpuppen«, also mehrere Konten, die von ein und derselben Person unter verschiedenen Namen betrieben werden, sind ein konstituierender Bestandteil des Erfolgs von Wikipedia.

Bevor Jimmy Wales diese Erfahrungen in den Aufbau von Wikipedia einfließen ließ, machte er zunächst Karriere in den aufblühenden Finanzmärkten der 1990er Jahre. Besonders die immer leistungsfähigeren Computer erlaubten eine Form des Hochfrequenzhandels von Finanzprodukten, die ungeahnte Gewinne versprach. In den Jahren zwischen 1994 und 1996 arbeitete Wales für die Chicago Options Associates und handelte dort mit Zinsderivaten und spekulierte auf minimale Veränderungen von Wechselkursen. Bereits 1996 hatte Wales genügend Geld verdient, um in Zukunft ein sorgenfreies Leben führen zu können. Er sei nicht reich im eigentlichen Sinne, so sagte er später, aber er habe genug Geld als Händler in Chicago verdient, um sich fortan nur noch den Dingen zu widmen, die ihm tatsächlich Freude bereiteten.

Die Richtung, in die es Wales zog, wurde durch ein Ereignis beeinflusst, das 1995 für viele Menschen zu einer Art Erweckungserlebnis wurde: der Börsengang des Browser-Herstellers Netscape. Zwar hatte Netscape nicht das erste Programm geschrieben, mit dem man im World Wide Web surfen konnte; aber innerhalb weniger Wochen nach dem Erscheinen des Mosaic-Netscape-0.9-Browsers hatte dieser bereits einen Marktanteil von mehr als 75 Prozent. Als die Muttergesellschaft schließlich am 9. August 1995 an die Börse ging, explodierte der Wert der Aktie: Wurde sie am Morgen des Tages noch für 28 US-Dollar gehandelt, stieg der Preis im Tagesverlauf auf über 75 US-Dollar. Damit begann das, was man als New Economy bezeichnete: Firmen mit Geschäftsmodellen, die irgendetwas mit »dem Internet« zu tun hatten, wurden unabhängig von Gewinnen oder Kunden hoch gehandelt und entsprechend gehyped. Die Investoren, Gründer und viele Mitarbeiter wurden quasi über Nacht märchenhaft reich. Als Zentrum dieser Entwicklung etablierte sich schnell Kalifornien.

Für Wales, der sich schon lange für das Internet begeisterte, lag es daher nahe, ebenfalls sein Glück dort zu versuchen: So zog er im Jahr 1996 nach San Diego im äußersten Süden Kaliforniens. Dort gründete er mit zwei Partnern die Firma Bomis. Es dauerte etwas, bis das eigentliche Geschäftsmodell der Firma feststand. Zunächst versuchte man, ein Stadtportal aufzuziehen für Chicago, wo Wales als Finanzhändler gearbeitet hatte. Dann experimentierte man mit der damals populären Idee sogenannter Webringe: In diesen vernetzten sich thematisch verwandte Webseiten, um gegenseitig die Sichtbarkeit und den Webtraffic zu erhöhen. Bevor es Google gab, war die Suche nach Webseiten noch äußerst schwierig und ungenau, weshalb lange Zeit die Lösung entweder in redaktionell betreuten Portalen wie Yahoo! oder eben in solchen Webringen gesehen wurde. Das Besondere an diesen Ringen war, dass sie ein frühes Beispiel von sogenanntem User Generated Content darstellen, bei dem die Inhalte eines Angebots nicht von einer Redaktion oder Ähnlichem kommen, sondern von den Benutzern einer Seite gemeinschaftlich generiert werden.

Einigermaßen erfolgreich war jedoch erst eine Suchmaschine namens *The Babe Engine*, die Bomis speziell auf ein primär männliches

Publikum ausrichtete. Neben Sport und Autos waren erotische Bilder von Frauen besonders erfolgreich. Unklar bleibt, welche Form erotischen Inhalts angeboten wurde und welchen Umfang dies am Gesamtgeschäft von Bomis hatte. Der entsprechende Artikel in der englischen Wikipedia spricht von »explicit material« und Softcore-Pornografie, während im deutschen Artikel lediglich von Pornografie allgemein die Rede ist. Im Jahr 2005 ließ sich Wales dazu hinreißen, etwas zu tun, wovon in Wikipedia grundsätzlich abgeraten wird: Er bearbeitete seinen eigenen Artikel, um einen Hinweis auf mögliche Pornografie-Angebote durch Bomis zu löschen. Noch im gleichen Jahr bezeichnete er dies selbst als einen Fehler: »Niemand sollte das tun, auch ich nicht«, sagte er dem amerikanischen Magazin *Wired*.[4] Wales bestreitet nach wie vor, dass Bomis Pornografie in irgendeiner Form zugänglich gemacht habe, und spricht lieber von »Glamour Photography«. Heute steht der Hinweis auf diesen Teilaspekt von Bomis wieder in den entsprechenden Artikeln in Wikipedia.

Über die weiteren Geschäfte von Bomis ist wenig bekannt; die Firma ging nie an die Börse und musste somit auch keine Rechenschaftsberichte oder Finanzdaten veröffentlichen. Ein Großteil des Umsatzes stammte schon damals aus Werbeeinblendungen, unter anderem als Teil eines Sport-Webrings des amerikanischen TV-Senders NBC. 1998 zogen Bomis und Jimmy Wales von San Diego nach St. Petersburg in Florida.

In dieser Stadt mit rund 260 000 Einwohnern am Golf von Mexiko in Florida beginnt die eigentliche Geschichte von Wikipedia. Am Anfang dieser Erfolgsgeschichte steht allerdings ein Scheitern: das von Nupedia, einem Enzyklopädie-Projekt von Bomis und Jimmy Wales. Auf nupedia.com, so hieß es in einer Pressemeldung von Bomis, sollte mittelfristig die größte Enzyklopädie der Menschheitsgeschichte entstehen, unübertroffen in ihrer thematischen Breite und Tiefe, frei von jeder ideologischen Verzerrung und von ungeahnter Aktualität. Weniger poetisch betrachtet, war das Projekt durchaus als kommerzielles Unterfangen ausgelegt (was sich auch an der Domain-Endung .com ausdrückte), sollten auf der Webseite doch Werbeanzeigen eingeblendet werden. Die Domain wurde im Oktober 1999 registriert.

Die Idee zu Nupedia wird Jimmy Wales zugerechnet, der überzeugt davon war, dass sich das Internet ideal dazu eignet, eine Enzyklopädie ungeahnter Größe und Qualität aufzubauen. Ganz offensichtlich kommen hier die unterschiedlichen Aspekte von Wales' Denken zusammen: die Zuneigung zu Enzyklopädien, die er bereits als Kind zum *World Book* entwickelt hatte; seine Affinität zum Internet und besonders zu Netzwerken aus Usern, die gemeinschaftlich Inhalte schaffen; und natürlich seine Erfahrungen mit Bomis und den Möglichkeiten, die eine Webseite zur günstigen Veröffentlichung von Inhalten (und der wirtschaftlichen Verwertung dieser Inhalte) bot.

Amateure vor Experten

So wichtig die Erfahrungen in der Kindheit sicherlich waren, man muss doch tiefer gehen, um die Motive von Wales zu verstehen. Warum kommt ein finanziell abgesicherter 34 Jahre alter Mann auf die Idee, sich fortan mit dem Aufbau einer Enzyklopädie zu beschäftigen? Es sind zwei Aspekte, die bei der Beantwortung dieser Frage eine wichtige Rolle spielen: die Überzeugung, dass Menschen in freier Selbstbestimmung bessere Ergebnisse produzieren als zentral gelenkte Einheiten; und in der Open-Source-Software hatte sich zweitens dieses Prinzip tatsächlich bereits bewährt. Aber war es auch auf eine Enzyklopädie übertragbar?

Im September 1945 schrieb der österreichisch-britische Ökonom Friedrich August von Hayek einen gerade mal zwölf Seiten langen Artikel mit dem Titel »The Use of Knowledge in Society«[5] (auf Deutsch: »Die Anwendung von Wissen in der Gesellschaft«). Ohne diesen Text würde es Wikipedia in der jetzigen Form vermutlich nicht geben.

Dieser Essay, der heute als einer der einflussreichsten Texte der Wirtschaftswissenschaften und als einer der intellektuellen Pfeiler der freien Marktwirtschaft gilt, richtet sich gegen die Idee einer zentralen Lenkung der Wirtschaft. Im September 1945, in dem der Text erschien, war die globale Katastrophe des 2. Weltkriegs erst wenige Wochen vorbei, und die Idee einer gelenkten Planwirtschaft als Antwort auf den Faschismus war weltweit populär.

Hayek geht es in seinem Artikel weniger um enzyklopädisches Wissen, sondern darum, dass jeder Mensch nur über bruchstückhafte Informationen verfügt, auf deren Grundlage er Entscheidungen treffen muss. Um jedoch die richtigen ökonomischen Entschlüsse fassen zu können, bedarf es mehr als nur dieser Bruchstücke. In der Planwirtschaft wird versucht, dieses Wissen zu zentralisieren und damit eine wirtschaftliche Planung möglich zu machen. Hayeks Ansatz der freien Marktwirtschaft geht hingegen davon aus, dass Wissen dezentralisiert ist und dass Menschen zusammenkommen müssen, um ihr jeweils unvollständiges Wissen zusammenzusetzen, und dies nicht zentral gelenkt, sondern jeweils für jede Entscheidung aufs Neue und auf lokaler, nicht zentraler Ebene.

Es fällt nicht schwer, die Verbindung zu Wikipedia zu ziehen, besonders, wenn man weiß, dass Wikipedias Gründer Jimmy Wales den Essay von Hayek nach eigener Aussage als junger Student und dann später in den 1990er Jahren nochmals gelesen hat. In einem langen Interview erklärt Wales, welche Bedeutung dieser Essay für ihn und für die Idee hinter Wikipedia hatte.[6] Für Wales lag der Erkenntnisgewinn vor allem in der Frage, ob man alle Informationen, alles Wissen an eine zentrale Stelle weiterleiten solle, an der dann Experten die »richtigen« Entscheidungen basierend auf diesem Wissen fällen sollten; oder ob es nicht klüger wäre, das Wissen dort zu lassen, wo es von Anfang an war, nämlich bei den Individuen, und lieber das Finden der »richtigen« Entscheidungen zu dezentralisieren, indem man es in die Hände aller Menschen gab.

Das klingt erst einmal sehr abstrakt. Was heißt das bezogen auf Wikipedia als Enzyklopädie? Soll man versuchen, alles Wissen zu zentralisieren, und eine Gruppe von Experten trifft dann Entscheidungen als Chefredakteure oder als Herausgeber, was davon wichtig genug ist, es an die Allgemeinheit zu geben, indem man es in einer

Enzyklopädie veröffentlicht? Dabei ist Wales durchaus bewusst, dass der Enzyklopädie als traditionellem Ort durchaus die Bedeutung zukommt, ein zentraler, autoritativer Ort zu sein, auf den »man« sich verlassen kann. Wales revolutioniert nicht das Konzept der Enzyklopädie als zentralem Ort des Wissens – er revolutioniert den Prozess dessen Entstehung, indem er den Experten die Entscheidungsmacht nimmt und sie in die Hände der Crowd, der Masse, gibt. Wales hat nicht die Enzyklopädie verändert – er hat ihren Entstehungsprozess vom Kopf auf die Füße verlagert.

Mit Hayeks Artikel war die eine Grundlage für Wikipedia gelegt: die Bevorzugung der Vielen vor den Wenigen, der Amateure vor den Experten und der tiefe Glaube daran, dass eine bessere Enzyklopädie entsteht, wenn sich viele Menschen unterschiedlichen Wissens, unterschiedlicher Interessen, unterschiedlicher Herkunft zusammentun, um diese zu schreiben. Doch wie sollten diese vielen Amateure ihre Arbeit organisieren, das Projekt Wikipedia so strukturieren, dass eine Enzyklopädie dabei herauskäme? Dies ist der zweite intellektuelle Baustein dieses Fundaments, ohne den Wikipedia nicht denkbar wäre. Und abermals steht ein Essay am Anfang von Wales' Überlegungen: »The Cathedral and the Bazaar« (deutsch: »Die Kathedrale und der Basar«), den der amerikanische Autor und Software-Entwickler Eric S. Raymond 1997 als Artikel und 1999 als Buch veröffentlichte.[7]

Kathedrale und Basar sind Bilder für zwei gänzlich unterschiedliche Herangehensweisen; von Raymond entwickelt, um die Unterschiede zwischen Open Source und proprietärer Software zu verdeutlichen, hat sich dieses Bild zwischenzeitlich verselbstständigt und wirkt auch weit über die Software-Entwicklung hinaus. Die Kathedrale steht dabei für den Ansatz, nach einem fertigen Bauplan durch Experten und Fachleute ein Gebäude zu planen und dann umzusetzen. Es gibt einen Architekten, der das große Ganze im Blick behält und dafür sorgt, dass am Ende tatsächlich das rauskommt, was im Plan vorgesehen war.

Der Basar hingegen steht für ein gänzlich anderes Vorgehen: Hier gibt es keine zentrale Instanz, sondern ein ungeordnetes und vor allem selbstorganisiertes Miteinander von einzelnen Händlern und

Manufakturen. Das gemeinsame Ziel ist nicht ein fertiges Produkt, sondern der Schwerpunkt liegt auf der Zusammenarbeit und deren Organisation. Während es beim Bau einer Kathedrale darum geht, ein Endprodukt nach einem Plan zu erstellen, ist der Basar ungeordnet, fast schon anarchisch, und er ist niemals fertig. Niemand gibt die Regeln vor, es gibt lediglich Menschen, die darauf achten, dass die Regeln, auf die sich die Händler des Basars immer wieder aufs Neue einigen, auch eingehalten werden.

Damit war dann das zweite wesentliche Stück des Wikipedia-Fundaments gelegt: keine Zentralredaktion, kein Bauplan, keine Spezialisten, die unter Aufsicht des Architekten ihre Arbeit machen; der Basar unter den Voraussetzungen, die Hayek gut 50 Jahre früher erklärt hatte. Beides zusammen bildete das geistige Fundament, auf dem Wales sein Projekt denken konnte. Das »Produkt« wird besser, wenn es von vielen Menschen geschrieben wird; und der Prozess, in dem sie dies tun, muss ein von den Akteuren selbst bestimmter und überwachter sein, in dessen Zentrum Selbstorganisationen, Transparenz und Offenheit stehen.

Doch Wales war kein Enzyklopädist, sondern Finanzwissenschaftler und Entrepreneur. Um die notwendigen Prozesse für den Aufbau einer Enzyklopädie zu schaffen, stellte er Anfang 2000 den damals 31-jährigen Larry Sanger als Chefredakteur von Nupedia ein.

Sanger hatte einen anderen Hintergrund als Wales: Aufgewachsen in Alaska, studierte er Philosophie am Reed College in Oregon und an der Ohio State University, die er 1995 mit einem Masterabschluss verlies. Auch Sanger war fasziniert von den neuen technischen Möglichkeiten, die das immer populärer werdende Internet bot. Anders als Wales fokussierte er sich jedoch nicht auf die kommerziellen Aspekte des Netzes, sondern beschäftigte sich mit den neuen Möglichkeiten, Bildungsinhalte zu erstellen, zu veröffentlichen und zu diskutieren. Entsprechend startete Sanger mehrere Mailinglisten für Studenten und Professoren an seiner Uni.

Als Chefredakteur von Nupedia orientierte sich Sanger deutlich enger an den Redaktionsprozessen gedruckter Enzyklopädien: Die Beitragenden mussten Experten auf ihrem Fachgebiet sein (idealerweise mit Doktortitel); sie mussten ihren Lebenslauf an Bomis faxen, um überhaupt mitschreiben zu dürfen. Inhalte wurden keineswegs unmittelbar veröffentlicht, sondern durchliefen einen strengen Peer-Review-Prozess mit insgesamt sieben Stufen. Erst am Ende dieses Verfahrens und nachdem sie von einem Redakteur freigegeben wurden, konnten Inhalte auf nupedia.com veröffentlicht werden. Eine echte Innovation war die Entscheidung, dass alle Inhalte von Nupedia unter einer freien Lizenz publiziert wurden. Zunächst wurde eine selbst geschriebene Lizenz verwandt, bevor man Anfang Januar 2001 auf die etablierter GNU Free Documentation License des Free-Software-Aktivisten Richard Stallman setzte.

Doch das Projekt hatte von Anfang an mit Schwierigkeiten zu kämpfen: Da war zum einen die Software NupeCode, die speziell für die Nupedia entwickelt worden war und der eine Reihe von zentralen Funktionalitäten für ein so anspruchsvolles Projekt wie den Aufbau einer Enzyklopädie fehlten. Zusätzliche Funktionen konnten eigentlich nur von den Software-Ingenieuren von Bomis entwickelt werden, was sowohl teuer als auch zeitaufwendig war. Mehr noch stand jedoch der von Sanger etablierte rigorose Review-Prozess dem Wachstum von Nupedia entgegen. Im ganzen ersten Jahr des Projekts wurden gerade einmal 21 Artikel freigeschaltet, und insgesamt entstanden nie mehr als 25 Nupedia-Artikel.

Wikipedia 0.1

Nupedia brauchte damals mehr Inhalte, um überhaupt sichtbar und als Enzyklopädie wahrgenommen zu werden. Am Review-Prozess sollte jedoch bewusst nichts geändert werden. Die Lösung musste also darin bestehen, mehr Artikel überhaupt in diesen Prozess zu bringen, in dem Experten die Artikel bewerteten und, wenn nötig, anpassten, bevor sie freigegeben und veröffentlicht werden konnten.

Da passte es gut, dass Larry Sanger am 2. Januar 2001 mit Ben Kovitz zu Mittag aß. Kovitz, ein Programmierer und Anhänger der Idee freier Software, machte Sanger bei diesem Essen mit der Idee eines *Wiki* bekannt. Kovitz selbst kannte das Konzept als Nutzer des *WikiWikiWeb*, des ersten Wiki überhaupt, das 1995 von Ward Cunningham gestartet worden war. Der Begriff »Wiki« bedeutet »schnell« auf Hawaiianisch, der Sprache der Ureinwohner der polynesischen Inselkette im Pazifik. Cunningham hatte das Wort zum ersten Mal auf dem Flughafen von Honolulu gehört, als er dort den »Wiki Wiki Shuttle« zwischen zwei Terminals nutzte.[8]

Ein Wiki, so lernte Sanger, erlaubt es, eine Webseite durch jedermann bearbeitbar zu machen. Ohne Kenntnisse einer Programmiersprache kann jeder eine neue Seite erstellen, eine bestehende bearbeiten oder auf einer Webseite etwas direkt kommentieren. Besonders wichtig ist dabei, dass jede einzelne Änderung an einer Wiki-Seite dokumentiert wird und durch einen einfachen Tastendruck wieder rückgängig gemacht werden kann. Nur so ist gewährleistet, dass ein Wiki zugleich radikal offen für Änderungen sein kann und dennoch nicht hilflos mutwilliger oder versehentlicher Zerstörung ausgeliefert ist.

Das Konzept, ein Wiki zu nutzen, um mehr Inhalte zu generieren, die den Nupedia-Prozess durchlaufen konnten, fand Anklang bei Sanger und Wales. Sanger veröffentlichte am 10. Januar 2001 auf der Nupedia-Mailingliste einen Post mit dem Titel »Let's make a wiki«,[9] in dem er versuchte, den (wenigen) Nupedia-Aktiven die Idee eines Wikis schmackhaft zu machen. Liest man Sangers Post heute, 19 Jahre später, kann man nur noch ahnen, welche Vorbehalte ein solches Wiki bei Menschen auslöste, die eine seriöse Enzyklopädie schreiben wollten. Auch wenn es ja keineswegs selbst Teil dieser Enzyklopädie sein sollte, sondern lediglich ein »kleines Feature« von Nupedia, das neue Beitragende anlocken und erste Entwürfe von Inhalten bereitstellen würde. Um dies deutlich zu machen, schlug Sanger einen eigenen Namen für das Projekt vor: Wikipedia.

Wenige Monate nach diesem Mailinglist-Posting war Nupedia Geschichte und Larry Sanger nicht mehr ihr Chefredakteur. Das erste Opfer des Siegeszuges von Wikipedia war die eigene Wiege: Nupedia. Viele andere Opfer sollten noch folgen.

Der 15. Januar eines jeden Jahres wird von Wikipedianern weltweit als »Wikipedia Day« gefeiert, als der Tag, an dem Jimmy Wales ein Wiki unter der Domain *wikipedia.com* installierte und für die Öffentlichkeit freischaltete. Die ersten Wochen von Wikipedia, so schien es lange, waren bei einem Upgrade der Server verloren gegangen. Erst knapp zehn Jahre später, im Dezember 2010, entdeckte der Software-Entwickler Tim Starling, ein Wikipedia-Urgestein, ein altes Back-up der ersten Einträge. So gilt heute als erster noch erhaltener Wikipedia-Eintrag der Geschichte der freundliche Gruß »This is the new WikiPedia!«, der auch auf der Startseite wikipedia.com angezeigt wurde.

Bereits am 16. Januar 2001 gab es zehn Artikel, nochmals einen Tag später waren es 69; der 100. Artikel – zum Thema »Donegal fiddle tradition«, eine besonders in Irland populäre Form, die Fiddle zu spielen – erschien am 19. Januar, und für die ersten 1 000 Artikel brauchte Wikipedia genau 100 Tage. Es sicher nur ein Zufall, dass der 1 000. Artikel von Jimmy Wales angelegt wurde. Er dreht sich um einen amerikanischen Spieler, Golfer und Betrüger mit dem Spitznamen »Titanic« Thompson.

Ganz offensichtlich hatten Wales und Sanger einen Nerv getroffen. Es schien geradezu, als habe die Welt nur darauf gewartet, endlich eine Enzyklopädie im Netz schreiben zu können. Dabei war Wikipedia keineswegs der erste Versuch, eine Online-Enzyklopädie zu erstellen, an der jeder mitschreiben konnte. Vielmehr gab es mindestens sieben Versuche vor Wikipedia, die jedoch alle schnell scheiterten oder zumindest niemals auch nur in die Nähe des Erfolgs von Wikipedia kamen.

Benjamin Mako Hill, ein Aktivist der Free-Software-Bewegung und Wissenschaftler an der Washington State University, ging der Frage nach, warum Wikipedia erfolgreich war, während andere scheiterten.[10] Was hatte Wikipedia, was die anderen nicht hatten? Was war und ist das Erfolgsrezept von Wikipedia?

Der erste bekannte Versuch, eine Enzyklopädie online und von jedermann verfassen zu lassen, stammt aus dem Jahr 1993. Rick Gates, ein Bibliothekswissenschaftler, startete »Interpedia« durch einen Aufruf auf einer Mailingliste, einer vor der Erfindung des World Wide Webs populären Form des Gedankenaustauschs und der Diskussion. In diesen Frühzeiten des Computerzeitalters war die Technik sowohl zum Erstellen als auch zum Darstellen enzyklopädischer Inhalte deutlich komplizierter als heute. Schnell verfing sich die Diskussion in technischen und Verfahrensfragen, sodass kein einziger Artikel in Interpedia entstand. Aber die Idee einer Internet-Enzyklopädie war geboren.

In den Jahren 1997 und '98 startete der deutsche IT-Experte Ulrich Fuchs einen weiteren Versuch einer gemeinschaftlich geschriebenen Online-Enzyklopädie. Sein »The Distributed Encyclopedia Project (TDEP)« kam ebenfalls nicht wirklich aus den Startlöchern, wenn auch immerhin einige Artikel (etwa zu den Themen »Sauna«, »Sherry« und »Linux«) entstanden.[11] Fuchs stellte das Projekt zwar bereits 1999 wieder ein, doch er gehörte zu den frühesten Beitragenden und Administratoren von Wikipedia ab 2001. In diesen Anfangsjahren gab es in Wikipedia lebhafte Diskussionen über Form und Inhalt einer Enzyklopädie und besonders zur Rolle von Experten und der Frage, was überhaupt relevant für einen Wikipedia-Artikel sei. Fuchs kritisierte den Produktionsprozess deutlich und zog sich bald wieder aus Wikipedia zurück. Mit »Wikiweise« startete er einen weiteren eigenen Versuch, enzyklopädisches Wissen im Netz zu sammeln und frei zugänglich zu machen. Anders als TDEP war Wikiweise mehrere Jahre aktiv und produzierte rund 6900 Artikel, bevor es 2015 offline ging.

Es gab noch fünf weitere Versuche einer Online-Enzyklopädie vor Wikipedia: das von Douglas Adams' Roman *Per Anhalter durch die Galaxis* inspirierte, nur halbwegs ernst gemeinte Projekt »h2g2«, »Gnupedia«, »The Info Network«, »Everything2«, und natürlich Nupedia. Diesen Ansätzen ist gemein, dass sie eine Internet-Enzyklopädie gerade nicht als ein kohärentes Werk begriffen, das sich zwar verändert und erweitert, das aber an einem Ort, auf einem Server gespeichert und vorrätig gehalten wird. Vielmehr sind viele dieser Ansätze konzeptuell an die Idee des Internets selbst angelehnt: Das revolutionär Neue des Internets war ja gerade der Umstand, dass Informationen nicht zentral, sondern dezentral gespeichert wurden. Dadurch sollte verhindert werden, dass große Mengen an Informationen verloren gehen können, wenn ein einzelner zentraler Server nicht erreichbar wäre, sei es durch einen technischen Ausfall oder die Zensur einer Regierung. Deshalb wurde oftmals eine verteilte Architektur gewählt, in der die Inhalte, also die Enzyklopädie-Artikel, auf unterschiedlichen Rechnern entstehen und gespeichert werden sollten. Enzyklopädie bedeutete dabei nicht ein zentraler Wissensspeicher, sondern vielmehr ein Netzwerk von Artikeln und Autoren, beides über die ganze Welt verteilt und damit vor destruktiven Eingriffen geschützt. War das Internet ein Netzwerk von Servern, so waren diese Enzyklopädie-Projekte entsprechende Netzwerke des Wissens. Eine tolle Idee. Eigentlich.

Wales, Sanger und Wikipedia hingegen verhielten sich genau gegenteilig: Zwar nutzten sie das Internet als Netzwerk von Autoren und profitierten von der problemlosen Vernetzung und Zusammenarbeit weltweit; die Enzyklopädie selbst entstand aber an *einem* Ort, auf *einer* zentral verwalteten Infrastruktur. Dies machte die technische Infrastruktur zwar theoretisch anfälliger – es dauerte einige Jahre, bis Wikipedia stabil lief und dauerhaft erreichbar war –, zugleich war die Administration aber auch deutlich einfacher. Gerade in den Anfangsjahren des Projekts, in denen es nur wenige finanzielle Ressourcen und kaum technische Unterstützung gab, war dies ein großer Vorteil. Wichtiger aber, das zeigt die Arbeit von Benjamin Mako Hill, war der Umstand, dass die Technikdiskussion überhaupt keine zentrale Rolle spielte beim Start von Wikipedia. Mit der Wiki-Software wurde ein relativ erprobtes Programm eingesetzt, und mit einer zentralen Installation, auf die alle Beitragenden zugreifen konnten, war der Aufwand ebenfalls überschaubar. Da es Wiki-Software bereits seit 1995 gab, existierte eine gut ausgebildete und vernetzte Gemeinschaft von Software-Entwicklern, die ehrenamtlich neue Features entwickelten und auftauchende Bugs behoben. Nupe-Code hingegen, die Software, auf der Nupedia lief und die auch freie Software war, wurde außer von einigen hauptamtlichen Bomis-Entwicklern nicht weiter beachtet oder gar weiterentwickelt.

Zugleich machte es die eingesetzte Wiki-Software sehr einfach, zum Projekt beizutragen. Bei vielen anderen der Vorläufer-Wikipedias war entweder eine damals noch komplizierte Anmeldung notwendig, oder aber man musste sich mit einer komplexen Technik vertraut machen, um einfache Beiträge zu erstellen oder einen Fehler zu korrigieren. Beim Wiki von Wikipedia konnte man – und kann man immer noch – mit einem Knopfdruck eine Seite im Bearbeitungsmodus öffnen und bearbeiten, ganz ohne Anmeldung und (fast) ohne technisches Know-how. Damit sinkt die Hemmschwelle zur Mitarbeit enorm. Heute investieren Web-Giganten wie Facebook, Instagram oder TikTok enorme Summen in Funktionalitäten, die eine Nutzerbeteiligung und eine Partizipation so einfach wie möglich machen. Wikipedia stellt diese Einfachheit bereits seit 2001 zur Verfügung.

Doch die technische Infrastruktur ist nur einer der Faktoren, die Wikipedia zu einem Erfolg machten. Mindestens ebenso wichtig war der Umstand, dass Wikipedia schlicht nichts anderes sein wollte als eben: eine Enzyklopädie. Keine »Internet-Enzyklopädie«, keine »neue Enzyklopädie«, keine »Enzyklopädie für das 21. Jahrhundert«. Wikipedia war von Anfang an sehr deutlich im Anspruch, sich in die Traditionen der französischen Encyclopédie eines Denis Diderot und eines Jean-Baptiste le Rond d'Alembert zu stellen. Viele Jahre später, als es darum ging, auch außerhalb des westlichen Kulturkreises Fuß zu fassen, sollte dieser Anspruch zu einem Problem werden; aber gerade in der Anfangszeit und gerade in den primären Sprachen von Wikipedia jener Zeit – Englisch, Deutsch, Französisch, Spanisch, Niederländisch – war diese Eindeutigkeit ein enormer Vorteil. Zwar wurde lange, ausführlich und heftig über die Frage gestritten, *wer* schreiben dürfe, *worüber* geschrieben werden sollte, aber es gab tatsächlich kaum eine Auseinandersetzung darüber, *was* geschrieben werden sollte.

Wikipedia behauptete nicht nur, in der Tradition der Encyclopédie des 18. Jahrhunderts zu stehen; auch die grundlegenden Prinzipien des Projekts orientierten sich sehr genau am ursprünglichen Konzept einer Enzyklopädie: Da ist zunächst die Forderung nach einem neutralen Standpunkt, in Wikipedia auch oft als Neutral Point of View (NPOV) bezeichnet, also eine wertfreie, sachliche Darstellung eines jeden Themas. Zweitens ist es die Frage nach der Relevanz eines Artikelgegenstands: Ist ein Thema ausreichend wissenschaftlich beleuchtet, um in einer Enzyklopädie aufgenommen werden zu können? Und drittens und quasi als Synthese dieser beiden Prinzipien: Alles, was in der Enzyklopädie steht, muss ausreichend und mit reputablen Quellen belegbar sein.

Doch es musste noch ein dritter Faktor hinzukommen, damit Wikipedia den Erfolg hatte, für die sie heute steht. Dieser ist allerdings zunächst kontraintuitiv: Der Autor eines Artikels ist in Wikipedia kaum sichtbar, es gibt keine klare Zuordnung eines Beitrags zu dessen Autor oder Autorin. Bis heute ist es nicht leicht ersichtlich, wer was in einem Artikel in Wikipedia geschrieben hat. Zwar ist jede einzelne Änderung in jedem Artikel dokumentiert, dennoch ist es nicht ohne größeren Aufwand erkennbar, welche Autoren welchen Anteil an einem Artikel haben. Dieses Fehlen einer klar identifizierbaren Autorenschaft macht Wikipedia-Artikel zu Gemeinschaftsproduktionen, wodurch wieder die Schwelle zum Beitragen sinkt. Es fällt einfach leichter, den Text eines gesichtslosen Kollektivs zu ergänzen oder zu korrigieren, als den Text einer identifizierbaren Person zu ändern. Nur so ist es überhaupt möglich, dass Amateure auch zu fachlich anspruchsvollen Themen substanzielle Beiträge leisten. Wäre ersichtlich, dass der Artikel »Quantenphysik« maßgeblich von einer Reihe hoch angesehener Physikprofessoren geschrieben wurde, so würde sich kein Schüler eines Physik-Leistungskurses trauen, ebenfalls zu diesem Artikel beizutragen. Besonders in der Anfangszeit von Wikipedia war dies ein ganz wesentlicher Faktor des Erfolgs. Und wie wir noch sehen werden, sind die wenigsten Editoren ausgewiesene Spezialisten mit einer wissenschaftlichen Reputation auf ihrem Fachgebiet, sondern vielmehr oft sehr gut informierte Amateure und Hobbyisten.

Wer also bei Wikipedia etwas beiträgt, gibt seinen Text frei, macht ihn verfügbar und veränderbar durch nachfolgende Individuen und sogar Generationen. Das Fehlen einer identifizierbaren Autorenschaft macht Wikipedia-Artikel für den Leser autoritativ und für die Mitarbeitenden zugänglich und veränderbar.

Es sind also drei Aspekte, die zusammenkommen mussten, um den Erfolg von Wikipedia zu ermöglichen: Erstens vertrat Wikipedia ein sehr nachvollziehbares Modell einer Enzyklopädie, das für viele Menschen ohne große Erläuterungen verständlich war. Zweitens sind nur sehr niedrige bis gar keine Schranken zu überwinden, um an Wikipedia mitzuarbeiten. Und Drittens pflegte Wikipedia ein Autorenmodell, das geringen bis gar keinen Wert auf Rang, Status oder Namen des Autors legte, sondern den Text von den Autoren löste und damit erst für alle veränderbar machte.

Am Ende dieses Buches werden wir sehen, dass diese drei Elemente, die Wikipedia abhoben von allen anderen Versuchen einer gemeinschaftlich erstellten Online-Enzyklopädie, auch genau die drei Faktoren sind, die Wikipedia heute massiv Probleme bereiten und womöglich für ein Scheitern des Projekts verantwortlich sein werden.

Schnelle Internationalisierung

Die englische Wikipedia legte ein enormes Wachstum vor: Im Oktober 2001, also keine neun Monate nach Start des Projekts, waren bereits über 17 000 Artikel erstellt, und das von einer relativ kleinen Anzahl an Schreibern. Gerade einmal 966 Konten waren aktiv. Dass Wikipedia ein globales Phänomen werden würde, zeigte sich ebenfalls sehr schnell. Erreichte man in den ersten Monaten unter wikipedia.com lediglich die englische Version, wurde schnell ein System etabliert, um auch die Nachfragen aus anderen Sprachen zu befriedigen. Am 16. März 2001 kündigte Jimmy Wales die Einrichtung folgender Sprachversionen an: *french.wikipedia.org/francais.wikipedia.com*, *german.wikipedia.com/deustche.wikipedia.com* – der Rechtschreibfehler wurde noch rechtzeitig entdeckt, bevor die Domain eingerichtet wurde – und *spanish.wikipedia.com/espanol.wikipedia.com*. Alle sollten am gleichen Tag online gehen, tatsächlich war es jedoch die deutsche Wikipedia, die als erste internationale Ausgabe von Wales angelegt wurde.

Die deutsche Wikipedia hatte einen großen Startvorteil, der auch erklärt, warum gerade sie so schnell wachsen konnte: Im Januar 2001, noch vor dem Start von Wikipedia, gab es eine ausführliche Darstellung der Ideen von Nupedia in der deutschen Presse. Ausgangspunkt war eine Reportage der Journalistin Miriam Tang für die Presseagentur dpa, die am 2. Januar 2001 zunächst im Feuilleton des *Darmstädter Echos* und in den Folgetagen auch von anderen Tageszeitungen aufgegriffen wurde. Damit bekamen viele Menschen in Deutschland schon frühzeitig einen Einblick in die Idee, die Nupedia und später dann auch Wikipedia antreiben sollte. Tang erklärte diese so:

> Lawrence M. Sanger und Jimmy Wales wollen eine weltweit zugängliche und von einer freien Autorengruppe geschriebene Universal-Enzyklopädie online aufbauen.
>
> Nach dem so genannten »Open-Source-Prinzip« soll nicht wie bei herkömmlichen Lexika ein fester Autorenstamm einer Institution die Einträge schreiben. Bei »Nupedia« sollen Experten einer freien Gemeinde ihren Sachverstand einbringen. Die Macher hoffen auf einen ähnlichen Erfolg wie bei dem freien Betriebssystem Linux, das ebenfalls von vielen unabhängigen Programmierern geschrieben wurde. Zugangsbeschränkungen gebe es für die Enzyklopädie nicht: Bei entsprechender Herkunftsnennung dürfe jeder die Inhalte nutzen, zitieren und übersetzen, sagen die Nupedia-Macher.[12]

Diese Berichterstattung hatte einen signifikanten Einfluss auf die Beteiligung von deutschen Autoren an Nupedia und Wikipedia, wie Larry Sanger im März 2001 einräumte: »Im Januar und Februar hatten wir einen enormen Anstieg an Zugriffszahlen aufgrund eines Berichts der deutschen Presseagentur dpa.«[13] Die Domain *deutsche.wikipedia.com* wurde im Mai 2001 zugunsten der auch heute noch funktionierenden *de.wikipedia.com* geändert,[14] ebenso wie von da an auch für alle anderen Sprachen die gemäß der internationalen Norm ISO 639 gültigen zwei- oder dreibuchstabigen Codes verwendet wurden. Damit wird betont, dass sich Wikipedia nicht nach Staaten oder Nationen, sondern nach Sprachen und Dialekten strukturiert. Man spricht also eigentlich nicht von der *englischen* oder der *italienischen* Wikipedia, sondern von der englisch*sprachigen* oder italienisch*sprachigen* Wikipedia. Aus pragmatischen Gründen werden in diesem Buch jedoch »deutsche« und »deutschsprachige« Wikipedia synonym verwendet.

Mit *de.wikipedia.com* hatte die deutsche Wikipedia also ihre Heimat im Internet gefunden.

Schon der Beginn ist eine Kettenreaktion. Denn im ersten erhaltenen Artikel der deutschen Wikipedia geht es genau darum: um die Polymerase-Kettenreaktion.[15] Ihn schrieb Magnus Manske, damals Student der Biochemie aus Köln, der bereits bei Nupedia zu den Autoren gehörte. Vermutlich ist das nicht wirklich der erste Wikipedia-Artikel; durch ein Update der Software gingen viele der Artikel aus der Anfangszeit für immer verloren. Dennoch ist Manskes Rolle nicht nur anekdotisch. Vielmehr kommt ihm für die deutsche Wikipedia wie auch für das Projekt als Ganzes eine enorm wichtige Rolle zu. Denn es war Manske, der in seiner Freizeit und ohne Bezahlung die Grundlagen der MediaWiki-Software schuf und diese, ganz im Sinne des Spirits von Wikipedia, als Open-Source-Software für jedermann frei nutzbar machte. Diese löste am 25. Januar 2002 die bis dahin genutzte UseModWiki-Software ab. Damit ist Magnus Manske auch der Erfinder einer Reihe von Funktionen, die bis heute als Standard eines jeden Wikis gelten. Jimmy Wales würdigte diese Rolle Manskes, als er 2002 den 25. Januar zum Magnus-Manske-Tag erklärte: »In ferner Zukunft werden Wikipedianer auf den Tag zurückblicken, an dem die neue Software-Ära anbrach. Heute sollte jeder Wikipedianer beim Abendessen auf Magnus und seine vielen Erfindungen anstoßen.«[16] Manske ist Wikipedia bis heute treu geblieben: In der deutschen Wikipedia hat er rund 16000 Bearbeitungen, in der englischen Ausgabe mehr als 24000 getätigt. Manske hat zudem mehr als 800000 Bearbeitungen in Wikidata vorgenommen, einem Projekt, von dem wir noch sprechen werden, wird es doch von einigen als die einzige Hoffnung von Wikipedia, von anderen aber als deren größte Bedrohung angesehen.

Auch die weitere Entwicklung der frühen deutschen Wikipedia ähnelt einer Kettenreaktion: Am Ende des ersten Jahres verzeichnete Wikipedia in Deutschland rund 1 500 Artikel, geschrieben von gerade einmal 79 registrierten Konten. Doch bereits weitere zwölf Monate später, im März 2003, umfasste die deutschsprachige Wikipedia schon über 20 000 Artikel und mehr als 1 400 Autoren beteiligten sich.

Nicht nur die englische und die deutsche Wikipedia wuchsen in den ersten Jahren rasant: Spannender als das reine Wachstum an Artikeln und Autoren ist die schnelle Verbreitung der Idee hinter Wikipedia. Innerhalb weniger Monate kamen Sprachausgaben in Französisch, Katalanisch, Chinesisch, Esperanto, Niederländisch, Hebräisch, Italienisch, Russisch und vielen anderen Sprachen hinzu. Heute, 20 Jahre nach Start des Projektes, gibt es – Stand: Februar 2020 – 309 Sprachversionen. Der Versuch, eine Wikipedia in klingonischer Sprache, einer Fantasiesprache aus der TV-Serie *Star Trek*, zu erstellen, scheiterte 2005 nach nur einem Jahr. Warum dies nicht funktionierte, und warum die zweitgrößte Wikipedia in Cebuano von gerade einmal 163 Editoren[17] geschrieben wird, werden wir später betrachten.

Zur Frühgeschichte von Wikipedia gehört aber nicht nur ihre weltweite Verbreitung, sondern auch die Erweiterung des Wiki-Prinzips auf Bereiche über die Enzyklopädie hinaus. Mit Wiktionary entstand im Januar 2002 das erste Schwesterprojekt, um nach dem gleichen Prinzip wie Wikipedia ein Wörterbuch aufzubauen; es folgten Wikiquote, eine Zitatsammlung, Wikibooks, eine freie Bibliothek für Lehr-, Fach- und Sachbücher, sowie Wikisource, eine Quellensammlung. Wikinews ist seit 2004 der Versuch, journalistische Arbeit nach dem Wiki-Prinzip zu organisieren, Wikispecies baut ein Artenverzeichnis aller Lebensformen auf, und Wikivoyage stellt praktische Tipps und Reisehinweise im Stil eines Reiseführers zusammen. 2006 startete die Wikiversity als Plattform gemeinschaftlichen Lernens, Lehrens und Forschens.

Die Tiefe und der Erfolg dieser Schwesterprojekte lassen sich nicht pauschal bewerten, zu unterschiedlich sind sie in den einzelnen Sprachen ausgeprägt. Einige von ihnen werden von ein oder zwei Menschen am Leben gehalten, andere haben Tausende Beiträger und zahllose Leser. Hinter allen steht jedoch der gleiche Anspruch: gemeinschaftlich im Internet eine für alle nutzbare Ressource zu schaffen, sei es eine Enzyklopädie, eine Zitatensammlung oder eine Lehr- und Lernplattform.

Zwei Wikipedia-Schwestern entwickelten sich unabhängig von der Enzyklopädie zu eigenständigen Projekten mit einer weitreichenden Bedeutung: Wikimedia Commons, ein Medienarchiv mit inzwischen mehr als 60 Millionen freien Mediendateien, und Wikidata, eine Datenbank nach dem Wiki-Prinzip, die heute das mit Abstand aktivste Projekt in der Wikimedia-Familie ist.

Streitpunkt Kommerzialisierung

Am Anfang des 21. Jahrhunderts standen die Zeichen in allen Bereichen auf Wachstum: Wikipedias entstanden in zahlreichen Sprachen, und die Wiki-Idee setzte sich auch in Bereichen außerhalb der Erstellung einer Enzyklopädie mehr und mehr durch. Schnell wurde klar, dass Bomis, die Firma von Jimmy Wales, die in der Anfangsphase alle Kosten übernommen hatte, nicht mehr die passende Heimat für diese Art von Projekten sein konnte. Hinzu kam das Platzen der Dotcom-Blase. Seit der Hochphase Anfang des Jahres 2000 hatten fast alle Aktien von Internet-Firmen mit massiven Verlusten zu kämpfen. Aber auch für Unternehmen, die nicht an den Börsen gehandelt wurden, wie Bomis, wurde es in dieser Zeit immer schwieriger, frisches Kapital aufzunehmen.

Lag es da nicht auf der Hand, den Erfolg von Wikipedia zu kapitalisieren und das Projekt zu nutzen, um Umsätze zu generieren? Damals wie heute galt: Eine Webseite mit hoher Aufmerksamkeit, viel Interaktion und einer treuen Benutzerbasis ist ein optimales Umfeld, um Online-Anzeigen zu schalten. Gerade weil Bomis selbst kein großer wirtschaftlicher Erfolg war, muss es eine große Versuchung für Jimmy Wales und seine Partner gewesen sein, den enormen Anfangserfolg von Wikipedia zu kapitalisieren. Auch die damals noch genutzte com-Domain-Endung signalisierte schließlich, dass es sich um ein kommerzielles Projekt handelte.

Dass wir bis heute Wikipedia ohne Werbung nutzen können, hat sehr viel mit der spanischen Wikipedia und Edgar Enyedy zu tun.[18] Enyedy war einer von rund 30 bis 40 Personen, die den Kern der spanischen Wikipedia zu deren Start im Mai 2001 bildeten. Diese unterschied sich nicht weiter von anderen Sprachausgaben der Anfangszeit: stetes Wachstum, eine aktive Community, zunächst wenig öffentliche Aufmerksamkeit. Das änderte sich, als die spanischen Wikipedianer, angeführt von Edgar Enyedy, im Februar 2002 fast geschlossen das Projekt verließen. Enyedy hinterließ dort einen letzten Gruß: »Good luck with your wikiPAIDia«, was ungefähr bedeutete: »Viel Glück mit eurer kommerziellen Wikipedia«. Er startete mit der *Enciclopedia Libre Universal en Español* (EL) ein Gegenprojekt in spanischer Sprache. Solche Abspaltungen (englisch *fork* genannt) sind bei Open-Source-Projekten keineswegs ungewöhnlich. Auch die von Wikipedia damals verwendete Lizenz war ausdrücklich so verfasst, dass jeder die kompletten Inhalte nehmen und mit einem eigenen Server und eigener Software weiterbetreiben konnte.[19] So sollte verhindert werden, dass die Inhalte von einer Person oder von einer Firma (etwa Wales und Bomis) dauerhaft kontrolliert werden konnten.

Auch wenn der *fork* der spanischen Wikipedia also völlig legal und auch im Sinne der freien Lizenzen war, so hatte er doch nachhaltige Wirkung – nicht notwendigerweise für die Nutzer einer spanischen Online-Enzyklopädie: Die EL existiert bis heute parallel zu *es.wikipedia.org*, aber schon seit 2006 wächst die »offizielle« spanische Wikipedia schneller als die Abspaltung. Aber für die Organisation der internationalen Wikipedia-Projekte war die Abspaltung Anfang 2002 ein Weckruf. Denn die Ursache dafür war eine Nebenbemerkung von Larry Sanger. Dieser gab am 13. Februar 2002 auf der zentralen Wikipedia-Mailingliste bekannt, dass er seit dem 1. Februar des Jahres nicht mehr bei Bomis angestellt sei und somit in Zukunft als Ehrenamtlicher zu Wikipedia beitragen würde. Auch wenn er es nicht offen sagte, waren wirtschaftliche Schwierigkeiten auf Seiten von Bomis ebenso wie strategische Differenzen mit Jimmy Wales der Grund dafür. Zudem äußerte er in der Mail die Hoffnung, vielleicht schon bald wieder für Bomis und damit für Wikipedia hauptamtlich tätig werden zu können, denn »Bomis wird vielleicht innerhalb der kommenden Monate beginnen, Anzeigen auf Wikipedia zu schalten«.[20]

Anzeigen in einem Open-Source-Projekt? Kommerzielle Interessen in einer Enzyklopädie? Bomis und Wales werden reich auf dem Rücken eines ehrenamtlich getragenen Projekts? »Warum«, so fragte Enyedy sich und die spanischen Wikipedianer, »sollen wir ehrenamtlich für ein Dotcom-Unternehmen arbeiten? Dann machen wir es lieber selbst, verabschieden und aus diesem Unternehmen und starten unser eigenes Projekt.«

Es ist unklar, ob das Schalten von Anzeigen damals tatsächlich eine Option war oder ob Sanger schlicht seiner Hoffnung Ausdruck verlieh, er könne in absehbarer Zeit wieder hauptamtlich für Wikipedia tätig sein. Bomis musste Ende 2001, Anfang 2002 alle Mitarbeiter entlassen, und es war unklar, wie und von wem die Kosten von Wikipedia in Zukunft gedeckt werden sollten. Auch Wales spielte im Februar 2002 wohl mit Gedanken, Werbung zu schalten. In einer E-Mail an die Wikipedia-Mailingliste sprach er diese Möglichkeit an, bestand jedoch auf einer »Chinesischen Mauer« zwischen Inhalten und Werbung. Er überlegte, ob man Affiliate-Links auf Amazon setzen sollte, um damit Geld einzunehmen, oder ein Modell implementieren, das Werbung an- und ausschaltbar mache, um es damit den Nutzern zu überlassen, ob sie Wikipedia über Werbung unterstützen wollten.[21]

Aber die Frage war für Wales nicht wirklich wichtig. Zwar war Wikipedia erfolgreich und wuchs, doch die Kosten hielten sich in Grenzen. Nur wenigen Minuten nach der Mail, in der er die Möglichkeiten für Werbeeinblendungen erwähnt hatte, antwortete er auf eine Nachfrage nach den tatsächlichen Kosten des Betriebs von Wikipedia: Bandbreite, Server, Speicherplatz, all das könne er für unbegrenzte Zeit aus eigener Tasche bezahlen: »Erst wenn Wikipedia 100-mal größer wäre als heute, würden diese Kosten tatsächlich bemerkbar werden«, fuhr er fort, ohne zu ahnen, dass dieser Zeitpunkt gar nicht mehr so weit entfernt sein sollte.[22] Der einzige wirkliche Kostenfaktor sei das Gehalt von Larry Sanger, so Wales weiter. Dessen Rolle als (angestellter) Chefredakteur sei jedoch ein wichtiger Erfolgsfaktor von Wikipedia, nur »Fans reiner Anarchie« würden dies anders sehen können. Wer ihm nicht glaube, dem würde er gerne ein völlig freies Wiki aufsetzen, um eine Enzyklopädie zu schreiben. Ohne hauptamtliche Herausgeberschaft, so Wales, würde nur Mist dabei herauskommen,

Man könnte diesen Mailwechsel getrost in den geschichtlichen Tiefen des Netzes verstauben lassen. In solchen Mailinglisten wurden und werden zahlreiche unreife Ideen diskutiert, nicht jede Meinung ist durchdacht, vieles ähnelt eher schnellen Online-Diskussionen denn tiefgreifenden strategischen Debatten. Interessant an dieser Episode ist jedoch eine Antwort auf Wales' Überlegungen zu Werbung und zur Rolle hauptamtlicher Herausgeber in Wikipedia-Projekten, die zwei Tage später aus Deutschland auftauchte. Ein gewisser Kurt Jansson zeigte sich verwundert über Wales' Behauptung, nur mit hauptamtlichen Kräften könne Wikipedia erfolgreich sein. »Dies klingt etwas seltsam für jemanden, der aus einer nationalen Wikipedia kommt«, so Jansson. »Zumindest die deutsche Wikipedia hat keine solcher Herausgeberschaft und ist tatsächlich ganz gut als ›reine Anarchie‹ beschrieben. Und doch ist sie weit davon entfernt, Mist zu sein.«[23] Wir werden Kurt Jansson später noch begegnen, er war einer der Gründer und langjähriger Vorsitzender von Wikimedia Deutschland.

Nicht nur Sangers Eintreten für Werbung in Wikipedia führte zu Konflikten mit der Community, wie sie sich an der Abspaltung der spanischen Wikipedia zeigte. Auch Sangers Verständnis von Community überhaupt, der Rolle von Experten im Entstehungsprozess von Wikipedia und auch seiner eigenen Rolle als Herausgeber und damit als einer eigenständigen Instanz innerhalb von Wikipedia führte zunehmend zu Konflikten innerhalb des Projekts und auch mit Wales persönlich. Während Wales mehr und mehr eine radikale Offenheit propagierte, ohne (bezahlte oder unbezahlte) Entscheidungsträger, mit Regeln, die sich die Community selbst erarbeitete und auch selbst durchsetzte, bestand Sanger auch bei Wikipedia darauf, dass es Review-Prozesse durch Experten geben sollte, wie er sie auch bei Nupedia eingeführt hatte. Zunehmend irritiert durch kaum vorhandene Anerkennung seiner Rolle durch die Wikipedia-Community und wohl auch enttäuscht von Wales' Entscheidung, ihn nicht weiter anzustellen, zog sich Sanger im Laufe des Jahres 2002 mehr und mehr aus Wikipedia zurück. Kurz konzentrierte er sich noch auf eine Wiederbelebung von Nupedia, als deren Server jedoch 2003 zusammenbrachen und die Webseite nicht mehr erreichbar war, verabschiedete er sich vollends von den Projekten und zog sich (vorübergehend) in die Wissenschaft zurück.

Auch für Wales war das Jahr 2002 entscheidend, da hier zentrale Weichenstellungen für die Zukunft des Projekts vorgenommen wurden. Werbung war, spätestens mit der Abspaltung der spanischen Ausgabe und der heftigen Reaktion innerhalb der Wikipedia, keine Option mehr. Ein Abo-Modell wurde ebenso wenig ernsthaft diskutiert. In diesen Monaten muss Wales klar geworden sein, dass Wikipedia eine andere Zukunft haben könnte als andere erfolgreiche Webseiten. Dies deutete sich bereits im August 2002 an, als er alle Wikipedia-Domains von der kommerziellen .com-Endung auf die für nicht-kommerzielle Webseiten vorgesehenen .org-Domain umstellte. Die .com-Endungen funktionieren zwar bis heute, leiten aber lediglich auf die jeweilige .org-Seite um. Ebenfalls im August 2002 erklärte Wales, niemals Werbung in Wikipedia zuzulassen. Darauf folgte im Februar 2003 seine Ankündigung, dass er gerade dabei sei, die Wikimedia Foundation zu gründen und dieser alle Markenrechte und auch die technische Infrastruktur spenden würde, die bis dato ihm persönlich beziehungsweise Bomis gehört hatten.

Mit der Gründung der Stiftung am 20. Juni 2003 endet die Startphase von Wikipedia. Alle Elemente des zukünftigen kometenhaften Aufstiegs waren vorhanden: die Technik in Form der MediaWiki-

Software; eine globale Community, die sich mehr und mehr Gehör verschaffte und ihre eigenen Regelwerke aufsetzte; eine dauerhafte Festlegung, dass Wikipedia stets ein von Ehrenamtlichen getragenes Projekt bleiben würde, und ein von allen mehr oder minder geteiltes, meist unausgesprochenes Verständnis dessen, was Wikipedia ist beziehungsweise werden sollte: eine Enzyklopädie.

2

Wie ein Artikel entsteht – und manchmal auch wieder verschwindet

James Holman war US-amerikanischer Forscher und der »größte Reisende der Welt«, wie sein Biograf Jason Roberts feststellt.[1] In der ersten Hälfte des 19. Jahrhunderts unternahm Holman zahlreiche Expeditionen rund um den Globus: Er machte die *Grand Tour* durch Italien und Spanien, setzte sich in Äquatorialguinea gegen die Sklaverei ein, und seine Schilderungen der Flora des Indischen Ozeans wurden von Charles Darwin in seinem berühmten Werk *Die Fahrt der Beagle* ausgiebig und anerkennend zitiert. Holman verfasste zahlreiche Schilderungen seiner Reisen, die allesamt regelrechte Bestseller wurden.

Und James Holman war vollständig blind.

Es muss im November 2006 gewesen sein, als ich das erste Mal von Holman hörte. Mich faszinierte, dass ein blinder Mensch in der ersten Hälfte des 19. Jahrhunderts Weltreisen unternehmen, dabei ausgiebige Beobachtungen machen und diese zu Papier bringen konnte. Ich las die Biografie von Roberts und begann, im Netz zu recherchieren. Und ich legte am 30. November 2006 einen Artikel zu James Holman in Wikipedia an. Zu diesem Zeitpunkt war ich bereits seit mehr als zwei Jahren aktiver Wikipedianer. Aber auch, wenn ich noch nie ein Wort in Wikipedia geschrieben hätte, hätte mich nichts gehindert, einen Artikel in der größten Enzyklopädie der Welt anzulegen.

Denn es gehört zu den Grundprinzipien von Wikipedia, dass jeder einen Artikel beitragen kann. In Deutschland ist dies auch bis heute noch der Fall. In der englischen Ausgabe hat der Vandalismus, ein mutwilliges Torpedieren der Inhalte, überhandgenommen, und Neulinge können ohne ein Benutzerkonto keine eigenen Artikel mehr direkt anlegen.

Gibt man einen Begriff in die Wikipedia-Suche ein, zu dem kein Artikel existiert, erscheint eine etwas kryptische Seite, die einen einlädt, diesen fehlenden Beitrag zu schreiben. Ein Knopfdruck, und die neue Seite ist angelegt und wartet auf die erste Eingabe.[2] Heute sind wir es gewohnt, bei Facebook, in Blogs und anderen sozialen Medien Text einzugeben und unmittelbar im Netz zu veröffentlichen. Doch 2006 und auch heute ist das Vorgehen von Wikipedia immer noch revolutionär: Ohne jemanden um Genehmigung zu fragen, kann jeder Mensch etwas zu dieser Enzyklopädie hinzufügen. Bei Twitter und Facebook kann zwar ebenfalls jeder schreiben, aber ohne Follower und Retweets wird kaum jemand davon Notiz nehmen. Ein Tweet oder Post versendet sich umgehend in den Milliarden anderen Tweets und Posts. Bei Wikipedia ist das anders, wer dort einen Artikel schreibt oder einen bestehenden bearbeitet, dessen Text ist umgehend Teil der Enzyklopädie und sichtbar für alle elf Millionen täglichen Besucher der Seite.

Zum Einfügen von Text ist nur rudimentäres technisches Wissen vonnöten. Bis 2013 war das anders, damals musste man, um einen Artikel zu schreiben, noch Wikitext (auch Wiki-Code oder Wiki-Syntax genannt) beherrschen, um Formatierungen wie Überschriften, Hervorhebungen oder Unterstreichungen vorzunehmen. Wenn man sich etwas in Wikipedia bewegt hatte, lernte man die wesentlichen Formatierungszeichen recht schnell (Abbildung 1). Dennoch ist diese archaische Form der Textbearbeitung natürlich störend und kann durchaus Menschen davon abhalten, zu Wikipedia beizutragen. Aus diesem Grund führte die Wikimedia Foundation als technische Betreiberin aller Wikipedia-Projekte im Jahr 2013 den Visual Editor ein. Damit ist es heute möglich, Wikipedia-Artikel ebenso zu verfassen, wie wir es aus Textverarbeitungen wie Microsoft Word gewohnt sind, also über Schaltflächen und Werkzeugleisten. Allerdings wird diese bequeme Form der Texteingabe auch sieben Jahre nach Einführung kaum genutzt: Von den rund 590 000 Edits eines Monats wurden 2020 über 470 000 ohne Zuhilfenahme des Visual Editors vorgenommen.

Abb. 1 So sieht ein Artikel im alten Bearbeitungsmodus aus

Es ist nicht untersucht, warum das so ist – doch eine Erklärung liegt nahe: dass tatsächlich die meisten Bearbeitungen von erfahrenen Benutzern gemacht werden, die bereits lange dabei sind und die niemals auf den Visual Editor umgestiegen sind. Und da Wikitext eine größere Flexibilität in der Bearbeitung zulässt, werden auch neue Editoren häufig früher oder später darauf zurückgreifen. Der Visual Editor hat aber durchaus seine Berechtigung – weil er eben die ersten Schritte für neue Wikipedianer deutlich vereinfacht. Ist man einmal mit dem Wikipedia-Virus infiziert, schreckt auch Wikitext nicht mehr von weiteren Edits ab.

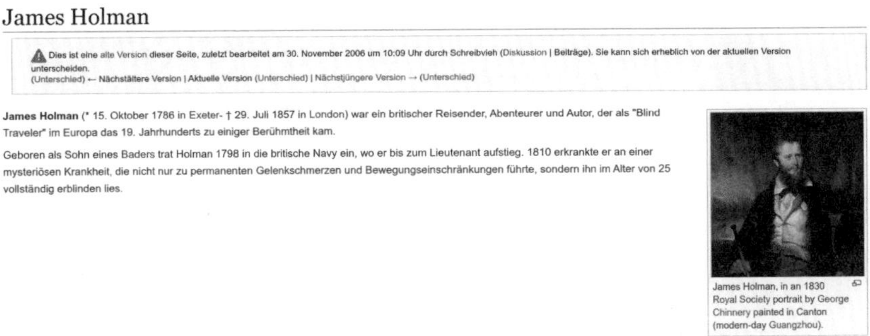

Abb. 2 Screenshot der ersten Version des Artikels zu James Holman vom 30.11.2006.

Beim Aufbau der Artikel hat sich inzwischen eine gewisse Struktur eingebürgert. Diese ist bei einem Biografieartikel anders als bei der Beschreibung eines historischen Ereignisses. Aber im Grunde folgt ein Wikipedia-Artikel den Vorgaben, die auch in gedruckten Enzyklopädien stets galten: Am Anfang muss der Leser alle wesentlichen Informationen kompakt zusammengefasst finden. Danach wird in einzelnen Unterabschnitten jeweils ein zentrales Thema vertieft (Abbildung 2). Bei Biografien ist dies üblicherweise ein kurzer Gesamtblick auf das Leben einer Person, gefolgt von einem Abschnitt über besondere Leistungen, Rezeption durch andere oder besondere Ereignisse. Am Ende findet sich bei jedem Wikipedia-Artikel eine Liste weiterführender Literatur und Links sowie eine Aufstellung der im Artikel verwendeten Quellen und Belege.

Abb. 3 Knowledge Graph von Google

Der Einleitung des Artikels kommt eine besondere Bedeutung zu: Da hier die wesentlichen Informationen gebündelt sind, bedienen sich Suchmaschinen wie Google gerne dieser Absätze, um bereits in den eigenen Suchergebnissen wesentliche Informationen zu einem Thema anzuzeigen. Sucht man etwa bei Google nach »Angela Merkel«, bekommt man schon in der Ergebnisliste zentrale Infos über sie geliefert (das gleiche Prinzip gibt es auch bei anderen Suchmaschinen ebenso wie bei Facebook). Nicht alle diese Informationen in diesem »Knowledge Graph« genannten Google-Angebot kommen direkt aus Wikipedia – aber doch der Text, der am Anfang steht (Abbildung 3). Das hilft Lesern, die vielleicht nur das Geburtsdatum Merkels wissen möchten oder die erfahren wollen, wer das überhaupt ist. Für Google haben Knowledge Graphs den Vorteil, dass viele Menschen gar nicht mehr in Wikipedia nachgucken, sondern auf die gleichen Ergebnisse durch eine einfache Google-Suche kommen. Dadurch verbleiben User länger auf der Google-Seite, und der Konzern aus Kalifornien kann ihnen mehr Werbung zeigen.

Aus Sicht von Wikipedia ist der Knowledge Graph ein zweischneidiges Schwert: Die Inhalte von Wikipedia finden dadurch natürlich deutlich größere Verbreitung, was im Einklang mit der Mission von Wikipedia steht: alles Wissen der Welt allen Menschen der Welt zur Verfügung zu stellen. Dies muss nicht ausdrücklich über die eigene Webseite geschehen. Das ist ja auch der Grund, warum alle Inhalte der Enzyklopädie unter einer freien Lizenz stehen – gerade *damit* sie weiterverbreitet und genutzt werden können. Und natürlich hat Google eine Reichweite, von der selbst Wikipedia nur träumen kann. Darum ist es durchaus im Sinne von Wikipedia, dass Google und andere Internetkonzerne die Inhalte verbreiten und zugänglich machen.

Andererseits sinken dadurch die Aufrufe der Wikipedia-Seiten. Wenn ich die Information, die ich suche, bereits in den Google-Ergebnissen gefunden habe, klicke ich eher nicht noch auf den entsprechenden Wikipedia-Artikel. Dadurch entgeht Wikipedia aber zweierlei: Wikipedia ist auf Spenden angewiesen – und die jährlichen Spendenbanner, um die es später noch einmal gehen wird, sind nun einmal nur auf Wikipedia selbst zu sehen. Jeder Besucher weniger bedeutet also auch einen potenziellen Spender weniger. Zweitens ist Wikipedia angewiesen auf den dauerhaften Zustrom neuer Autoren. Und Autor wird nur, wer auch Wikipedia besucht. Wer jedoch bei Google bereits gefunden hat, wonach er gesucht hat, wird keinen ganzen Wikipedia-Artikel lesen, dort keinen Fehler finden und auch nicht durch einen Klick auf den »Bearbeiten«-Button zum Autor werden.

Die Idee, die wesentlichen Informationen aus Wikipedia auch außerhalb von Wikipedia zu sammeln und zugänglich zu machen, ist deutlich älter als der Knowledge Graph von Google: Im Jahr 2008 erschien das *Wikipedia-Lexikon in einem Band*, herausgegeben von Wikimedia Deutschland in Zusammenarbeit mit dem Bertelsmann Lexikon.[3] Dafür wurde ebenso verfahren wie bei Knowledge Graphs: Aus den 70 000 im Jahr 2007 am häufigsten aufgerufenen Wikipedia-Artikeln wurden jeweils die ersten Absätze und (sofern vorhanden) das erste Bild aus dem Artikel in Buchform gedruckt. Zwischen »1. Buch Mose« und »ZZ Top« finden sich zahlreiche Artikel, die es niemals in eine klassische Enzyklopädie geschafft hätten, die aber offensichtlich von vielen Menschen gesucht wurden. Mit dem zunehmenden Wachstum von Wikipedia hat sich die Idee einer gedruckten Zusammenfassung freilich nicht als tragfähig erwiesen. Im Mai 2020 würde Wikipedia mehr als 1 400 Bände umfassen (Abbildung 4).[4]

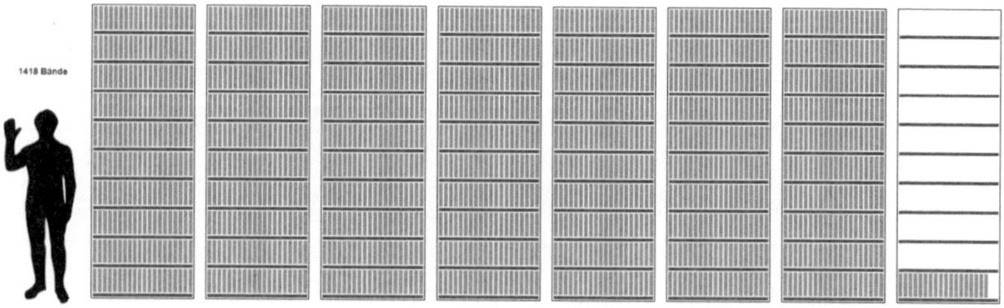

Abb. 4 Wie sähe die deutsche Wikipedia in gedruckter Form (ohne Bilder) aus?

Bildquelle: Human outline from [1], by Linda Salzman Sagan (original artwork); Tompw (GIF version); User:Holek (SVG)/CC BY-SA – Bookshelf graphics originally created 2007 by User:Tompw using mw markup; see in:User:Tompw/bookshelf (https://commons.wikimedia.org/wiki/File:Dewiki-bookshelf-07-2020.png), https://creativecommons.org/licenses/by-sa/4.0/legalcode

Das Wikipedia-Wunder

Nachdem ich meinen Beitrag über James Holman fertiggestellt hatte, geschah etwas, das für mich das eigentliche Wunder von Wikipedia darstellt. Es begann ganz unspektakulär gut 24 Stunden, nachdem ich den Artikel verlassen hatte. Ein anderer Benutzer (ohne Benutzerkonto) entdeckte, dass ich geschrieben hatte: »... *sondern ihn im Alter von 25 vollständig erblinden lies*«, und korrigierte den Tippfehler in »ließ«. Auch einen weiteren Fehler im Text verbesserte der unbekannte Helfer, bevor er sich wieder aus dem Artikel verabschiedete. Dann passierte längere Zeit nichts, bis im September 2007 ein Benutzer namens Henward sich zu Wort meldete.

Dies geschieht in Wikipedia auf der Diskussionsseite eines Artikels. Jede Seite hat quasi eine Rückseite, auf der Details zu einem Artikel diskutiert werden können. Sie sind ein für den normalen Leser unwichtiges, für die Autoren von Wikipedia aber zentrales Werkzeug ihrer Arbeit.

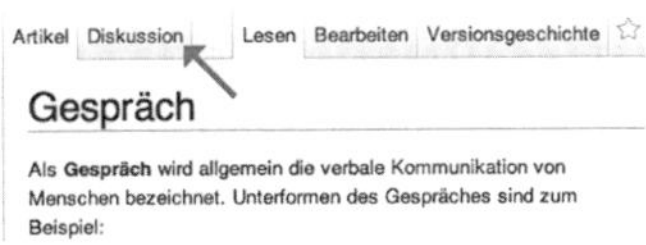

Abb. 5 Hier findet man die Diskussionsseite.

Diese Seite kann mit einem einfachen Klick auf den Reiter »Diskussion« aufgerufen werden. Probieren Sie das doch einmal aus, wenn Sie das nächste Mal etwas in Wikipedia nachgucken. Sie werden wahrscheinlich einen faszinierenden Einblick in den Maschinenraum von Wikipedia erhalten.

Der Zweck dieser Seiten besteht darin, dass die Autoren sich austauschen können, Vorschläge für Verbesserungen diskutieren, Fragen stellen oder Formulierungsvorschläge machen können. Natürlich kann man auch einfach so etwas in einem Artikel ändern; da aber – besonders bei bereits älteren oder größeren Beiträgen – meist eine Reihe von Menschen daran aktiv mitarbeiten, ist es besonders für Neulinge erfolgversprechender, über die Diskussionsseite einzusteigen. Vielleicht ist über eine bestimmte Formulierung, das Einfügen oder Löschen eines Abschnitts bereits in der Vergangenheit diskutiert worden? Wikipedia basiert ausschließlich auf schriftlicher Kommunikation; dies kann Diskussionen langwierig machen, da man stets darauf warten muss, dass das Gegenüber reagiert. Zugleich lassen sich aber auch frühere Diskussionen stets wieder nachvollziehen, was gerade bei älteren Artikeln sehr hilfreich und auch zeitsparend sein kann.

Diskussionsseiten sind, anders als die Artikel, nicht an einen bestimmten Aufbau gebunden. Vielmehr kann jeder sich an einer bestehenden Diskussion beteiligen oder einen neuen Abschnitt hinzufügen. Anders als bei Artikeln, die seit der Einführung des Visual Editors ohne großen technischen Aufwand geschrieben und formatiert werden können, muss man auf den Diskussionsseiten die spezielle Wiki-Syntax verwenden. Das ist nicht nur ein technisches Artefakt, es macht es tatsächlich schwieriger für Neulinge oder auch nur für engagierte Leser, sich an diesen Diskussionen zu beteiligen. Um einen neuen Absatz einzufügen, genügt es eben nicht, die Enter-Taste zu drücken. Vielmehr muss man »
« ans Ende der Zeile setzen, um einen Umbruch zu erzeugen. Für Unterstreichungen muss man »<u>«, für Einrückungen »:« und für Auflistungen »*« verwenden. Das ist nicht wirklich kompliziert, aber es trennt doch die alten Hasen von den Lesern und erschwert unnötig den Dialog zwischen Wikipedianern und Nutzern. Für einen geübten Wikipedianer ist allein anhand der Formatierung von Beiträgen auf der Diskussionsseite ersichtlich, ob ein Beitrag von einem erfahrenen Wikipedianer oder von jemand Neuem stammt. Die Wikimedia Foundation als Betreiberin versucht seit vielen Jahren, dieses System zu ändern und die Teilnahme an Diskussionen zu erleichtern, indem auch hier der Visual Editor eingesetzt werden soll. Aber sei es, dass es technisch schwieriger ist als gedacht, oder sei es, dass diese Trennung zwischen alten Hasen und den Lesern durchaus auch gewollt ist: Trotz vieler Hundert Millionen Euro an Spendengeldern und Hunderter angestellter Programmierer ist es der Wikimedia Foundation bis heute nicht gelungen, dieses Problem zu lösen.

Der Benutzer Henward, der sich im November 2007 auf der Diskussionsseite zu James Holman einfand, beherrschte die Wiki-Syntax. Henward hatte gelesen, dass Holman Rheuma gehabt habe, was bei jungen Seeleuten damals häufiger vorkam. Daher rührten vermutlich die Gelenkschmerzen, die ich im Wikipedia-Artikel erwähnte hatte. Henward (den ich bis heute nicht getroffen habe und von dem ich auch nichts weiter weiß) und ich diskutierten das ein paar Tage lang. Er erklärte unter anderem, dass er seine Informationen aus der Zeitschrift *Geo Saison* hatte, und fügte schließlich einen längeren Absatz zum Artikel hinzu, in dem er die Rheuma-Erkrankung erklärte.

In den kommenden Wochen, Monaten und Jahren kam immer mal wieder jemand vorbei und machte kleine Ergänzungen, korrigierte Tippfehler oder verlinkte innerhalb der Wikipedia. Gucke ich mir heute den Artikel zu James Holman an, erkenne ich durchaus noch meine Anlage von vor 13 Jahren.[5] Aber ich sehe auch, dass der Artikel besser geworden ist durch die Beiträge von anderen. Statistisch gesehen bin ich auch heute noch Autor von 78 Prozent des Textes, gefolgt vom Benutzer Henward, der 10 Prozent beigetragen hat. Die restlichen 12 Prozent verteilen sich auf 24 andere Beitragende, die seit dem 30. November 2006 etwas eingetragen haben.

Keiner von uns wurde dafür bezahlt. Wir haben uns nicht abgesprochen. Niemand hat mich als den Ersteller des Artikels gefragt, ob er ihn verändern dürfe. Der Artikel ist größer als sein Autor, er gehört nicht mir, er gehört Wikipedia und dem Prinzip, dass viele Augen und Hände nötig sind, um einen guten Enzyklopädie-Artikel zu schreiben.

Das ist das Wikipedia-Wunder.

Wie konnte James Holman als Blinder eigentlich Aufzeichnungen erstellen, die die Grundlage für seine Bücher wurden? Schließlich wurde damals noch ausschließlich mit Federkiel geschrieben, den man immer wieder in ein Tintenfass tauchen musste. Aber Holman konnte dies natürlich nicht sehen, sodass das Schreiben mit Tinte für ihn nicht infrage kam.

Die Lösung war ein Noctograph, ein Gerät, das 1806 zum Patent angemeldet worden war. Wikipedia schreibt über die Funktionsweise:

> Ein Blatt Papier wurde mit Tinte getränkt und nach dem Trocknen in einem Kasten oder Rahmen in die Mitte zwischen zwei weiße Blätter gespannt. Der Schreiber musste nur mit einem Griffel auf das obere weiße Blatt »schreiben« (besser drücken), und durch das darunterliegende Kohleblatt wurde die Schrift auf dem weißen unteren Blatt sichtbar.[6]

Diesen Artikel habe ebenfalls ich in Wikipedia angelegt. Auch an ihm zeigte sich im Lauf der Jahre das Wunder von Wikipedia. An ihm lässt sich aber auch ablesen, dass sich in Wikipedia häufig ein Artikel aus dem anderen ergibt. Ich schrieb zunächst über Holman, doch die Frage, wie er trotz Blindheit ein erfolgreicher Autor werden konnte, beschäftigte mich weiterhin. Also las ich auch darüber, recherchierte – und schrieb dann den Beitrag zu Holmans wichtigstem Hilfsmittel, dem Noctographen.[7]

Meine beiden Artikel waren zwei von 17 777 Artikeln, die im Monat November 2006 allein in der deutschen Wikipedia erstellt wurden.[8] Das sind unglaubliche 592 Artikel pro Tag! Auch heute (Stand: März 2020) entstehen übers Jahr gerechnet rund 320 Artikel – an jedem einzelnen Tag des Jahres.

Aber nicht jeder Artikel ist qualitativ auch wirklich hochwertig. Manche Artikel erfüllen schlicht nicht die Mindestanforderungen an einen Enzyklopädie-Artikel, andere behandeln Themen, denen es an der nötigen Relevanz mangelt. In diesen Fällen startet einer der kontroversesten Prozesse in Wikipedia: der Löschantrag.

Der Löschantrag

Eigentlich kann jeder alles in Wikipedia machen. Das ist eines der Grundprinzipien einer offenen Enzyklopädie. Darum kann auch jeder Mensch – ohne Anmeldung, ohne jemals einen Artikel geschrieben zu haben, ohne jemanden um Erlaubnis zu bitten – einen Artikel zur Löschung vorschlagen. Alles, was es dazu braucht, ist ein Hinweis, den man am Kopf des Artikels einfügt. In einem roten Kasten verkündet dieser dann: »Dieser Artikel wurde zur Löschung vorgeschlagen.«

Erfahrene Wikipedianer sehen solche Löschanträge entspannt, weil sie wissen, was sie bedeuten. Aber bei neuen Autoren kann so etwas für Unruhe sorgen. Da macht man sich die Mühe und steuert sein Wissen kostenlos zu Wikipedia bei – und ohne weitere Hinweise oder Verbesserungen will jemand den gerade erstellten Artikel löschen. Auch in der Presse finden sich immer wieder Berichte, in denen es heißt: »Wikipedia will Artikel zu XYZ löschen.« Dabei wird leicht übersehen, dass es nicht »die Wikipedia« ist, die das tun möchte. Vielmehr ist es irgendjemand, der einen Artikel zur Löschung vorschlägt – ein kleiner, aber feiner Unterschied.

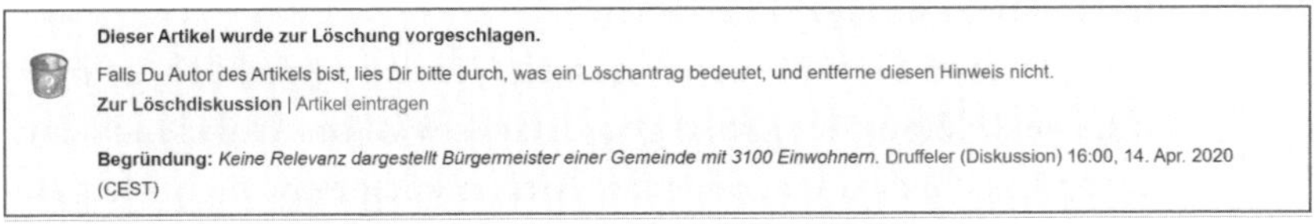

Dieser Artikel wurde zur Löschung vorgeschlagen.

Falls Du Autor des Artikels bist, lies Dir bitte durch, was ein Löschantrag bedeutet, und entferne diesen Hinweis nicht.
Zur Löschdiskussion | Artikel eintragen

Begründung: *Keine Relevanz dargestellt Bürgermeister einer Gemeinde mit 3100 Einwohnern.* Druffeler (Diskussion) 16:00, 14. Apr. 2020 (CEST)

Abb. 6 So oder so ähnlich sieht es aus, wenn ein Artikel zur Löschung vorgeschlagen wurde.

Besonders schnell wird mit offensichtlich unsinnigen Löschanträgen verfahren, wenn etwa jemand den Artikel über Angela Merkel löschen lassen möchte. In solchen Fällen wird der Löschantrag unverzüglich von einem erfahrenen Wikipedianer wegen mangelnder Erfolgsaussichten entfernt. Für den normalen Leser bleibt eine solche Aktion in der Regel unsichtbar. Anders sieht es jedoch aus, wenn am Löschvorschlag etwas dran ist (Abbildung 6). Dann bleibt der entsprechende Kasten für mindestens sieben Tage im Artikel, damit deutlich ist: Die Relevanz dieses Artikels wird gerade diskutiert, bitte beteiligen Sie sich! Denn über die Frage, ob ein Artikel gelöscht wird oder nicht, wird in typischer Wikipedia-Manier entschieden: Nicht mittels Abstimmung oder qua Amt oder Macht, sondern durch den

Austausch von Argumenten. Jeder kann sich an diesen Debatten beteiligen und in die eine oder andere Richtung argumentieren. Am Ende der Sieben-Tages-Frist entscheidet dann ein Administrator darüber, welche Argumente überzeugender sind: die für das Behalten oder die für das Löschen des Artikels.

Löschanträge sind nichts Ungewöhnliches. Im November 2019 zum Beispiel wurde für 536 Artikel ein Antrag auf Löschung gestellt. Von diesen wurden 282 auch tatsächlich gelöscht. Der Rest der Artikel wurde jedoch behalten und zumeist deutlich ausgebaut im Verlaufe der siebentägigen Löschdiskussion.

Löschanträge und Löschdiskussionen sind ohne jede Frage einer der kontroversesten Prozesse in Wikipedia. Gar nicht mal so sehr intern, aber in der Öffentlichkeit lösen diese Debatten immer wieder Unverständnis aus. Dabei handelt es sich hierbei um ein wichtiges Instrument der Qualitätssicherung, schließlich kann und soll nicht alles in einer Enzyklopädie stehen.

Es gibt zwei Gründe, aus denen ein Artikel tatsächlich gelöscht wird: Die Relevanz des Artikelgegenstands wird im Artikel nicht ausreichend nachgewiesen, oder der Artikel entspricht nicht den Anforderungen an einen Enzyklopädie-Artikel. Oft treffen auch beide Gründe gleichzeitig zu.

Ein Enzyklopädie-Artikel muss gewisse Mindeststandards erfüllen: Er muss verständlich geschrieben sein, er muss den Artikelgegenstand ausreichend darstellen, er braucht Quellen und Belege, und – am wichtigsten! – er sollte ein Thema behandeln, das auch in eine Enzyklopädie gehört. Wikipedia hat eine eigene Seite, auf der ausführlich erklärt wird, was Wikipedia *nicht ist* beziehungsweise *nicht sein* will: kein Wörterbuch, keine Gerüchteküche, keine Fan-Seite, kein Diskussionsforum, kein Ersatz für eine eigene Webseite, keine Quellen- oder Datensammlung, kein Veranstaltungskalender und weder Ratgeber noch Bedienungsanleitung.[9] Vor allem aber dient Wikipedia nach eigenem Verständnis nicht der Theoriefindung. Das bedeutet, dass Wikipedia das Wissen abbildet, das derzeit als gesichert gilt. Wissenschaftlich könnte man Wikipedia also als Tertiärliteratur bezeichnen, als eine Aggregation, eine Zusammenfassung des aktuellen wissenschaftlichen oder gesellschaftlichen Konsenses.

Das führt oft zu Verärgerung von Menschen, die diesen Konsens nicht akzeptieren. Auf den ersten Blick neigt Wikipedia dazu, solche Sichtweisen als Verschwörungstheorien zu bezeichnen. Auf den zweiten Blick ist dies jedoch die folgerichtige Entscheidung, wenn man eine Enzyklopädie sein möchte. Diese definiert sich (nach dem einschlägigen Wikipedia-Artikel) als »eine überblickende Anordnung des Wissens einer bestimmten Zeit und eines bestimmten Raumes«.[10] Es geht also nicht um Wahrheit oder darum, was objektiv richtig ist. Damit findet nicht jede Sichtweise gleichwertig Eingang in Wikipedia, sondern nur gesichertes Wissen. So gibt es etwa einen umfangreichen Artikel zur Mission von Apollo 11, mit der die ersten Menschen auf dem Mond landeten. Der Artikel stellt die Vorgeschichte, die Auswahl der Crew um Neil Armstrong, die Planung der Mission, ihren eigentlichen Verlauf und natürlich auch die Wirkung dieses epochalen Ereignisses dar. Damit gibt Wikipedia den Stand der Forschung zu Apollo 11 wider, wie er derzeit Konsens in der Wissenschaft ist (dafür bürgen nicht zuletzt die 23 Einzelnachweise und Verweise auf zahlreiche Fachveröffentlichungen). Was der Artikel jedoch nicht macht: den Fakt der Mondlandung infrage stellen. Wer den Artikel liest, wird keinen Zweifel daran haben, dass Neil Armstrong und seine beiden Mitstreiter Michael Collins und Buzz Aldrin tatsächlich zum Mond und wieder zurück geflogen sind.

Dabei gibt es eine umfangreiche Diskussion zu dieser Frage: Seit den 1970er Jahren gibt es kontinuierliche Zweifel daran, dass die NASA tatsächlich eine erfolgreiche Mondmission unternommen hat. Mit unterschiedlichen Begründungen und scheinbaren Beweisen wird diese Behauptung untermauert. Die Anhänger dieser These würden nur zu gerne auch im entsprechenden Artikel bei Wikipedia vorkommen. Zwar vertreten sie, das würde wohl sogar jeder von ihnen zugeben, eine Mindermeinung, aber diese müsse ebenso in Wikipedia dargestellt werden wie die (vermeintliche) Mehrheitsmeinung, fordern sie. Und tatsächlich finden sich im Archiv des Wikipedia-Artikels immer wieder Versuche, solche »Zweifel« an der »offiziellen« Version im Artikel unterzubringen. Freilich ohne Erfolg.

Denn es gibt schlicht keine ernsthafte Debatte zu dieser Frage unter Fachwissenschaftlern oder Experten. Unter diesen sind natürlich viele Details der Mondlandung bis heute umstritten, aber der Fakt, dass Menschen auf dem Erdtrabanten gelandet und dann wieder zurück zur Erde geflogen sind, gilt in diesen Kreisen als gesichert. Wikipedia entscheidet nicht selbst, was aufgenommen und wie es dargestellt wird, sondern Wikipedia bildet den derzeitigen Konsens ab. Natürlich bildet Wikipedia auch kulturelle Phänome wie Verschwörungstheorien ab, weshalb es zur Behauptung, die Mondlandung sei Fake News, einen ausführlichen eigenen Artikel gibt.[11] Nur stellt Wikipedia eben nicht beide Behauptungen als gleichwertig nebeneinander, sondern orientiert sich an dem, was wissenschaftlicher Konsens ist.

Von Homöopathie bis Holocaust, vom Tod von Lady Di bis zum Untergang der »Lusitania«, von den Ursprüngen von AIDS/HIV bis zu Area 51 – stets geht Wikipedia auch bei anderen Themen nach diesem Muster vor: Gesichertes, belegbares Wissen steht im Artikel, abseitige Theorien bis hin zu glatten Lügen werden zwar als kulturelle, gesellschaftliche und soziale Phänomene dargestellt, aber nicht als gleichwertige Theoreme.

Dieser Ansatz ist zentral für Wikipedia. Indem sie sich nicht selbst zur Institution erhebt, die entscheidet, was wahr oder richtig ist, ja, indem sie gar nicht erst behauptet, dass etwas wahr oder richtig sein könne, legt Wikipedia die Grundlage für das Prinzip, dass wirklich jeder mitarbeiten kann. Zumindest so lange, wie er darstellt, was der aktuelle Stand der Forschung ist. Für alle anderen, für diejenigen, die eine Plattform brauchen, um ihren Theorien, ihrem Glauben, ihrer Sicht auf die Wirklichkeit Gehör zu verschaffen, ist Wikipedia nicht der richtige Ort. Hätte es zu Zeiten Galileis schon eine Wikipedia gegeben, hätte der Artikel »Erde« vermutlich so angefangen: »Die Erde ist der Mittelpunkt des Universums, und die restlichen Himmelskörper (Mond, Sonne, Planeten und Sterne) drehen sich um sie. Sie wurde von Gott in sieben Tagen erschaffen.«

So zumindest sah im 17. Jahrhundert das gesicherte Wissen zu diesem Thema aus.

Selbstverständlich gibt es viele Fälle, in denen es (noch) kein gesichertes Wissen, noch keinen Erklärungskonsens gibt. In diesen Fällen stellt Wikipedia den Stand der Debatte, die unterschiedlichen Argumente dar, ohne jedoch selbst Partei zu ergreifen.

Diese Sichtweise wird keineswegs ohne Kritik akzeptiert. Larry Sanger etwa, einer der beiden Gründer des Projekts, sieht dieses Grundprinzip als einen der Gründe, warum Wikipedia aus seiner Sicht gescheitert ist.

> Ich wollte eine Enzyklopädie, auf der jeder und jede Artikel mitverfassen kann, neutral und für die Öffentlichkeit. Diese Absicht hat Wikipedia heute verloren. Oft wird nur eine Sichtweise dargestellt, meist die des Establishments. Alternative Sichtweisen sind oft systematisch ausgeschlossen. Es ist schwierig, Artikel zu ändern, wenn sie dem zuwiderlaufen.[12]

Doch diese Sicht ist der Blick von außen. Für Wikipedia gibt es durchaus »alternative Sichtweisen«, diese stehen aber nicht gleichberechtigt neben der Sicht eines wissenschaftlichen Establishments. Natürlich haben auch abseitige Themen und Theorien, Glauben und Verschwörungen einen Platz in der Enzyklopädie, die »Liste der Verschwörungstheorien« umfasst immerhin 91 Artikel. Aber keiner von ihnen wird dem wissenschaftlichen Konsens als ebenbürtig dargestellt. Denn Wikipedia dient ausdrücklich nicht der Theorie*findung*, sondern der Theorie*darstellung*.

Wenn ein Artikel einen Gegenstand behandelt, der keinen Platz in Wikipedia hat, oder wenn es sich schlicht nicht um enzyklopädisches Wissen handelt, wird der Artikel gelöscht. Komplexer ist jedoch der Fall, wenn nicht dargestellt wird, dass der jeweilige Artikelgegenstand ausreichend Relevanz für einen eigenen Wikipedia-Eintrag hat. Wohl kaum ein Aspekt von Wikipedia führt zu so viel Streit, Missverständnissen und öffentlicher Aufmerksamkeit wie die Frage, welche Themen denn »wert« seien, in Wikipedia Aufnahme zu finden.

Exklusionisten gegen Inklusionisten

Wikipedia will kein Sammelsurium sein, sondern Orientierung bieten, eine Auswahl dessen, was wirklich wichtig ist. Doch Wissen muss erst einmal gesichert sein, bevor es Aufnahme finden kann in eine Enzyklopädie. So lässt sich etwas vereinfacht die Position der Exklusionisten unter den Wikipedianern beschreiben. Sie vertreten die Auffassung, dass Qualität vor Quantität geht, dass ein Eintrag in Wikipedia auch so etwas wie ein Ritterschlag sei, den man sich durch eine gewisse Bedeutung oder Relevanz in der Welt erwerben müsse.

Ein in Wikipedia gerne verwendetes Bild ist das der »Schraube an der hinteren linken Bremsbacke am Fahrrad von Ulrich Fuchs«[13] – dies geht zurück auf einen nicht ernst gemeinten, aber wie ein Enzyklopädie-Artikel aufgemachten Beitrag über eine Schraube am Fahrrad eines prominenten Vertreters der Exklusionisten. Der »Artikel« beginnt folgendermaßen:

> Die Schraube an der hinteren linken Bremsbacke am Fahrrad von Ulrich Fuchs ist eine 6 mm lange M4-Schraube. Sie befestigt den Bremsklotz der linken Bremsbacke der Hinterradbackenbremse des Kettler-Alu-Fahrrades von Ulrich Fuchs am Bügel für die linke Bremsbacke der Hinterradbackenbremse des Fahrrades von Ulrich Fuchs. Sie ist mit einem Drehmoment von 0,2 Nm angezogen.[14]

Vermutlich sind alle Informationen in diesem Absatz korrekt, und er ist auch neutral und sachlich geschrieben. Und dennoch ist er offensichtlich als Inhalt einer Enzyklopädie ungeeignet. Nicht nur Exklusionisten würden argumentieren, dass ein solcher Artikel nicht in Wikipedia gehöre.

Wenn man aber nicht alles darstellen will, wo verläuft dann die Grenze? Diese Frage ist so alt wie Wikipedia selbst. Es hat sich bereits frühzeitig eine Art Kriterienkatalog hierfür herausgebildet: die Relevanzkriterien.[15] In großer Akribie wird zu den unterschiedlichsten Themengebieten aufgelistet, wann ein Artikelgegenstand auf jeden Fall relevant genug für Wikipedia ist.

Kampfkunststile und *Kampfsportarten* etwa gehören in Wikipedia, wenn es entweder weltweit mehr als 10000 Praktizierende gibt oder wenn der Stil eine kulturell, regional oder historisch herausragende Bedeutung hat. Ein *Rollenspiel* hingegen muss einen Einfluss auf viele andere Spiele gehabt oder ein später populäres Genre begründet haben, um es in die Wikipedia zu schaffen. *Isotope* erhalten, so legen es die Relevanzkriterien fest, keine eigenen Artikel, sondern werden in den Artikeln zu den entsprechenden *Elementen* behandelt. Und wen das enttäuscht, der mag darin Trost finden, dass *Hunderassen*, *Hundeformen* und *Hybridhunde* nachweislich eine deutlich überregionale und anhaltende Medienreaktion ausgelöst haben müssen, um auf jeden Fall einen Wikipedia-Artikel zu erhalten.

Man kann diese Relevanzkriterien als wikipedianische Skurrilität abtun, mit der versucht wird, das nicht Regelbare zu regeln. Tatsächlich handelt es sich aber um Regularien, die für die Community der Wikipedianer eine wichtige Bedeutung haben. Denn sie sind entstanden aus dem Versuch heraus, nicht immer wieder aufs Neue diskutieren zu müssen, ob ein Artikelgegenstand überhaupt in die Wikipedia gehört. Denn es wird nicht eine Liste von Kriterien erstellt, die klärt, was *nicht* in die Wikipedia gehört. Vielmehr sind Artikel automatisch dann relevant, wenn sie die in dieser Liste festgelegten Mindestanforderungen erfüllen. Die Relevanzkriterien sind also keine Ausschlusskriterien, sondern Einschlusskriterien.

Doch das ist Insiderwissen, für die breite Öffentlichkeit sind diese Feinheiten und Hintergründe kaum wahrnehmbar. Daum lösen Löschanträge oft großes mediales Echo und auch eine gewisse Aufgeregtheit hervor. 2018 etwa erhielt die Physikerin Donna Strickland den Nobelpreis für ihre bahnbrechenden Erfindungen im Bereich der Laserphysik. Kurz danach recherchierte der englische *Guardian*, dass es zum Zeitpunkt der Bekanntgabe durch das Nobel-Komitee nicht nur keinen Wikipedia-Artikel zu Strickland gab, sondern auch, dass ein erster Entwurf eines solchen Artikels einige Wochen zuvor gelöscht worden war. Im März 2018 hatte tatsächlich ein Wikipedianer einen Artikel über die Physikerin erstellt. Da dieser Benutzer erst kurz bei Wikipedia dabei war, bedurfte es einer Freigabe durch einen erfahrenen Wikipedianer, bevor der Artikel veröffentlicht werden konnte. Dieser erfahrene Wikipedianer mit dem Benutzernamen

Bradv, immerhin schon seit zehn Jahren dabei, lehnte den Artikelentwurf ab. Daraus wurde erst in der englischen, schnell aber auch in der deutschen Öffentlichkeit ein Aufschrei: Der Deutschlandfunk stellte fest: »Männliche Machtstrukturen bremsen Frauen aus«,[16] und für den *SPIEGEL* stand fest: »Nicht wichtig genug. Wikipedia verweigerte Nobelpreisträgerin einen Eintrag«.[17] Das sind gute Schlagzeilen, die auch sicherlich viele Klicks generieren. Und wie wir noch sehen werden, hat Wikipedia tatsächlich ein massives Problem mit Frauen als Autorinnen. Aber im Fall der Physikerin Strickland geht der Vorwurf ins Leere. Denn Benutzer Bradv löschte den Artikelentwurf nicht, weil Strickland nicht wichtig genug für einen Artikel war. Vielmehr bemängelte er, dass ihre Bedeutung in dem Entwurf nicht ausreichend dargestellt wäre. Das ist ein zentraler Unterschied zwischen der Berichterstattung über und der Realität in Wikipedia: Wird ein Artikel gelöscht, so ist dies kein Werturteil hinsichtlich des Artikelgegenstands, sondern hinsichtlich der Qualität des Artikels.

Tatsächlich kann über alles ein Artikel geschrieben werden, auch über den Pizzakarton.

Inklusionisten gegen Exklusionisten

Server und Speicher kosten heute kaum noch etwas, und es muss auch keine Redaktion bezahlt werden, um mehr und mehr Artikel zu pflegen. Warum sollte man sich also überhaupt die Frage stellen, welche Themen in die Wikipedia gehören? Solange sich jemand findet, der darüber schreiben möchte, könnte doch alles und jedes einen Wikipedia-Artikel bekommen. So lässt sich grob gesagt die Position der *Inklusionisten* zusammenfassen. Mussten frühere Enzyklopädisten aus rein praktischen Erwägungen entscheiden, was in ihre Nachschlagewerke kommen sollte und was nicht, muss Wikipedia dies nicht tun. Ein Klick, und ein neuer Artikel ist angelegt, und in wenigen Minuten stehen Informationen in der Wikipedia, die zuvor dort nicht zu finden waren.

In den Anfangsjahren standen sich die beiden Auffassungen fast unversöhnlich gegenüber: Man war entweder Inklusionist oder Exklusionist. Heute hingegen würden sich viele bei Wikipedia wohl eher einer Schnittmenge beider Extrempositionen zuordnen. Für sie gilt: In die Wikipedia gehört, was mit qualitativ hochwertigen Quellen und Belegen nachgewiesen werden kann. Damit kehrt Wikipedia zum Ausgangspunkt zurück, indem sie nur das wiedergibt, was anderswo (in den Wissenschaften etwa oder auch in Qualitätsmedien) diskutiert wird.

Aber schließt dies nicht Artikel aus, die sich explizit mit nichtwissenschaftlichen Themen beschäftigen, für die es oft gar keine wirklich wissenschaftlichen Quellen gibt und keinen »Stand der Forschung«, den man abbilden könnte? Inklusionisten gehen davon aus, dass man eigentlich über alles einen guten Artikel verfassen könnte, gut belegt, sinnvoll gegliedert und informativ geschrieben. Zwei altgediente Wikipedianer, die unter den Pseudonymen southpark und Salino01 seit 2004 beziehungsweise 2007 Autoren sind, wollten den Beweis antreten, dass und wie dies möglich wäre. Also legte southpark, der in Berlin lebt und in der Wikipedia oft über seine Heimat Dithmarschen und über Schwimmbäder schreibt, den Artikel »Pizzakarton« an.

»Ein Pizzakarton ist ein Karton, in dem frisch gebackene Pizza an einen Kunden geliefert wird«, hieß es lapidar im ersten Entwurf des Artikels vom 17. September 2011.[18] In den folgenden Tagen, Wochen und Monaten bauten southpark und Salino01 den Artikel nach allen Regeln der Wikipedia aus. Die Geschichte dieser Verpackung wird ebenso ausführlich dargestellt wie die besonderen Anforderungen an mechanische Stabilität und Stapelbarkeit:

> Um den Lagerplatz für Verpackungen gering zu halten, werden die Pizzakartons zumeist kurz vor Gebrauch aus planen Rohlingen gefaltet. Im Lagerflächenbedarf machen sich unterschiedliche Materialdicken deutlich bemerkbar. Pizzakartons aus Vollpappe benötigen etwa die Hälfte an Lagerfläche im Vergleich zu Pizzakartons aus E-Wellpappe und etwa ein Viertel an Lagerfläche im Vergleich zu Pizzakartons aus B-Wellpappe. Die Stabilität des Kartons wird außer vom Material selbst auch durch die Form der Faltung bestimmt.[19]

Ein Abschnitt zu anderen »Hilfsmitteln zur Pizzaauslieferung« ist ebenso enthalten wie einer zu möglichen Kontaminationen der Verpackung und wie diese vermieden werden können. Und – wir sind schließlich in Deutschland – auch das Recycling und die Behandlung des Pizzakartons in der Verpackungsverordnung werden ausführlich dargestellt. Der Artikel schließt, wie alle guten Wikipedia-Artikel, mit einem Überblick über die aktuelle Literatur zum Pizzakarton und weist eine beeindruckende Liste von 56 Fußnoten auf.

Man könnte diesen Artikel als Skurrilität abtun, als Inside-Joke von alteingesessenen Wikipedianern. Aber damit würde man den Autoren Unrecht tun. Es galt zu zeigen, dass es kein Thema gibt, über das sich nicht ein guter Wikipedia-Artikel schreiben lässt, dass kein Subjekt dafür zu trivial, keine Sache zu randständig ist. Und das, ohne die Grundprinzipien einer Enzyklopädie aufgeben zu müssen.

Dass dies den beiden gelungen ist, zeigt die hohe Anerkennung, die der Artikel »Pizzakarton« in Wikipedia erfahren hat: Im November 2011 wurde der Artikel nach einer Abstimmung als besonders lesenswert gekennzeichnet, eine Ehre, die bisher nur etwas mehr als 4000 Artikel in der deutschen Wikipedia überhaupt erfahren haben. Im Prozess der Abstimmung wurde nicht mit Lob gegeizt: Der Autor Marcus Cyron etwa verband sein Votum mit dem Kommentar: »Was soll man zu einem solchen Artikel sagen? Man fasst es einfach nicht. Manche Leute könnten auch zu Müllbeuteln was Herausragendes zusammenbekommen.« Sein Kollege Stullkowski erkannte: »nutzloses Wissen vom Feinsten«. Und Benutzer SEM stellte beeindruckt fest: »Ich hätte nie gedacht, dass man über so einen alltäglichen, ›langweiligen‹ Gegenstand einen so ausführlichen, unterhaltsamen und auch noch so gut referenzierten Artikel schreiben kann.«[20]

Auch Wikimedia Deutschland, der Verein, der in Deutschland Wikipedia und die Community der Wikipedianer unterstützt, erkannte die herausragende Bedeutung dieses Artikels als einen Meilenstein in der Wikipedia-Geschichte. Der erstmals 2012 verliehene Zedler-Preis lobte extra einen Sonderpreis aus, der an die beiden Hauptautoren des Artikels ging. Als Auszeichnung erhielten beide einen Präsentkorb mit den Zutaten für eine selbst gebackene Pizza.

Wer in Wikipedia mitschreiben möchte, wird zu einem Teil eines einmaligen Experiments der Menschheitsgeschichte. Niemals zuvor wurde versucht, das gesamte Wissen der Menschen zu sammeln und zugleich allen Menschen zugänglich zu machen. Umstritten ist, und wird immer sein, was denn dieses »Wissen« ist, das es zu sammeln gilt. Dies ist ein stetiger Aushandlungsprozess in Wikipedia, durch Relevanzkriterien, durch Löschanträge und weitere Instrumente, um die es später gehen wir. Erfreulicherweise hat sich die ohnehin künstliche Dichotomie zwischen den Exklusionisten und den Inklusionisten in den letzten Jahren zugunsten einer differenzierten Sichtweise verschoben: Relevanz ist relativ und nicht messbar – aber zugleich sind die Ansprüche an die Texte beziehungsweise an qualitativ hochwertige Quellen und Belege enorm gestiegen. Die Frage »Ist das relevant für eine Enzyklopädie?« ist hinter »Gibt es gute Belege und Quellen?« zurückgetreten.

Auskunftsbibliothekare 2.0

Ein echtes Wikipedia-Juwel, das in der Öffentlichkeit viel zu wenig bekannt ist, ist die Auskunft.[21] Sie dient nicht der Information über Wikipedia, sondern ist Anlaufstelle für alle, die trotz Google und Co. keine Antwort auf eine Wissensfrage finden.

Dabei gibt es keine dummen Fragen, kein Themengebiet ist ausgeschlossen. Schaut man sich das Archiv der Fragen durch – es werden rund 50 Fragen pro Woche gestellt und beantwortet –, fällt auf, dass es sehr selten um reine Informationsfragen geht. Diese lassen sich zumeist durch eine schnelle Internetsuche einfacher beantworten als durch eine Anfrage in der Wikipedia:Auskunft. Besonders in der Anfangszeit scheinen Schüler die Auskunft gerne genutzt zu haben, um ihre Hausaufgaben gemacht zu bekommen. Das sind Fragen wie »Wie vereinfacht man $(x^{12} y^{8})^{1/4}$ bitte?«, die von den Ehrenamtlichen aber keineswegs einfach beantwortet werden. Vielmehr wird auf den Artikel zur »Potenz (Mathematik)« verwiesen und der Schüler aufgefordert, den Lösungsweg selbst zu entwickeln. Ein anderer Wikipedianer, der einfach die Lösung unter die Frage schreibt, wird hingegen gescholten: »Und das hast du dem Fragesteller nicht zugetraut, das selbst hinzukriegen?« Die Frage »Welche Argumente sprechen gegen den Atomausstieg Deutschlands?????« hingegen wird mit einem knappen »Ist das hier die Hausaufgabenhilfe?« abgeschmettert. Doch das Gros der Fragen ist genuin interessant und tatsächlich oft nicht einfach zu beantworten.

Die Wikipedia:Auskunft ist ein Ort, an dem die Prinzipien von Wikipedia nur in gewisser Weise gelten. Zwar werden immer wieder Erkenntnisse aus einer Antwort in die entsprechenden Wikipedia-Artikel eingebaut; aber natürlich geht es dabei nicht primär um den Aufbau der Enzyklopädie. Oft sind in der Auskunft Dinge möglich, die Wikipedia ansonsten ablehnt. Eine der Regeln besagt, dass Wikipedia keine Bedienungsanleitung ist. Die von einem unbekannten Benutzer am 12. April 2020 in der Auskunft gestellte Frage: »Rennrad-Ventil will Luft nicht ablassen – Mütterchen aufgedreht, Pinökel gedrückt … nix. Weiter Aufpumpen bewirkt auch nix. Wat nu?«[22] hätte also leicht als nicht relevant verworfen werden können. Stattdessen bemühen sich in den kommenden drei Tagen insgesamt dreizehn Benutzer um Erste Hilfe für den übervollen Rennradreifen. Die Bedeutung von Überwurfmütterchen, Pinökelchen, Schraderventilen und Sclaverandventil wird dabei ausführlich diskutiert und jeweils hinsichtlich der praktischen Anwendbarkeit auf die Ausgangsfrage diskutiert. Es ist unbekannt, ob dies zu einer ausreichenden Luftzufuhr für den Reifen gesorgt hat.

»Wie viel Prozent Alkohol muss ein Getränk mindestens haben, dass die Flasche in der Gefriertruhe bei –18 Grad Celsius nicht einfriert?« – »Warum lösen sich Tabletten in warmem Wasser schneller auf als in kaltem Wasser?« – »Gilt in Iowa bei den Vorwahlen der Demokraten das Mehrheits- oder das Verhältniswahlrecht?« – das Spektrum der Fragen und die Tiefe und Breite der Antworten sind ein treffendes Beispiel dafür, dass die oft beschworene Intelligenz der Vielen tatsächlich funktioniert. Denn natürlich bewegt sich auf der Wikipedia:Auskunft nicht für jedes Thema ein Spezialist. Aber so mancher weiß ein bisschen was, und am Ende kommt oft eine fundierte Antwort heraus. Die Auskunft ist eine sehr präzise Illustration für das Grundprinzip, das Wikipedia möglich und erfolgreich macht: Gemeinsam wissen wir alles.

Diese Form der Beantwortung von Fragen der Öffentlichkeit ist übrigens keineswegs eine Erfindung von Wikipedia. Sie führt vielmehr eine Tradition fort, die früher oft und auch heute noch von wissenschaftlichen Bibliotheken angeboten wird. Besonders im angloamerikanischen Kulturraum sind *reference desks* in vielen Bibliotheken vorhanden. Dort sitzen erfahrene Bibliothekare und helfen jedem, der sich mit einer Frage an sie wendet, eine Antwort darauf zu finden. Dabei kann es auch um die gemeinsame Erarbeitung eines Weges zu dieser Antwort gehen: Eingrenzung und Präzisierung der Fragestellung, die Suche nach der passenden Datenbank und entsprechenden Fachbüchern et cetera. In Deutschland wird diese Dienstleistung von sogenannten Auskunftsbibliothekaren erbracht. Direkt vor Ort, per Telefon, E-Mail oder (sehr vereinzelt) per Internet-Chat können dort Fragen eingereicht werden. Man könnte meinen, der Erfolg von Google und Wikipedia habe solche Dienste obsolet werden lassen. Doch die Wikipedia:Auskunft zeigt, dass es nach wie vor einen hohen Bedarf gibt.

3

Die Organisation der Wikimedia-Bewegung

In den Jahren seit der Gründung der Wikipedia hat sich ein weltweites Netz an Organisationen gebildet, das die Ehrenamtlichen und die Wikimedia-Projekte auf vielfältige Weise unterstützt. Neben der Wikimedia-Stiftung mit Sitz in San Francisco, die die technische Infrastruktur betreibt und Eigentümerin der Marke »Wikipedia« ist«, gibt es in vielen Ländern der Welt sogenannte Chapter, also lokale Organisationen, die vor Ort »ihre« Communities unterstützen.

Wie schon berichtet, wurde Wikipedia ursprünglich als ein kommerzielles Projekt gegründet. Es gehört zu den großen Leistungen des Gründers von Wikipedia, sehr schnell erkannt zu haben, dass das Einblenden von Werbung und die Monetarisierung der Arbeit Ehrenamtlicher kein zukunftsfähiges Fundament wären. Dieses kleine Projekt Wikipedia, das ursprünglich nur dazu gedacht war, eine Art Startrampe für die »richtige«, von Experten kontrollierte Enzyklopädie Nupedia zu sein, hatte rasch ein Eigenleben entwickelt. Jimmy Wales muss innerhalb kürzester Zeit klargeworden sein, dass er da etwas ganz Besonderes geschaffen hatte. Viele Jahre nach Gründung der Wikimedia-Stiftung sagte er: »Das war entweder das Dümmste, was ich je getan habe, oder das Klügste.«[1] Natürlich kokettiert Wales, er weiß sehr genau, dass eine kommerzielle Wikipedia nicht im Ansatz den Erfolg gehabt hätte, den die von Ehrenamtlichen geschriebene und von einer Stiftung betriebene Enzyklopädie seit 20 Jahren hat. Und es gab auch eine sehr praktische Überlegung: 2001/2002 wurde Wikipedia von Tag zu Tag erfolgreicher, doch die Werbeeinnahmen von Wales' Firma Bomis, auf deren Servern Wikipedia am Anfang lief, blieben gleich oder schrumpften sogar.[2]

Abb. 7 Die Entwicklung des Wikipedia-Logos von 2001 bis heute.

So kündigte Jimmy Wales am 20. Juni 2003 die Gründung einer gemeinnützigen Organisation mit dem Namen Wikimedia Foundation an. Ihr übertrug er die vorhandenen Urheberrechte an der Software sowie die Namensrechte an der Marke Wikipedia. Diese sowie das Logo (Abbildung 7) sind bis heute die einzigen Elemente, die nicht unter einer freien Lizenz stehen und die daher auch nicht von jedermann frei verwendet werden können. Die Inhalte hingegen standen natürlich bereits unter einer freien Lizenz. Die beiden Rechner, auf denen Wikipedia damals lief, übertrug Wales erst später auf die Stiftung, da erst steuerrechtlichen Fragen geklärt werden mussten. Heute betreibt die Wikimedia Foundation zahlreiche Server in Rechenzentren in den USA (Virginia, Texas und in San Francisco, Kalifornien, dem aktuellen Stammsitz der Stiftung) sowie in Amsterdam und in Singapur.

Die Wikimedia Foundation (WMF) betreibt heute die technische Infrastruktur, also die Rechenzentren, in denen die Wikimedia-Projekte laufen, und beschäftigt Hunderte von Software-Entwicklern, die gemeinsam mit einer kleinen, aber agilen Gemeinschaft von Ehrenamtlichen die Wikipedia-Software MediaWiki weiterentwickeln.

Kein Jahr nach Gründung der Stiftung entstand am 13. Juni 2004 in Frankfurt am Main das erste Chapter der Wikimedia-Bewegung (Abbildung 8): »Wikimedia Deutschland – Gesellschaft zur Förderung Freien Wissens e. V.« lautet der offizielle Name. Zumeist wird

Abb. 8 Der Gründungsvorstand von Wikimedia Deutschland e. V. 2004.

Bildquelle: JeLuF (https://commons.wikimedia.org/wiki/File:Wikimedia_vereinsvorstand-2004-a.JPG), »Wikimedia vereinsvorstand-2004-a«, https://creativecommons.org/licenses/by-sa/1.0/legalcode

von Wikimedia Deutschland oder – Wikipedianer lieben Abkürzungen – von WMDE gesprochen. Die 36 Menschen (zumeist Männer), die an der Universität Frankfurt für die Gründung zusammenkamen, kamen überwiegend aus der Wikipedia. Ziel des Vereins war, die Idee hinter Wikipedia in der Öffentlichkeit zu vertreten und Spenden zu sammeln, um den Betrieb des Projekts und die Idee des Freien Wissens zu fördern. Auch wenn der Impuls zur Vereinsgründung aus der Wikipedia kam, macht die verabschiedete Satzung (und auch die Bezeichnung »Gesellschaft zur Förderung Freien Wissens«) deutlich, dass Wikimedia Deutschland von Anfang an weit über das Projekt zur Erstellung einer Enzyklopädie hinausblickte. Die Satzung erklärte als Ziele des Vereins: »Die Erstellung, Sammlung und Verbreitung freier Inhalte [...] in selbstloser Tätigkeit zu fördern, um die Chancengleichheit beim Zugang zu Wissen und die Bildung zu fördern.«[3] Doch der Anspruch von Wikimedia geht noch weiter, er ist nicht nur explizit politisch, sondern nimmt auch direkten Bezug auf den revolutionären aufklärerischen Anspruch der Idee einer Enzyklopädie:

> Über Jahrhunderte wurde Wissen von Herrschenden gefangen gehalten und als Machtinstrument missbraucht. Erst mit der Aufklärung wurde es aus dieser Umklammerung befreit – nicht zuletzt durch Denis Diderot und Jean d'Alembert, die mit ihrer Encyclopédie einen wesentlichen Beitrag dazu geleistet haben. Waren es fortan noch die mit der Vervielfältigung verbundenen Kosten, die das Wissen unfrei machten, sind es im digitalen Zeitalter in erster Linie die berechtigten Interessen der Autoren sowie der Inhaber von Verwertungsrechten.
>
> Ziel von Wikimedia Deutschland – Gesellschaft zur Förderung Freien Wissens ist es, Antworten auf die Frage zu finden, wie das Wissen endgültig befreit und damit allen Menschen dauerhaft zugänglich gemacht werden kann.

Das ist eine sehr treffende Darstellung der Bedeutung freien Wissens und zugleich eine tiefe Verankerung des Vereins in den Idealen der Aufklärung.

Als ich am 1. August 2009 der neue Geschäftsführer (und später dann geschäftsführender Vorstand) von Wikimedia Deutschland wurde, erfüllte sich ein echter Traum. Ich war zuvor zwölf Jahre als Unternehmensberater tätig gewesen mit einem Schwerpunkt im Risikomanagement von Banken, IT und Projektmanagement. Seit 2004 war ich aber auch Wikipedianer – daran mitarbeiten zu können war eine erfüllende Aufgabe an langen Abenden in irgendwelchen Business-Hotels. Ich habe Geschichte, Politik und Öffentliches Recht studiert und mich darum auch auf diese Bereiche in der Enzyklopädie konzentriert. Niemals war ich ein echter Power-Autor, aber mir hat es immer Spaß gemacht, nicht nur Artikel zu schreiben, sondern auch die Prozesse und Strukturen des Projekts mit zu entwickeln und zu diskutieren (ich war übrigens auch nie Administrator in Wikipedia). Nach zwölf Jahren Beratertätigkeit war dann die Luft raus; ich wollte nicht mehr morgens aufstehen, um die Bilanz irgendeines Unternehmens um einen winzigen Promillebereich zu verbessern. Ich wollte etwas Sinnvolles anfangen mit meiner Zeit und mit meinem Wissen.

Darum kam die Stellenausschreibung von Wikimedia Deutschland gerade recht: Ich sah die Möglichkeit, mein Know-how über

Personal, Finanzen, Organisationsentwicklung in einem gesellschaftlich relevanten Feld einzusetzen und dabei sogar noch mein Hobby Wikipedia direkt zu unterstützen. Der Verein auf der anderen Seite wollte sich professionalisieren und deutlich wachsen. Wikimedia Deutschland sollte direkt vom enormen Wachstum von Wikipedia profitieren. Der damalige ehrenamtliche Vorstand sah die Chance, damit sowohl die gesellschaftliche Wirkung des Vereins als auch das Spendenaufkommen signifikant zu steigern. Das war meine Aufgabe, als ich im Sommer 2009 die Geschäftsführung des Vereins übernahm.

Fünf Jahre lang baute ich die Geschäftsstelle in Berlin auf und setze Akzente für die Schwerpunkte der Arbeit des Vereins. Als ich begann, hatte der Verein vier Mitarbeitende und ein Jahresbudget in Höhe von 800000 Euro. Als ich ging (oder genauer: als ich gegangen wurde, aber dazu später mehr), waren es knapp 5 Millionen Euro und 70 Mitarbeitende. So weit die reinen Zahlen, doch was macht so eine »Gesellschaft zur Förderung Freien Wissens« eigentlich?

Zuvorderst stand und steht die Unterstützung der Aktiven in den unterschiedlichen Wikimedia-Projekten, und natürlich besonders der Menschen, die sich bei Wikipedia engagieren. Die Arbeit an der Wikipedia ist bekanntlich ehrenamtlich, also ohne jede Vergütung. Aber wer zum Beispiel eine Drohne benutzen möchte, um Fotos aus der Luft zu machen und diese dann in Wikipedia einzustellen, kann auf eine der beiden Profi-Drohnen zurückgreifen, die Wikimedia angeschafft hat, um sie an Ehrenamtliche kostenlos zu verleihen. Ebenso können hochwertige Kameras, Objektive, Scanner, Videotechnik, Computer und sogar eine hochwertige Mikroskopieranlage über die Geschäftsstelle kostenlos ausgeliehen werden. Der Verein vergibt Literaturstipendien, unterstützt Ehrenamtliche mit der Übernahme von Reisekosten, hilft bei der Organisation von Veranstaltungen vor Ort, steht als Vertragspartner für Museen zur Verfügung, die ihre Artefakte durch Ehrenamtliche in Wikipedia abgebildet sehen wollen, um nur einige der Aktivitäten zu nennen.

Unzählige Wikipedianer haben sich dem »Befreien des Wissens« verschrieben. Das bedeutet, sie sprechen Archive, Museen, Bibliotheken und andere Wissensorganisationen an, um diese davon zu überzeugen, Informationen, Bilder, Quellen und vieles mehr unter eine freie Lizenz zu stellen, damit diese (auch) in Wikipedia nutzbar sind. Diese Kooperationen sind teilweise langwierig in der Anbahnung, können aber spektakuläre Erfolge werden, wie etwa jene mit dem Bundesarchiv, das mehr als 140 000 Bilder aus dem eigenen Bestand so lizenzierte, dass sie in Zukunft weltweit von Wikipedia und anderen genutzt werden können. Das Metropolitan Museum of Art in New York veröffentlichte 400 000 Bilder von Werken aus der eigenen Kollektion.[4] Angebahnt und verhandelt werden die meisten dieser Kooperationen von ehrenamtlichen Wikipedianern, doch Vereine wie Wikimedia Deutschland (oder auch die Wikimedia-Organisationen in Österreich und der Schweiz) können dabei eine wichtige Rolle spielen: sei es als Vertragspartner der Institutionen oder nur dadurch, sie E-Mail-Adressen mit der Endung @wikipedia.de an Vertreter des Projekts vergeben und sie dadurch als Ansprechpartner ausweisen.

Doch Wikimedia Deutschland ist mehr als die Unterstützung von Wikipedia: Die politische Interessenvertretung in Berlin und Brüssel ist ebenso ein Arbeitsschwerpunkt wie die Öffentlichkeitsarbeit rund um freies Wissen. Damit sollen die Rahmenbedingungen – die politischen, gesellschaftlichen und wirtschaftlichen – dahingehend verbessert werden, dass Projekte wie Wikipedia weiterbestehen und wachsen können.

Es gibt mittlerweile 39 Wikimedia-Chapter auf allen fünf Kontinenten. Sie alle folgen mehr oder minder dem gleichen Ansatz: Freiwillige fördern, Rahmenbedingungen verbessern, Teilnahme an den Wikimedia-Projekten ermöglichen. Doch Wikimedia Deutschland ist in einer Hinsicht etwas Besonderes: Wikidata, das am schnellsten wachsende Wikimedia-Projekt weltweit, wird maßgeblich in Berlin entwickelt und betreut; es wird weiter unten näher vorgestellt. Alle anderen Wikimedia-Projekte werden von der Wikimedia Foundation aus San Francisco betrieben. Das zeigt die besondere Stellung, die Wikimedia Deutschland im weltweiten Netz des freien Wissens einnimmt.

Meine Zeit bei Wikimedia Deutschland war für mich etwas Besonderes – wer hat schon die Chance, die Geschicke einer extrem schnell wachsenden Organisation in einem Bereich zu beeinflussen, der einem zutiefst am Herzen liegt? Ich habe wunderbare Menschen kennengelernt und mit den smartesten Kolleginnen und Kollegen arbeiten dürfen, die man sich nur vorstellen kann.

Doch dann kam der 19. Mai 2014, der Tag, an dem ich vom Aufsichtsgremium des Vereins, dem Präsidium, gefeuert wurde. In der entsprechenden Pressemitteilung hieß es reichlich unkonkret: »Das Präsidium strebt seit Längerem eine andere strategische Ausrichtung für Wikimedia Deutschland an, wie auch in dem auf der Mitgliederversammlung vorzustellenden Strategiepapier zum Ausdruck kommt, und ist zu dem Schluss gekommen, dieses nicht mit dem derzeitigen Vorstand umsetzen zu können.«[5]

Für mich wie für zahlreiche Mitglieder des Vereins und für die Mitarbeitenden der Geschäftsstelle kam diese Entscheidung überraschend. Ich habe viel darüber nachgedacht, was in den Tagen, Wochen, Monaten und Jahren davor passiert war, dass es so weit kommen konnte. Die Verantwortung lag zu einem großen Teil bei mir selbst. Ich hatte völlig unterschätzt, wie wichtig es ist, in einem fundamental von Ehrenamtlichen getragenen Projekt wie Wikipedia genau diese Ehrenamtlichen so einzubinden, wie es für sie richtig ist. In meiner Tätigkeit als Chef von Wikimedia Deutschland war ich zu sehr fixiert auf die Instrumente, die ich als Unternehmensberater anzuwenden gelernt hatte: Key Performance Indicators, Wachstum (finanziell und personell), öffentliche und institutionelle Anerkennung und andere mehr. Was ich mehr und mehr dabei verloren hatte, war ein Verständnis für das liebevoll Amateurhafte des Vereins und der Wikipedia, eine Achtsamkeit den Ehrenamtlichen gegenüber, Respekt den unterschiedlichen Geschwindigkeiten und Empfindsamkeiten von bezahlten und ehrenamtlich Engagierten gegenüber.

Heute, fünf Jahre später, kann ich viel besser verstehen, dass das, was für mich damals Erfolge waren (mehr Geld, mehr Mitarbeiter, mehr Ansehen im Inland und weltweit), auf einen Teil der Engagierten wie eine Bedrohung ihres Status, ihrer Wohlfühlzone wirkte durch mich und durch das, wofür ich stand. Dieser Teil der Engagierten hatte im Präsidium 2014 die Mehrheit, die es brauchte, um mich als geschäftsführenden Vorstand abzusetzen.[6]

So schmerzhaft der Trennungsprozess für mich auch war, aus heutiger Sicht war es nicht nur für mich persönlich eine gute Entwicklung. Auch und besonders für Wikimedia Deutschland war es der richtige Schritt, wenn er auch weniger verletzend für alle Beteiligten möglich gewesen wäre. Nach einigen Übergängen und Interims-Vorständen wird Wikimedia Deutschland seit 2016 von Abraham Taherivand geleitet und weiterentwickelt. Ihm ist es nicht nur gelungen, die Arbeit des Vereins auf noch solidere finanzielle Säulen zu stellen als zuvor, unter seiner Leitung hat auch die Akzeptanz des Vereins in der Wikipedia deutlich zugenommen.

Ich bin heute noch stolzes, aber einfaches Mitglied bei Wikimedia Deutschland – der Gesellschaft zur Förderung Freien Wissens.

4

Die Finanzen des freien Wissens

Der Betrieb der technischen Infrastruktur für die Wikimedia-Projekte, der zahlreichen Initiativen zur Förderung der Idee des freien Wissens und nicht zuletzt die mehr als 500 hauptamtlichen Mitarbeiter der WMF – all das benötigt jede Menge Geld, und zwar dauerhaft. Jede Form der kommerziellen Verwertung der Arbeit der Ehrenamtlichen verbietet sich mindestens seit der Abspaltung der spanischen Wikipedia. Bereits früh hatte Jimmy Wales daher die Wikimedia Foundation gegründet – doch kann man eine der größten Webseiten der Welt ausschließlich über Spenden betreiben? Dafür gab es keinerlei Vorbild – aber es war ja nicht das erste Mal, dass Wikipedia in neue Gebiete vorstieß und die Grenzen des Möglichen erweiterte. Genau das machte sie auch bei der Finanzierung. Sie setzte von Anfang an auf Spenden – und zwar auf die Spenden der Leser. Zwar gibt es immer wieder auch mal spektakuläre Einzelspenden. Besonders bei den Superreichen des Silicon Valley gehört es zum guten Ton, ein paar Millionen an die Wikimedia-Stiftung zu geben. Doch das Gros der Einnahmen stammt von Hunderttausenden von Einzelspendern, die im Schnitt knapp 23 Euro geben.

Die Wikimedia Foundation hat im Finanzjahr 2018/2019 Spenden in Höhe von sage und schreibe 112 Millionen US-Dollar eingenommen, von denen fast 10 Millionen US-Dollar allein aus Deutschland stammten. Parallel baut man in San Francisco eine Rücklage auf, die 100 Millionen US-Dollar umfassen soll. Damit wäre der Betrieb der Seite auch dann gesichert, wenn die Spendeneinnahmen deutlich zurückgehen würden. Wikimedia Deutschland kann aus rechtlichen Gründen keine solchen Rücklagen aufbauen, hat sich aber mit bis heute 80 000 Mitgliedern, die zusammen nochmals 3,2 Millionen Euro an Mitgliedsbeiträgen geben, ebenfalls von den jährlichen Spendenkampagnen etwas unabhängiger gemacht. Insgesamt verfügt Wikimedia in Deutschland über ein Budget von knapp 10 Millionen Euro.

Das sind enorme Zahlen für so junge Organisationen. Der Hebel, den sowohl die Wikimedia Foundation als auch Wikimedia Deutschland nutzen, ist die enorme Popularität der Wikipedia. Während quasi alle anderen gemeinnützigen Organisationen darum kämpfen müssen, überhaupt von möglichen Spendern wahrgenommen zu werden, haben WMF und WMDE Zugriff auf eine der bekanntesten Webseiten der Welt. Und damit kann eine Aufmerksamkeit für Spendenaufrufe erzeugt werden, die ihresgleichen sucht: Pro Monat verzeichnet die deutsche Wikipedia 1,1 Milliarden Seitenaufrufe, die englische Ausgabe erreicht 9,9 Milliarden. Hinzu kommen die französische (900 Millionen), die spanische (1 Milliarde), polnische (300 Millionen), niederländische (200 Millionen), schwedische (140 Millionen) – insgesamt werden die Wikipedia-Ausgaben, in denen aktiv um Spenden geworben wird, mehr als 13 Milliarden Mal pro Monat aufgerufen. Außerdem gibt es noch lokale Spendenaktionen in kleineren Sprachausgaben und anderen Projekten wie Wikidata. Niemand betreibt Online-Fundraising so erfolgreich wie Wikimedia.

Diese unglaubliche Menge an Kontakten ermöglicht es Wikimedia, das Fundraising auf eine bis dahin unbekannte Weise auf empirische Grundlagen zu stellen. Jede andere Organisation überlegt sich, mit welcher Geschichte, mit welchen Bildern und welchen Grafiken sie ihre potenziellen Spender ansprechen möchte. Dann produziert sie entsprechende Unterlagen und verschickt sie in der Regel mit Briefpost an (zum Teil teuer von Adresshändlern eingekaufte) Adressen. Der Streuverlust ist enorm, kaum jemand veröffentlicht konkrete Zahlen, aber der Rücklauf beträgt nur wenige Promille.

Wir kennen alle diese Schreiben rund um Weihnachten – und meistens werfen wir sie ungelesen in den Müll.

Auch Wikimedia nutzt die zum Jahresende deutlich höhere Spendenbereitschaft und startet (meistens Ende November, Anfang Dezember) eine große Kampagne. Sie kennen diese Aufforderungen vermutlich: Um Weihnachten herum werden die Leser von Wikipedia aufgefordert, einen kleinen Beitrag für Wikipedia und freies Wissen zu leisten. Sie sind eine Erinnerung daran, dass Wikipedia von Ehrenamtlichen erstellt und von einer Stiftung (bzw. in Deutschland von einem Verein) unterstützt wird. Oft spricht Jimmy Wales in diesen Spendenkampagnen die Leser direkt an und bittet sie um ihre Unterstützung.

Wikimedia setzt ausschließlich auf Online-Fundraising, was angesichts der 13 Milliarden Seitenaufrufe im Monat eine einmalige Chance ist, diese noch recht neue Form der Finanzierung in Deutschland zu etablieren. Bei Wikimedia Deutschland ist dafür von Beginn an Till Mletzko mit seinem Team verantwortlich. Anfang 2010 kam Mletzko zu Wikimedia Deutschland, zuvor war er Fundraiser der German Toilet Organization, die sich weltweit für die Verbesserung der sanitären Ausstattung in Entwicklungsländern engagiert.

Mletzko, den die *ZEIT* den »besten Online-Spendensammler Deutschlands« nannte,[1] erkannte schnell die Chancen, die die enorm hohen Zugriffszahlen auf Wikipedia boten. Anders als bei gedruckten Spendenaufrufen kann Wikimedia durch ständiges Ausprobieren die Wirksamkeit unterschiedlicher Geschichten, Bilder und Formulierungen ausprobieren und stetig verbessern. Grundlage dafür sind die sogenannten A/B-Tests. Dabei werden jeweils zwei Spendenbanner mit kleinen Unterschieden der gleichen Anzahl an Lesern gezeigt – und das bessere gewinnt. Dann verändert man dieses erfolgreiche Banner wieder etwas und stellt wieder beide Varianten zum Test, und so weiter und so fort. Das klingt etwas abstrakt, kann aber dramatische Effekte bewirken. So wollte das Team um Mletzko beispielsweise herausfinden, ob eine alte Wahrheit der Spendensammlung auch online stimmt: dass nämlich Menschen dem Handeln anderer Menschen folgen und sich gerne Gruppen zugehörig fühlen.

Dies wird in den Sozialwissenschaften als »social proof« bezeichnet und wurde 1984 vom amerikanischen Psychologen und Professor für Marketing Robert Cialdini beschrieben. Daran angelehnt waren bisher die Spendenbanner von Wikimedia formuliert: »Über 40 Millionen Mal wird unser Spendenaufruf täglich angezeigt, schon zweihunderttausend Menschen haben bisher gespendet«, so konnte man lange lesen. Bis zur Winter-Spendenkampagne 2014, als die Fundraiser die Formulierung ein wenig anpassten und genau das Gegenteil dessen machten, was die etablierte Social-Proof-These nahelegt. Aus dem »*schon* zweihunderttausend« wurde ein »*aber nur* zweihunderttausend haben bisher gespendet«. Und tatsächlich: Die Spendeneinnahmen stiegen um unglaubliche 22 Prozent!

Auch ich wurde in einen dieser A/B-Tests mit Bild und persönlicher Geschichte eingebunden. Die Frage war, würden die Menschen mehr spenden, wenn sie der Geschäftsführer von Wikimedia Deutschland um Unterstützung bitten würde? Till Mletzko und das Fundraising-Team waren sehr höflich, als sie mir erklärten, dass mein Spendenaufruf eher unterdurchschnittlich funktioniert hätte. Zwar hatten recht viele Menschen auf »meinen« Spendenaufruf geklickt, Geld gegeben hätten aber nur sehr, sehr wenige. Mein Bild und meine Geschichte wurden darum in diesem Zusammenhang nie wieder genutzt.

Das sind enorme Testerfolge, von denen auch viele andere gemeinnützige Organisationen profitieren können. Denn nicht nur Wikipedia ist transparent und für jedermann offen, auch Wikimedia Deutschland fühlt sich diesen Grundsätzen verpflichtet. Nach dem Motto »sharing is caring« veröffentlicht das Fundraising-Team des Vereins alle Testergebnisse und berichtet sehr regelmäßig über Erfolge und Misserfolge aus der eigenen Arbeit. Damit leistet Wikimedia Deutschland einen wichtigen Beitrag für den gemeinnützigen Sektor in Deutschland allgemein.[2]

5

Wenn plötzlich Geschichte passiert – vom Umgang mit Nachrichten

Am 11. März 2011 um 6:46 Uhr früh deutscher Zeit begann die Nuklearkatastrophe von Fukushima in Japan. Eigentlich waren es drei Katastrophen, die fast gleichzeitig geschahen, weshalb die Ereignisse in Japan auch als die *Dreifachkatastrophe* bezeichnet werden: Zunächst erschütterte das schwerste Erdbeben, das bis dahin je in Japan gemessen wurde, mit einer Stärke von 9,0 auf der Momenten-Magnituden-Skala[1] den Pazifik in einer Tiefe von 32 Kilometern. Dadurch wurde der größte Tsunami der japanischen Geschichte ausgelöst, der auf rund 500 Quadratkilometern die japanische Küste traf und verheerende Zerstörungen anrichtete. Schließlich trafen Ausläufer des Tsunami mit bis zu 14 Meter hohen Wellen das Kernkraftwerk Fukushima Daiichi und lösten dort eine Kernschmelze in drei der sechs Reaktorblöcke aus. Große Mengen an radioaktivem Material wurden freigesetzt – rund 10 bis 20 Prozent dessen, was fast genau 25 Jahre zuvor in Tschernobyl in die Umwelt gelangte. Insgesamt starben durch die Dreifachkatastrophe fast 20000 Menschen unmittelbar, zahllose weitere wurden verwundet. Die Langzeitfolgen der radioaktiven Kontamination sind heute noch nicht absehbar.

Es dauerte kaum drei Stunden, bis dieses Ereignis in Wikipedia Eingang fand durch eine kurze Notiz: »Am 11. März 2011 fällt aufgrund eines Erdbebens das Kühlsystem aus.«[2] In den folgenden Minuten, Stunden und Tagen überschlugen sich die Ereignisse, die Nachrichtenlage blieb lange undurchsichtig – und Deutschland schaute auf Wikipedia nach, um sich verlässlich zu informieren. Allein in den ersten zehn Tagen nach der eigentlichen Katastrophe wurde der Artikel mehr als 1500-mal verändert und hatte schnell über 30 Seiten Umfang.

Der Artikel zur Fukushima-Katastrophe hat Geschichte geschrieben. Er zeigt, dass Wikipedia tatsächlich bereits lange über den Status einer Enzyklopädie hinausgewachsen ist, zumindest in der Erwartung der Leser. Denn eigentlich treffen damit zwei Dinge aufeinander, die sich gegenseitig ausschließen: Zum einen gibt es auf Wikipedianer-Seite den Anspruch, verlässliches, belegtes, im Grunde genommen gut abgehangenes Wissen darzustellen. Erst wenn sich die Wissenschaft einig ist beziehungsweise wenn ausreichend renommierte Medien über etwas berichtet haben, soll ein Thema in Wikipedia erscheinen. Daher heißt es auch mahnend auf der Wikipedia-Seite »Was Wikipedia nicht ist«: Wikipedia ist kein Newsticker![3] Wikipedianer sprechen spöttisch von »Newstickeritis«, wenn wieder einmal probiert werden soll, live und in Echtzeit Informationen in Wikipedia einzubauen.

Doch wenn etwas passiert auf der Welt, das ganz offensichtlich eine über den Tag hinausgehende Bedeutung hat, wenn ein Ereignis die Welt erschüttert, dann wenden sich viele Menschen an Wikipedia, um sich auf dem Laufenden zu halten, um sich verlässlich zu informieren. Wo Twitter, Facebook und Co. zu hektisch sind, eher Gerüchte als Fakten, Fake News als Wahrheiten und Verschwörungstheorien als Erklärungen pushen, da fungiert Wikipedia als Fels in der Brandung.

Wie geht Wikipedia mit solchen aktuellen Ereignissen um? Geplant hatte ich, das Thema anhand des Artikels zur Nuklearkatastrophe von Fukushima darzustellen. Der Beitrag gewann 2012 den Zedler-Preis von Wikimedia Deutschland als »Bester Artikel des Jahres«; die Jury schrieb damals zur Begründung:

> Der Artikel steht in den Augen der Jury prototypisch für den Anspruch der Wikipedia, ein breites Publikum zeitnah, umfassend und sachlich zu informieren. Er macht sich die Möglichkeiten, die Wikipedia als Medium bietet, in exzellenter Weise zunutze, und die Jury ist überzeugt, dass der Artikel nicht nur für die interessierte Allgemeinheit, sondern auch für Journalisten und Fachleute im vergangenen Jahr eines der wichtigsten Informationsmedien für einen Überblick und Einstieg in die Thematik geboten hat.[4]

Doch während ich an diesem Kapitel schreibe, im späten Winter und im Frühjahr des Jahres 2020, bin ich selbst, sind wir alle Teil einer globalen Katastrophe, die weitreichendere Folgen haben wird als die Explosion in Fukushima: Das Coronavirus hält die Welt fest im Griff; Schulen sind geschlossen, die Wirtschaft steht still, Millionen Menschen sind infiziert, Hunderttausende bereits gestorben. Während ich diese Zeilen schreibe, ist kein Ende abzusehen. Was liegt also näher, als daran den Umgang der Wikipedia mit aktuellen Entwicklungen darzustellen?

Allein die nackten Zahlen sind bereits beeindruckend: Der Hauptartikel zur Pandemie, »COVID-19-Pandemie in Deutschland«[5], umfasst (Stand: Ende Mai 2020) fast 200 Seiten und 748 Einzelnachweise. Er wurde insgesamt 2,6 Millionen Mal aufgerufen und über 5 500-mal von insgesamt 1 077 Autoren bearbeitet. Die Seitenaufrufe allein geben die enorme Bedeutung des Artikels für die Information der Bevölkerung nicht einmal annähernd wieder, wenn man bedenkt, dass Suchmaschinen wie Google Informationen aus diesem Artikel auch direkt anzeigen.

Das enorme Interesse an Information und die Dynamik der Pandemie-Entwicklung spiegelt sich in Wikipedia noch auf eine andere, eher indirekte Weise wider, nämlich auf der Diskussionsseite der entsprechenden Artikel. Diese dient ja hauptsächlich den Autoren zum Austausch über den Aufbau eines Artikels, um neue Abschnitte zu diskutieren oder die Aktualisierung eines Abschnitts vorzubereiten. Doch was sich seit Anbeginn der Pandemie auf den Diskussionsseiten dieser Artikel tut, ist auch für Wikipedia-Verhältnisse außergewöhnlich. 675 einzelne Abschnitte mit zusammen über 6000 Diskussionsbeiträgen umfasst das Archiv.[6] Dabei geht es oft um eine verständliche Darstellung etwa von Infektionsketten, von der Verteilung der Infektionsfälle über das Bundesgebiet, aber auch um die Frage, ob man prominente COVID-19-Patienten wie Friedrich Merz, Cem Özdemir oder Johannes B. Kerner extra aufführen sollte. Was aber alle diese Diskussionsbeiträge zeigen, ist die Ernsthaftigkeit, mit der die Wikipedianer versuchen, auch dieser Krisensituation mit ihren enzyklopädischen Ansprüchen gerecht zu werden.

Auch in der heißen Anfangsphase der Pandemie in Deutschland, Mitte bis Ende März 2020, als viele Medien und die allgemeine Öffentlichkeit versuchten, sich einen Überblick über diese neue Bedrohung zu verschaffen, präsentierte Wikipedia ein überraschend stabiles Bild. Was man zum jeweiligen Zeitpunkt wusste, das stand im Artikel, was sich als falsch oder überholt herausgestellt hatte, war dort nicht mehr zu finden. Damit folgt auch dieser Artikel dem Wikipedia-Prinzip der inkrementellen Veränderung mit dem Anspruch, stets alles vorhandene und belegte Wissen abzubilden: Es gibt einen Artikel zu einem Thema, und dieser Artikel entwickelt sich weiter über die Zeit hinweg, Neues wird ergänzt, Überholtes wird gestrichen, Fehler korrigiert. Aber der Leser wird immer alle aktuell gültigen, belegten Informationen in Wikipedia finden.

Nachrichtenseiten im Netz hingegen funktionieren anders, was gestern noch eine Schlagzeile war, kommt heute kaum noch vor. Wer ein paar Tage die Nachrichten nicht verfolgt, läuft Gefahr, nicht mehr mitzukommen, weil ihm zentrale Informationen fehlen. Nachrichtenseiten gehen davon aus, dass die Leser kontinuierlich lesen und sich informieren. Diese Annahme basiert vermutlich auf dem alten Abo-Modell der gedruckten Tageszeitungen, in dem es legitim war, wenn die Journalisten davon ausgingen, dass die Leser auch die Zeitung vom Vortag gelesen hatten. Daher musste nicht immer alles noch mal erklärt werden. Zweitens schauen Journalisten im Netz sehr stark auf die Neuigkeit, die Breaking News, garantiert sie doch Aufmerksamkeit und die wichtigste Währung im Netz: Klicks und damit Werbeeinnahmen.

Die Idee bei Wikipedia ist es dagegen, alle gültigen und relevanten Informationen ständig an einem Ort vorzuhalten, in einer Art und Weise, die es jemandem erlaubt, ein Thema zu begreifen, von dem er vielleicht zuvor nichts gelesen oder gehört hat. Und da Wikipedia nicht auf Aufmerksamkeit, nicht auf Klicks, nicht auf möglichst lange Anwesenheit der Leser auf der Seite angewiesen ist, kann sie es sich erlauben, etwas ausführlicher zu sein; sich weniger auf die Sensation zu konzentrieren, sondern erst einmal abzuwarten und zu schauen, ob eine Information auch nach ein paar Tagen noch tragfähig ist. Oder ob sich herausstellt, dass es doch anders war. Denn dann setzt der einfache und doch wirkungsvolle Wikipedia-Mechanismus ein, in dem Überholtes entfernt, neu Belegtes hinzugefügt und Bestehendes besser formuliert wird.

Zweitens kommt der Wikipedia in Momenten der Krise und der sich überschlagenden Ereignisse zugute, dass sie dezentral entsteht: Während viele Zeitungen und Zeitschriften damit zu kämpfen hatten, der neuen Realität aus Homeoffice und Lockdown im eigenen Produktionsprozess Rechnung zu tragen, musste Wikipedia das nicht. Wikipedianer taten, was sie immer schon taten: Sie machten ihre Rechner an, recherchierten online, tauschten sich auf den Diskussionsseiten und in der Redaktion:Medizin aus und schrieben ihre Texte.

Drittens profitiert Wikipedia enorm davon, kein Platzproblem zu haben. Das gilt zunächst für die Länge der Hauptartikel zur Corona-Pandemie: »COVID-19-Pandemie in Deutschland«[7] umfasst 333 000 Zeichen, was fast 200 Seiten entspricht. Der Überblick über die globale Ausbreitung des Virus in Wikipedia, »COVID-19-Pandemie«[8] hat ebenfalls rund 279 000 Zeichen (150 Seiten), und die Beschreibung des Virus selbst, »SARS-CoV-2«[9] kommt auf immerhin 106 000 Zeichen oder etwas weniger als 60 Seiten (alle Zahlen vom Mai 2020). Aber auch thematisch muss sich Wikipedia nicht begrenzen, sondern kann auf Details eingehen, die ansonsten vielleicht untergehen würden: Zu vielen scheinbar nebensächlichen Aspekten gibt es eigene Wikipedia-Artikel. Darum weiß ich, dass auf den Komoren der erste Corona-Fall erst am 30. April 2020 festgestellt wurde.[10] In São Tomé und Príncipe dürfen Bürger Chinas, Südkoreas, Irans, Italiens, Nigerias, Algeriens und des Senegals bereits seit dem 11. März 2020 nicht mehr einreisen.[11] Und aus Kiribati wird berichtet, dass nach der Erkrankung eines russischen Kapitäns eine Panik auf dem Hauptatoll des Inselstaates, Tarawa, ausbrach, in deren Verlauf Schulen, Büros und Geschäfte geschlossen wurden.[12] Zu insgesamt 156 Ländern gibt es jeweils einen Artikel über den Verlauf und die Auswirkungen der Corona-Pandemie, zumeist mit Statistiken über die Anzahl der bestätigten Infektionen. Und in der Wikipedia-Kategorie »COVID-19-Pandemie« finden sich insgesamt mehr als 385 einzelne Artikel.

Natürlich gibt es auch zu einzelnen Aspekten der Pandemie in Deutschland Artikel – seien es die temporären Fahrradwege, die in vielen deutschen Städten in den ersten Wochen und Monaten der Pandemie entstanden,[13] seien es die wegen des Virus abgesagten Veranstaltungen.[14] Die Ansprachen von Bundeskanzlerin Merkel haben ebenso einen eigenen Artikel[15] wie die Corona-App[16], mit der das Nachverfolgen von Infektionsketten ermöglicht werden soll. Wer die chronologische Ausbreitung des Virus in Deutschland nachvollziehen möchte, findet alle Informationen unter »COVID-19-Pandemie: Chronik der Ausbreitung in Deutschland«, inklusive einer animierten Grafik.[17]

Und weil Wikipedia kein Platzproblem hat, können auch eher randständige Themen behandelt werden, vorausgesetzt, es findet sich jemand, der das Thema bearbeiten möchte, und er kann dies mit guten Quellen tun. Wer das nächste Mal Wikipedia vorwirft, willkürlich Artikel zu löschen, weil das Thema nicht »relevant« genug sei, möge sich den Artikel »Auswirkungen der COVID-19-Pandemie auf die Anime-Industrie« ansehen.[18] Der Wikipedianer Goroth, der seit März 2009 als Autor mitarbeitet, hat in diesem Artikel mit einer bewundernswerten Liebe zum Detail zusammengetragen, wie die japanische Zeichentrickkunst Anime unter den Pandemie-Bedingungen leidet. Von abgesagten Veranstaltungen bis zu auf Eis gelegten Produktionen populärer Zeichentrick-Serien listet Goroth minutiös auf, welche Effekte Corona auf diesen Zweig der Populärkultur hat. Natürlich ist dies nur ein Randaspekt, aber seit der Artikel am 15. April 2020 angelegt wurde, haben immerhin rund 50 Leser pro Tag den Weg (Stand: Mai 2020) hierher gefunden, um sich zu informieren.

Spricht man mit den Menschen, die maßgeblich an den unterschiedlichen Corona-/COVID-19-Artikeln in der deutschen Wikipedia schreiben, so spiegeln sich diese zahlreichen Optionen und Vertiefungen des Themas auch in deren Motiven wider. Der Benutzer Lacsap19 zum Beispiel – einer der Hauptautoren des großen Überblicksartikels »COVID-19-Pandemie in Deutschland«, ist im bürgerlichen Leben Lehrer für Sonderpädagogik. Vor Corona hat er nur sehr sporadisch in Wikipedia mitgeschrieben. Mit Beginn der Pandemie kamen jedoch Faktoren zusammen, die ihn zu einem Wikipedianer machten: Zunächst hatte er ungewohnt viel Zeit – die Schulen wurden rasch geschlossen und in der Sonderpädagogik ist der direkte Kontakt zu den Schülern enorm wichtig, ein Unterricht über Video daher quasi unmöglich. Zweitens schreibt Lacsap19 gerne – vorzugsweise Sachtexte: »Insofern ist Wikipedia eine gute und aus meiner Sicht auch sinnvolle Möglichkeit, für mich textproduktiv aktiv zu sein.«[19] Und Drittens sind quasi alle Quellen und Nachrichten, die man für den Ausbau eines Artikels zu Corona braucht, online und damit auch aus der heimischen Selbst-Quarantäne zugänglich.

Am wichtigsten scheint mir aber zu sein, dass Lacsap19 für sich die Chance sah, an einem populären und wichtigen Artikelkomplex mitzuarbeiten – der Impact, also die Wirkung seines Schreibens in Wikipedia ist für ihn offensichtlich ein wichtiges Motiv. Das ist bei dem Corona-Artikel natürlich nicht anders, seine Relevanz drückt sich nicht zuletzt in den enormen Zugriffszahlen aus: Im März 2020 1,1 Millionen, im April dann sogar knapp 1,5 Millionen und im Mai immerhin noch 819 000-mal wurde der Artikel zur COVID-19-Pandemie in Deutschland aufgerufen – damit stand der Artikel jeweils auf Platz zwei bzw. drei der populärsten Wikipedia-Artikel in diesen Monaten. Mehr als 1 250 Autoren haben an dem Artikel mitgeschrieben und gemeinsam mehr als 7 000 Edits vorgenommen. Und Lacsap19 hat immerhin 9 % des Textes beigetragen – so viel wie sonst niemand (Stand: Juni 2020).

Seit dem 8. Mai 2020 allerdings hat Lacsap19 nicht mehr in diesem Artikel editiert. Nach eigenen Aussagen wurde es ihm zu voll im Artikel, er hatte wenig Lust, sich ewig um einzelne Formulierungen zu streiten. Damit fällt Lacsap19 ganz offensichtlich in die Gruppe der Wikipedianer, denen es ausschließlich um die Arbeit an einem Artikel geht und die wenig Lust verspüren, intensiv in Diskussionen oder in die Prozesse von Wikipedia einzusteigen. Zugleich zeigte sich aber sicherlich auch eine gewisse Verdichtung des Artikels – nach den ersten Wochen, in denen es darum ging, eine sich täglich ändernde Nachrichtenlage abzubilden, ist der Artikel (wie viele andere vor ihm) nun in eine Phase der Vertiefung und der Konsolidierung eingetreten. Das ist enorm wichtig für einen Wikipedia-Artikel. Es verlangt aber ein anderes Mindset der Autoren – Pionier oder Landschaftsgärtner, könnte man sagen. Der eine will Neuland erschließen und Grenzen verschieben – der andere das Bestehende hegen und pflegen und die Erträge des Bodens verbessern.

Lacsap19 ist dem Thema treu geblieben – er hat sich aber noch weiter spezialisiert und fokussiert. Auch dies ist ein oft in Wikipedia zu beobachtendes Phänomen. Vom Allgemeinen zum Speziellen, vom Überblick zum Detailartikel. In seinem Fall konzentrierte sich Lacsap19 vermehrt auf den Ausbau des Artikels zum Verlauf und den Folgen der Pandemie in seiner eigenen Heimat Baden-Württemberg. »COVID-19-Pandemie in Baden-Württemberg«[20] hat nur einen Bruchteil der Aufmerksamkeit seiner großen Schwester (knapp 10 000 Aufrufe im April 2020, etwas mehr als 7 700 im Folgemonat). Für die Autoren bedeutet diese geringere Aufmerksamkeit die Möglichkeit, ins Detail gehen zu können, die für das Bundesland relevanten Informationen zu filtern und aufbereitet im Artikel einzustellen. Und man kann durchaus argumentieren, dass auch die Ebene Bundesland noch zu grob ist – die wirklich die Menschen betreffenden Maßnahmen wie abgesperrte Seen, geschlossene Schulen, Initiativen für Einkäufe in Corona-Zeiten – all das spielt sich auf lokaler Ebene, in den Kreisen und Dörfern des Landes ab. Damit fungieren Wikipedia und die Autoren der Enzyklopädie als Chronisten der Pandemie. So, wie dies im Mittelalter und der frühen Neuzeit in den Dorf- und Stadtchroniken erfolgt ist. Auch lange nachdem diese Pandemie überwunden sein wird, werden diese Artikel in Wikipedia erhalten bleiben und ein Bild davon abgeben, wie wir mit dieser außergewöhnlichen Herausforderung als Land und als Gesellschaft umgegangen sind.

Am besten lässt sich die Motivation der Wikipedianer, die sich in einem solchen Maße engagieren, wohl mit dem Wunsch nach *stiller Wirkung* erklären. In vielen anderen sozialen Medien wie Twitter, Facebook oder Instagram steht der Produzent im Mittelpunkt –

oder will dies zumindest. Bunter, lauter schneller – so generiert man Likes, Aufmerksamkeit, Klicks. Doch in Wikipedia tritt der Autor zurück hinter sein Werk, wird unsichtbar (außer für den geübten Nutzer, der die Versionsgeschichte zu bedienen weiß). So laut auch manchmal der interne Schaffensprozess mit seinen ewigen Diskussionen und Editierkriegen ist – nach außen hin ist Wikipedia eigenartig statisch und die Wikipedianer sind kaum sichtbar. Das scheint für bestimmte Menschen höchst attraktiv zu sein – eben nicht als identifizierbare Person, sondern als unsichtbarer Diener einer größeren Sache zu wirken.

Und die Wirksamkeit ist die zweite Komponente, die hinzutritt: Wikipedia wirkt enorm, die Reichweite kann sich mit jedem großen Medium messen, die Glaubwürdigkeit dürfte bei Weitem über der der meisten Medien liegen. Wo sonst hat ein Sonderschulpädagoge die Möglichkeit, die Wahrnehmung der Corona-Pandemie maßgeblich zu beeinflussen? Ihre Befriedigung ziehen Wikipedianer aus dieser Macht – die zugleich nicht korrumpiert, weil nach außen der Einzelne ja nicht in Erscheinung tritt. Und vermutlich liegt hier einer der Schlüssel für den langfristigen Erfolg von Wikipedia.

6

Auf den Schultern von Giganten

»Stell dir eine Welt vor, in der jeder einzelne Mensch frei an der Summe allen Wissens teilhaben kann.« So lautet die Mission der Wikimedia Foundation, der Stiftung hinter Wikipedia. Es ist zugleich eine akkurate Beschreibung dessen, was Enzyklopädien anstreben. Enzyklopädien gibt es, seit Wissen schriftlich gesammelt wird, wenn auch nicht immer unter diesem Namen. Was sich allerdings kontinuierlich ändert, ist, was unter »Wissen« verstanden wird. Und auch das Publikum und dessen Rolle wandeln sich stetig: von den Jungen und Männern des antiken Athen über die mittelalterlichen Priester und Gelehrten und die höfischen Kulturen der frühen Neuzeit bis hin zum Bürger und der Bürgerin (!) der Aufklärung. Es wäre freilich vermessen, auf den kommenden Seiten einen geschichtlichen Abriss der Enzyklopädien zu versuchen. Vielmehr ist von Interesse, wo sich in der Vergangenheit Entscheidungen in der Erstellung früherer Enzyklopädien finden lassen, die auch heute noch wirken – unter anderem auch auf Wikipedia.

Wikipedia steht nicht nur auf den Schultern früherer Enzyklopädien, sie ist selbst auch ein Ausdruck der digitalen Transformation, die unser aller Leben, unsere Gesellschaften, unser Wissen, unsere Kultur grundlegend verändert hat. Die Gesellschaften der Aufklärung im 18. Jahrhundert haben sich mit den gedruckten Enzyklopädien ein Werkzeug geschaffen, um das explosionsartig anwachsende Wissen der frühen Industrialisierung und der Entstehung der frühen

Wissenschaften abzubilden. Und ebenso haben wir uns im 21. Jahrhundert mit Wikipedia ein Werkzeug geschaffen, das es uns erlaubt, unseren veränderten Ansprüchen an die Aufbereitung von Wissen und an Teilhabe an diesem Wissen gerecht zu werden. Die beiden Giganten, auf denen Wikipedia aufsetzt, sind somit die Enzyklopädien des 18. Jahrhunderts und die digitale Transformation.

Was ist eine Enzyklopädie?

Der Begriff »Enzyklopädie« kommt aus dem Griechischen (*enkyklios paideia*) und meint so viel wie Grundausbildung, allgemeine Erziehung. Im Altertum gab es eine klare Vorstellung davon, was eine solche Ausbildung enthalten solle: die musische, künstlerische Entwicklung des Geistes zusammen mit der körperlichen Ertüchtigung: *Mens sana in corpore sano* – ein gesunder Geist in einem gesunden Körper.

Eine Enzyklopädie ist aber nicht nur eine Sammlung der wichtigsten Elemente dieser Ausbildung, sondern sie strebt immer auch die Verknüpfung, das In-Beziehung-Setzen dieses Wissens an. Diese Idee ist eng verbunden mit der Hochzeit der Philosophie der Griechen und später des römischen Reiches, deren Ansatz genau diese Verknüpfung von Wissenschaft, Wissen, Ideen, Gedanken und Theorien ist.

Auch Enzyklopädien fangen gerne damit an, sich selbst zu definieren. Die Vorworte und die Einleitungen des *Brockhaus*, der *Encyclopaedia Britannica* oder älterer Werke wie des *Grossen vollständigen Universal-Lexicon(s) Aller Wissenschafften und Künste* von Johann Heinrich Zedler – sie alle setzen sich damit auseinander, was sie eigentlich sein und was sie erreichen wollen. Gemein ist ihnen allen, dass sie zwar keinen Anspruch auf Vollständigkeit, aber doch das Ziel haben, alles relevante Wissen zum Zeitpunkt der Veröffentlichung abzubilden. Natürlich ist dies immer eine Auswahl. Doch einer Enzyklopädie wohnt immer der Anspruch inne, eine *relevante Auswahl* getroffen zu haben, also das zu zeigen, was wirklich wichtig ist. Was dazugehört oder gerade nicht gehört, entscheiden dabei immer die Redakteure und ihre jeweilige Weltsicht. Es gibt sehr unterschiedliche Ansätze, wie dieses Wissen zu definieren ist: vom eher philosophischen, musischen, naturbeobachtenden Wissen des antiken Athen bis zum allumfassenden Anspruch der Enzyklopädien von Diderot und Zedler, der sogar so weit ging, Kochrezepte aufzunehmen.

Entsprechend geht es einer Enzyklopädie auch nicht nur darum, Informationen zu sammeln, sondern diese zu verbinden, woraus erst Wissen entstehen kann. Dies drückte sich etwa in den sieben freien Künsten (*artes liberales*) aus, die in der Antike den Kanon des Wissens ausmachten: Grammatik, Rhetorik, Logik, Arithmetik, Geometrie, Musik und Astronomie. Auffallend ist übrigens dabei, dass alles, was mit »praktischem Wissen« zu tun hat, in diesen freien Künsten und auch in den frühen Wissenssammlungen nicht vorkommt. Die »praktischen Künste« erschienen den alten Griechen nicht eines freien Menschen würdig – schließlich galt damals nur als frei, wer für seinen gedeckten Tisch nicht arbeiten musste. Erst im 18. Jahrhundert fingen Enzyklopädisten an, auch das praktische Know-how einer Gesellschaft als sammelnswert zu betrachten.

Doch ganz gleich, wie man das zu sammelnde Wissen definiert, man braucht eine Struktur, dieses Wissen für den Leser systematisch darzustellen. Dabei gibt es zwei verschiedene Ansätze: Man kann Wissen thematisch sortieren und zusammenfassen, also zum Beispiel entlang der freien Künste oder eines anderen abschließenden Katalogs von Wissenskategorien. Der Vorteil dieses Ansatzes liegt darin, dass der Leser sich geschlossen mit einem ganzen Themengebiet beschäftigen kann. Verwandtes steht auch räumlich zusammen, es ist leicht möglich, sich einen Gesamtüberblick zu verschaffen. So werden Verbindungen erkennbar, die bei einer anderen Systematik unter den Tisch fallen würden.

Die Alternative zur thematischen Sortierung ist die heute gebräuchliche Form der strikten alphabetischen Sortierung – auf diese Weise stehen physikalische Begriffe unmittelbar neben literarischen und so weiter. In diesem Ansatz drückt sich sowohl ein anderes Nutzerverhalten der Leser aus als auch ein anderer Anspruch der Herausgeber: Die thematische Gliederung sieht die Funktion der Enzyklopädie darin, tatsächlich dem Leser das ganze Wissen seiner Zeit zu vermitteln. Der ideale Leser früherer Zeiten las die Enzyklopädie ganz oder zumindest in weiten Teilen. Doch das geht zumindest seit der Neuzeit an der Realität vorbei – Enzyklopädien dienen nun dazu, sich schnell zu informieren, und die leichte Auffindbarkeit eines Begriffes in der alphabetischen Sortierung ist hierfür die bessere Systematik.

Der zentrale Nachteil ist natürlich, dass man einen Begriff bereits kennen muss, um ihn in einer alphabetischen Sortierung auch zu finden. Die Lösung liegt in den internen Verweisen, die am Ende jedes Artikels stehen und es dem Leser ermöglichen, sich von einem Begriff zum nächsten voranzutasten auf dem Weg der Erkenntnis.

Es war übrigens der Brockhaus, der mit dem sogenannten »Verweispfeil« das auch heute noch gültige grafische Symbol für diese Hinweise auf weitere relevante Stellen innerhalb eines Nachschlagewerks geschaffen hat. Wikipedia kennt neben den Verlinkungen, die diese Funktion heutzutage online übernehmen, auch noch den Abschnitt »Siehe auch« am Ende eines Eintrags. Dort findet der Leser Hinweise darauf, welche weiteren Artikel im Zusammenhang interessant sein könnten – eine eigentlich im Internet nicht mehr notwendige Referenz auf die Querverweise in gedruckten Enzyklopädien.

Der Weg zur *Encyclopédie* des Denis Diderot

Die Anfänge der Enzyklopädie liegen im antiken Griechenland, genauer in der Akademie zu Athen, die der Philosoph Platon (427–347 vor Christus) gründete. Auf dem Grundstück, dass Platon kaufte, stand bereits ein Gymnasion, in dem die Athener Jugendlichen der Oberschicht Unterricht in den elementaren Fächern Grammatik, Sport und Musik erhielten. Platon baute diese Lehrstätte aus und ergänzte die Fächer Dialektik, Rhetorik, Geometrie, Ethik, Physik und viele weitere, die später als *artes liberales* zusammengefasst wurden.

Platon selbst schrieb keine Enzyklopädie, doch in seiner Akademie wurde erstmals ein, heute würden wir sagen: ganzheitliches Bildungsverständnis entwickelt und gelehrt. Die Vorstellung, das Wissen der Menschen zu sammeln, aufzubereiten und anderen zur Verfügung zu stellen, entstammt der Idee der platonischen Akademie. Es ist freilich wichtig, die Zeitumstände zu betrachten: Zugang zu dieser Bildung hatte nur der kleine Kreis der Bürger Athens, also nur Jungen und Männer, und natürlich keineswegs die Sklaven, die zu Platons Zeiten die mit Abstand größte Gruppe der Einwohner Athens ausmachten, und auch keine Frauen.

Ein Neffe und Schüler Platons, Speusippos, leitete die Akademie seines Onkels nach dessen Tod weiter. Um 370 vor unserer Zeitrechnung stellte er eine Untersuchung gleichartiger Erscheinungen im Pflanzen- und Tierreich zusammen, aus der die erste schriftliche Enzyklopädie namens *Homia* entstand, in der er seine Forschungen systematisch geordnet darstellte. Heute sind nur noch Fragmente der *Homia* erhalten, sodass schwer nachvollziehbar ist, ob und wie die verschiedenen Themengebiete miteinander verknüpft waren. Doch handelt es sich bei diesen Fragmenten tatsächlich um die erste erhaltene Enzyklopädie.[1]

Auch das alte Rom trug zur Entwicklung der Enzyklopädie ganz wesentlich bei dank des Gelehrten, Offiziers und Verwaltungsbeamten Plinius des Älteren. Er ist der Autor der *Historiae naturalis*, einer systematischen Spezialenzyklopädie der Naturgeschichte. Insgesamt sammelte Plinius in 37 Bänden und 2493 Kapiteln das Wissen seiner Zeit. Neben Kosmologie, Geografie, Ethnologie, Anthropologie, Physiologie, Zoologie, Botanik, Pharmakologie, Mineralogie und Metallurgie kamen auch Medizin und Kunst in dieser frühen Enzyklopädie vor. Sortiert war sie nicht alphabetisch, sondern nach Sachgruppen.

Plinius der Ältere starb im Jahr 79 vor Christus während des großen Ausbruchs des Vesuv, der Herculaneum und Pompeji und viele andere Orte am Golf von Neapel auslöschte, doch seine Enzyklopädie entwickelte eine enorme Wirkung über seine Zeit hinaus. 1469 wurde das Werk in Venedig mittels des gerade erst erfundenen modernen Buchdrucks publiziert, die deutsche Übersetzung der Bücher 7 bis 11 wurde 1534 in Straßburg veröffentlicht.

Der Siegeszug des Buchdrucks in Europa und der Welt wirkte sich unmittelbar auf die Enzyklopädien aus, man kann geradezu von einem Boom sprechen. Am Anfang der Neuzeit steht die Arbeit von Francis Bacon, einem englischen Philosophen, Juristen und Staatsmann: *Preparative toward a Natural and Experimental History*, erschienen 1620. Bemerkenswert an Bacons Enzyklopädie-Ansatz ist zunächst das Eingeständnis der Lücke. Ging es bis dahin um die *Sammlung* dessen, was bekannt war, so kam mit Bacon die Erkenntnis hinzu, dass es eben auch Dinge gibt, die (noch) nicht bekannt sind: »Es ist meine Absicht, eine Rundreise um das Wissen anzutreten und aufzuzeichnen, welche Stellen brach und unbebaut liegen und vom menschlichen Fleiß im Stich gelassen sind, um durch genaue Aufzeichnungen der verlassenen Gegenden die Energien öffentlicher und privater Personen zu ihrer Verbesserung einzuladen.«[2] Ein Anspruch, der auch heute noch jeden Wikipedianer antreibt.

Die große enzyklopädische Leistung Bacons liegt darin, ein auch im heutigen Sinne allumfassendes Wissensverständnis zu haben. Insgesamt listet Bacon 130 Einzelwissenschaften auf, die er in seinem grundlegenden enzyklopädischen Werk abzuhandeln versucht. Auf die Arbeiten Bacons sollte auch der Begründer der modernen Enzyklopädie, Denis Diderot, in der Einleitung zu seinem epochalen Werk Bezug nehmen

Der Buchhändler und Verleger Heinrich August Zedler (1706–1751) publizierte ab 1732 das *Grosse vollständige Universal-Lexicon Aller Wissenschafften und Künste*, das heute zumeist nur »der Zedler« genannt wird. Schon die reine Größe des Projekts hebt es von allen anderen Enzyklopädien der zweiten Hälfte des 18. Jahrhunderts ab: Zusammen mit vier Ergänzungsbänden erschienen 68 Bücher mit insgesamt 284 000 Einträgen, alle in strenger alphabetischer Ordnung. Ganz offensichtlich erweiterte sich der Umfang im Verlauf der

20 Jahre, die das Projekt benötigte: Die Buchstaben A bis L umfassten gerade einmal 18 Bände – die Buchstaben M bis Z hingegen 46 Bücher. Offenbar lag dem *Zedler* kein ausgearbeiteter Redaktionsplan zugrunde, sondern er entwickelte sich im Laufe der Jahre. Die Folge ist, dass besonders in den ersten Bänden wichtige Lemmata recht kurz abgehandelt werden, während in späteren Bänden auch gerne sehr ausführlich geschrieben wird.

Was den *Zedler* im Zusammenhang mit Wikipedia so wichtig macht, ist die konsequente Ausrichtung auf und die Einbeziehung des Publikums, der Leser. Zuvor hatten die meisten Ansätze einen rein wissenschaftlichen Charakter – praktisches Wissen kam kaum oder gar nicht vor. Der Zedler hingegen setzte neue Schwerpunkte.

Das begann bereits bei der Sprache: Vorhergehende Enzyklopädien waren meist auf Lateinisch geschrieben, weil sie sich ausschließlich an ein wissenschaftliches oder gelehrtes Publikum wandten. Zedler hingegen erstellte mit dem *Universal-Lexicon* die erste umfassende Enzyklopädie auf Deutsch.

Die Ausrichtung auf ein breites Publikum wird auch im Anspruch sichtbar, eine umfassende (universelle) Darstellung des gesamten Wissens seiner Zeit aufzubauen. Die alphabetische Sortierung wurde ergänzt um mehr als 276 000 Verweise innerhalb der Enzyklopädie, die es den Lesern ermöglichen sollten, sich umfassend über ganze Wissensgebiete zu informieren. Anders als die Vorläufer scheute Zedler zudem weder vor aktuellem Wissen zurück – so wurden etwa ab dem 18. Band auch Artikel über Orte oder lebende Personen aufgenommen –, noch vor der Aufnahme praktischen Wissens: Johannes Ulrich Schneider beschreibt in einem Artikel über die Parallelen von Zedlers Enzyklopädie und Wikipedia, dass »die 3 207 Artikel über Pflanzen und die 1 634 Artikel über Tiere meist mit einem Rezept […], mit einer Zubereitungsart« endeten.[3]

Auch der Produktionsprozess des *Universal-Lexicons* war neu und geprägt von der engen Zusammenarbeit von Wissenschaftlern, die gleichberechtigt zum Entstehen beitrugen. Wurden ähnliche Enzyklopädien bis dahin zumeist von einem einzigen Gelehrten (mit Unterstützung von Helfern) verfasst, so wurde bei Zedler die Rolle der

Autoren wichtiger. Allerdings sind die Anzahl und die Identität der Autoren des Zedler bis heute nicht bekannt – ebenfalls eine Parallele zu Wikipedia. Im Vorwort wird nur von den »neun Musen« gesprochen, die jeweils ihr Wissensgebiet bearbeitet und für die Enzyklopädie aufbereitet hätte, doch es dürften deutlich mehr Autoren beteiligt gewesen sein.

Zugleich – und da liegt eine faszinierende Parallele zur heutigen Wikipedia – forderte Johann Heinrich Zedler mehrfach die Leserschaft dazu auf, eigene Artikel oder Artikelideen einzuschicken, damit diese in die Enzyklopädie Eingang fänden. Ulrich Johannes Schneider zeigt in seinem Artikel eindrucksvoll auf, dass diese Möglichkeit durchaus genutzt wurde und es wohl zahlreiche Einreichungen gab, die auch abgedruckt wurden. Anders als bei Wikipedia scheint es jedoch kaum Relevanzkriterien gegeben zu haben, so dass sich ausufernde Artikel zu kleinen Orten ebenso finden wie aufgeblähte Selbstdarstellungen von Provinzfürsten.

Wirtschaftlich verließ sich Zedler auf das Subskriptionsmodell, also eine Art Abonnement, mit dem die Leser die Produktion der Folgebände finanzierten. Zedlers *Universal-Lexicon* war verhältnismäßig günstig, was ohne Frage auch daran lag, dass in hohem Maße aus anderen Enzyklopädien und Lexika abgeschrieben wurde. Zwar gab es damals noch kein Urheberrecht, wie wir es heute kennen, dennoch stand Zedler von Beginn an unter dem Vorwurf, sich schamlos bei anderen Enzyklopädien zu bedienen. Heute wissen wir, dass das tatsächlich so war.

Mit der Möglichkeit, Einträge zur Publikation einzureichen, stellt das *Universal-Lexicon* eine frühe Form des Crowdsourcing dar – wenn auch in einem sehr begrenzten Umfang. Welches Potenzial in dieser Form der Aktivierung Ehrenamtlicher steckte, zeigte sich erst 1857: Da veröffentlichte die Philological Society of London einen Aufruf in zahlreichen Journalen und bat die Leser, nach bestimmten Wörtern in alten Büchern oder Zeitschriften Ausschau zu halten. Fanden sie eines, sollten die ehrenamtlichen Helfer die Fundstelle und den Kontext notieren und nach London schicken. Schon zwei Jahre später wurde ein ähnlicher Aufruf speziell an amerikanische Leser und die Bewohner der britischen Kolonien gerichtet. Das Ziel der Philological Society war es, ein umfassendes Wörterbuch der englischen Sprache zu erstellen, in dem für alle Wörter die frühesten Fundstellen und sich wandelnde Bedeutungen erfasst werden sollten. Nach einigen Anlaufschwierigkeiten fanden die Aufrufe zur Mitarbeit weltweit eine enorme Resonanz. Bald beteiligten sich Tausende Menschen an der Suche nach Wörtern. Ohne diese frühe Form des Crowdsourcings wäre das *Oxford English Dictionary* (OED) wohl kaum eines der wichtigsten wissenschaftlichen Wörterbücher der Welt geworden. Auch heute bittet die Redaktion des OED die Leser um Mithilfe bei der Suche nach Wörtern – natürlich längst mittels einer eigenen Webseite.[4] So helfen seit über 150 Jahren Tausende Ehrenamtliche dabei mit, die Ursprünge und den Wandel der englischen Sprache zu erforschen und zu dokumentieren.

Das frühe Crowdsourcing war noch recht weit entfernt von heutigen Formen der Kollaboration, wie wir sie von Wikipedia kennen. Dennoch ist das Zedler'sche *Universal-Lexicon* ein sehr frühes Beispiel dafür, dass man eine Enzyklopädie sehr direkt an den Bedürfnissen eines breiten Publikums ausrichten kann; dass die Zusammenarbeit unterschiedlicher Beitragender produktiver ist als ein einzelner Autor; und dass die Einbindung der Leser in den Produktionsprozess ein fruchtbarer Ansatz ist. Aus diesen Gründen hat Wikimedia Deutschland diesem frühen Vorläufer der Wikipedia ein Denkmal gesetzt und mehrere Jahre lang den »Zedler-Preis« verliehen, mit dem besondere Projekte zur Förderung freien Wissens ausgezeichnet wurden.

1750 ist das Mammutprojekt *Zedler* beendet – und ein Jahr später beginnt in Frankreich eine ganz neue Epoche der Enzyklopädie. Bis zu Denis Diderot (1713–1784) war alles Vorbereitung, Vorgeschichte.

Diderot war, was wir heute einen Universalgelehrten nennen würden: Philosoph, Schriftsteller, Aufklärer, Kunsttheoretiker – kaum ein Themengebiet, über das er nicht geforscht und geschrieben hat. Sein Hauptwerk ist die *Encyclopédie*, die durch ihren Umfang sowie ihre thematische und methodische Breite und Tiefe der Ausgangspunkt der modernen Enzyklopädien ist. Diderots Wirkung dauert bis heute an.

Am Anfang dieses Epochenprojekts stehen ein Machtkampf, ein enttäuschter Brite und ein Deutscher. Denn der Ursprung der berühmten *Encyclopédie* ist das Projekt eines Verfassers landwirtschaftlicher Lehrbücher, John Mills, und eines deutschen Naturforschers und Übersetzers, Gottfried Sellius. Beide begannen 1745, eine damals enorm populäre britische Enzyklopädie mit dem Namen *Cyclopaedia* ins Französische zu übersetzen und zugleich auszubauen. Ihr Projekt schien den damaligen Zeitgeist gut zu treffen, denn schnell fanden sich erste positive Besprechungen in angesehenen Journalen. Doch noch bevor der erste Band erscheinen konnte, kam es zu einem folgenschweren Zerwürfnis: Der Verleger des Projekts, André le Breton, lehnte die ersten Übersetzungen ab und drängte besonders John Mills hinaus, nachdem er diesen wohl um einen substanziellen Anteil an den Einnahmen der bereits zahlreichen Vorbestellungen geprellt hatte. Nach einer deftigen Prügelei mit Breton klagte der Engländer, verlor aber vor einem französischen Gericht und kehrte verbittert in seine britische Heimat zurück.

Zunächst berief Breton den Mathematiker Jean Paul de Gua de Malves zum Chefredakteur, feuerte diesen aber bereits nach etwas mehr als einem Jahr, wohl weil er sich als unfähig erwies. Schließlich setzte Breton auf eine neue Mannschaft, um das angefangene Projekt voranzubringen: Jean le Rond d'Alembert und Denis Diderot. Beide waren Anfang Dreißig, als sie die Redaktionsleitung für die Enzyklopädie übernahmen. D'Alembert verließ 1757/58 das Projekt, aber Diderot füllte seine Rolle für mehr als 25 Jahre aus.

Anfangs unterstützt von Étienne Bonnot de Condillac, machten sich die beiden daran, die begonnene Übersetzung aus dem Englischen fortzuführen und abzuschließen. Doch schnell wuchs die Enzyklopädie über die englische Vorlage hinaus und wurde ein eigenständiges Werk mit einer beeindruckenden Publikationsgeschichte.

Zwischen 1751 und 1765 erschienen 28 Bände mit 71 818 Artikeln und 3 129 Illustrationen.[5] D'Alembert verfasste über 1 000 Artikel, während Diderot auf mindesten 7 000 Beiträge kam; er kann getrost als einer der Hauptautoren dieses monumentalen Werks bezeichnet werden.

Die durchschnittliche Auflage der im 18. Jahrhundert publizierten Bände lag zwischen 500 und 1000 Exemplaren. Vertrieben wurden die 28 Bände durch Subskription, wir würden heute Abo sagen: Man verpflichtete sich zur Abnahme aller zukünftigen Bände und bekam dafür einen Rabatt. Die Subskription kostete 60 Livres, jeder weitere Band dann 35 Livres. Es ist seriös kaum möglich, dies in Euro umzurechnen, zu unterschiedlich sind die Lebensumstände damals und heute. Doch man kann einen Eindruck von den Preisen bekommen, wenn man weiß, dass ein Drucker, damals ein hoch angesehenes Handwerk, weil er Lesen und Schreiben beherrschen musste, 2 Livres pro Tag verdiente, die Subskription also einen Monatslohn kostete. Bei 28 Bänden (in der endgültigen Fassung) à 35 Livres kommt man insgesamt auf 1 040 Livres für das gesamte Werk. Ein Drucker, der an der Produktion der *Encyclopédie* beteiligt war, musste also knapp anderthalb Jahre arbeiten, um sich die von ihm gedruckten Bände leisten zu können.

Diderot selbst arbeitete zunächst als eine Art Freiberufler und bezog zwischen 45 und 120 Livres pro Monat als Redakteur. Als sich der Erfolg des Projekts abzeichnete, verhandelte Diderot einen neuen Vertrag aus und erhielt nun rund 2500 Livres für jeden abgelieferten Band und einen Bonus von 20 000 Livres zum Abschluss des Projekts. Insgesamt verdiente Diderot wohl rund 80 000 Livres für seine Arbeit an der Enzyklopädie; es ist, wie gesagt, nicht möglich, dies seriös auf heutige Kaufkraft hochzurechnen. Aber nimmt man nochmals den Tageslohn eines Druckers als Maßstab, so verdiente Diderot alles in allem etwa 133 Jahresgehälter eines – nach heutigen Maßstäben – Facharbeiters.

Für den Herausgeber der Enzyklopädie war das Projekt geradezu ein Jahrhundertgeschäft: Weltweit wurden von der *Encyclopédie* bis 1789 mindestens 25 000 Exemplare verkauft, was Le Breton und seinem Pariser Verlag einen Umsatz von rund 2,5 Millionen Livres verschaffte.

Auch Diderot schuf sein Hauptwerk nicht allein. Neben ihm arbeiteten Jean Le Rond d'Alembert und ab 1760 Louis de Jaucourt an der Herausgabe der Enzyklopädie. D'Alembert, ein berühmter Mathematiker und philosophisch und literarisch Vielbegabter, schrieb die Einleitung des Werkes, in der die Ziele der *Encyclopédie* dargelegt sind. Es sollte eine »Weltkarte der Erkenntnis«[6] geschaffen werden, welche nur durch den menschlichen Verstand selbst bestimmt sein sollte: keine göttliche Inspiration, kein Glaube, sondern ein tiefes Vertrauen in den menschlichen Geist, seine Vernunft und die Wissenschaften. Kein Wunder, dass diese Einleitung zur *Encyclopédie* heute als eine der zentralen Schriften der Aufklärung gilt.

Von den insgesamt 72 000 Artikeln verfasste d'Alembert vor allem naturwissenschaftliche und mathematische Beiträge. Diderot schrieb hauptsächlich zu den Themen Geschichte der Philosophie, Ästhetik, Grammatik, Rhetorik und zu Pädagogik und Politik. Gerade mit den politischen Artikeln begab er sich auf gefährliches Areal, was ihn letztlich auch wegen Gotteslästerung durch die Zensurbehörde ins Gefängnis brachte.

Ein weiterer Sammelbeitrag mit über tausend Einzelthemen wurde von Diderot über die mechanischen Künste (also das Handwerk) verfasst. Solch praktisches Wissen als Teil des Kanons aufzunehmen war, wie zuvor bei Zedler, eine gewichtige Entscheidung. Zwar ging die *Encyclopédie* nicht so weit wie das deutsche *Universal-Lexicon* und druckte Rezepte ab, dennoch ist das ein signifikanter Beleg für den universellen Anspruch, den Diderot und seine Mitstreiter verfolgten.

Von Beginn an war die *Encyclopédie* wie der *Zedler* ein Gemeinschaftsprojekt, was sie von den vielen Vorläufern unterschied. Die Liste der Autoren, die im Fall der *Encyclopédie* bekannt sind, ist beeindruckend und umfasst zahlreiche Schriftsteller, Naturwissenschaftler und Philosophen, unter ihnen auch Größen wie Jean-Jacques Rousseau und Voltaire.

Rückkehr nach Großbritannien: die *Encyclopaedia Britannica*

Dass es in der zweiten Hälfte des 18. Jahrhunderts einen enormen Bedarf an Enzyklopädien gab, zeigte sich auch außerhalb Frankreichs: In Großbritannien erschien zwischen 1768 und 1771 in zunächst drei Bänden die erste Ausgabe der *Encyclopaedia Britannica*. Bis zu ihrer letzten gedruckten Ausgabe 2010 wuchs sie auf 32 Bände mit mehr als 32 000 Seiten an und ist bis heute mit 244 Jahren die am längsten kontinuierlich gedruckte Enzyklopädie überhaupt.

Bereits in der ersten Ausgabe folgte der Aufbau der *Encyclopaedia Britannica* dem »new plan«, wie es die Herausgeber nannten. In 40 sogenannten »treatises« (Abhandlungen) wurden große Themen im Zusammenhang dargestellt. Über »Anatomie« etwa gab es bereits 1768 insgesamt 165 Seiten zu lesen, über »Rauch« 7 Seiten und der Beitrag »Geld« umfasste 15 Seiten. Der überwiegende Teil der eigentlichen Enzyklopädie-Artikel war jedoch deutlich kürzer, zumeist nur wenige Absätze lang und bestand meist aus einfachen Erklärungen und Definitionen. Die langen *treatises* und die kurzen Artikel waren in der *Encyclopaedia Britannica* und in sich jeweils alphabetisch sortiert. Dieses System erlaubte es dem Leser, zugleich einen guten Überblick über ein Themengebiet und seine Zusammenhänge zu bekommen und ebenso einfach kurze Definitionen und Erklärungen zu finden.

Die Herausgeber der *Britannica*, wie sie bald nur noch genannt wurde, erkannten, dass die Aktualität der Artikel zu einem Problem werden konnte. Oft lagen viele Jahre zwischen den neuen Ausgaben, so dass viel Wissen unweigerlich veraltete. Auch ökonomisch waren die langen Erscheinungszyklen ein Problem: Kurz nach Erscheinen einer neuen Ausgabe schossen die Verkaufszahlen in die Höhe, nahmen aber über die Jahre kontinuierlich ab. 1933 lösten die Herausgeber das Problem, indem sie die »kontinuierliche Überarbeitung« einführten. Statt eine Auflage unverändert über 10 bis 20 Jahre zu drucken und zu verkaufen, wurden pro Jahr nur so viele Bände gedruckt, wie auch verkauft werden konnten. Zugleich wurde eine dauerhafte Redaktion mit fest angestellten Mitarbeitern gegründet, die die Inhalte kontinuierlich aktuell hielten. Rund 75 Prozent der Inhalte mussten nur gelegentlich angepasst werden, 25 Prozent der Themen jedoch veränderten sich so schnell, dass alle ein bis drei Jahre eine Aktualisierung notwendig wurde. Damit auch die Käufer früherer Jahre informiert waren über Veränderungen (und natürlich auch, um mehr Bücher zu verkaufen), entstand ebenfalls um diese Zeit ein Jahrbuch, in dem die aktuellsten Entwicklungen des vergangenen Jahres übersichtlich dargestellt wurden.[7] Gegen Ende der gedruckten Ausgabe arbeiteten rund 100 fest angestellte Redakteure mit und mehr als 4000 Wissenschaftler steuerten Inhalte bei.

Von 1768 bis 1901 erschienen neun Auflagen unter britischer Herausgeberschaft, doch das eigentliche wirtschaftliche Potenzial lag in den USA. Dies erkannte Henry Hooper und kaufte 1901 die Rechte an der *Britannica*. Diese behielt zwar ihren Namen – und auch die englische Schreibweise von Wörtern wurde zumeist nicht durch die amerikanische ersetzt –, doch ergaben sich völlig neue Vertriebsmöglichkeiten. Die nächsten Auflagen wurden in einfacherer Sprache verfasst, um eine breite Käuferschaft zu erreichen. Hooper wandte auch moderne Vertriebsmethoden an, wie etwa die Ratenzahlung oder den Vertrieb der *Britannica* durch Handelsvertreter, die die Städte und Dörfer der Vereinigten Staaten bereisten und ihre Ware an den Haustüren anboten.

Brockhaus und *Meyers*

Wer, wie ich, mit Enzyklopädien aufgewachsen ist, der hat vermutlich eine von zweien zu Hause gehabt oder zumindest in der Schulbibliothek Zugang dazu gehabt: *Brockhaus* oder *Meyers*. Friedrich August Brockhaus war Tuchhändler, der zunächst aus Dortmund, später aus Amsterdam seine Geschäfte leitete. Doch eigentlich schlug sein Herz für Bildung und Literatur. Darum kaufte er 1808 ein kleines und wenig erfolgreiches Verlagshaus, das auch eine Enzyklopädie publizierte. Bis zu seinem Tod finanzierte Friedrich Brockhaus nicht nur die *Brockhaus Enzyklopädie*, sondern war auch ihr Chefredakteur und ein wichtiger Impulsgeber für die Redaktion. Bis zum Erscheinen des letzten Bandes der 21. Auflage im Jahr 2006 wuchs »der Brockhaus«, wie er allgemein nur genannt wurde, zur wichtigsten deutschen Enzyklopädie. Urs Hafner bezeichnete ihn als »unentbehrlichen Bildungsschatz des deutschen Bürgertums«,[8] und für Andreas Platthaus ist er »gleichsam das Synonym für Lexika«,[9] auf 24 500 Seiten und in 30 Bänden. Die soliden Halblederbände sollten nicht nur die langfristige Nutzbarkeit der Enzyklopädie verdeutlichen, sondern auch den Preis (zuletzt stolze 2 820 €) rechtfertigen.

Meyers Konversations-Lexikon erschien erst 1840. Es unterschied sich vom Brockhaus durch den Einsatz von vielen Grafiken und Illustrationen. Die *Brockhaus-Enzyklopädie* nahm erst ab der 13. Auflage 1882 Bilder auf.

Meyers Lexikon legte von Anfang an großen Wert auf den Austausch mit den Lesern: nicht wie bei Zedler in Form eigener Artikel, sondern mittels Leserbriefen an die Herausgeber. Diese »Korrespondenzblätter« genannten Schriftwechsel finden sich am Ende jedes Bandes von *Meyers Enzyklopädie*. Leser konnten Fragen stellen oder Anmerkungen an die Redaktion senden, die dann von dieser beantwortet wurden. So finden sich am Ende jedes Bandes mehrere Seiten mit Korrespondenz (wobei stets nur die Antworten der Redaktion abgedruckt sind, nicht die Fragen der Leser). Neben der Klärung von Sachfragen geht es immer wieder auch um die redaktionellen Prozesse und, ja, auch dort, um die Frage nach Relevanz. Fast entschuldigend schrieb die Redaktion des *Meyers* im Jahr 1888 in einem der Korrespondenzblätter: »Wir mussten uns aber auf wenige allgemeine Angaben beschränken und auf die Anführung aller Ausnahmen oder besonderen Abzeichen verzichten. Wo sollte die Grenze und wo der Raum gefunden werden?«[10]

Beide Lexikareihen zeigen, welches Potenzial für Enzyklopädien in Deutschland vorhanden ist. Nur wenige Länder haben zwei gleichwertige Universalenzyklopädien, die sich über Jahrzehnte parallel und äußerst erfolgreich entwickelten. Zudem erschienen besonders nach dem Zweiten Weltkrieg noch zahlreiche weitere kleinere Enzyklopädien, die am Boom der Branche partizipieren wollten. 1986 fusionierten *Meyers* und *Brockhaus*, und die Enzyklopädie wurde unter dem älteren Namen *Brockhaus* fortgeführt.

Das Ende des *Brockhaus* ist eng verbunden mit dem Siegeszug des Internets in Deutschland. Die 21. Auflage erschien zwischen 2005 und 2006 in insgesamt 30 Bänden mit 24 500 Seiten und 300 000 Stichwörtern. Dabei wurde ganz auf Tradition gesetzt mit dicken, hochwertig produzierten Hardcover-Bänden. Auch preislich zeigte sich der *Brockhaus* selbstbewusst und von der aufkommenden Konkurrenz im Internet unbeeindruckt: Für Subskribenten kostete die Gesamtausgabe bis März 2006 2 397 Euro, danach 2 490 Euro und ab Dezember 2011 sogar 2 820 Euro, immerhin fast der durchschnittliche Bruttomonatsverdienst eines Angestellten im Jahr 2006.

Der Zeitraum, in dem die 21. Ausgabe erschien, ist bemerkenswert kurz und zeigt bereits, dass Enzyklopädien sich auch in der Geschwindigkeit an das Internet anpassen mussten. Die 20. Ausgabe war noch im Verlaufe von vier Jahren erschienen, die 21. und letzte Auflage wurde innerhalb von zwölf Monaten veröffentlicht. Auch die eigens produzierten DVDs (mit Multimedia-Artikeln), Audio-Ergänzungen und eine Ausgabe in Form eines USB-Sticks zeigten, woher die Hauptbedrohung kam: aus dem Internet. Doch nicht nur in Form von Wikipedia, sondern auch durch Microsoft.

Encarta: Ohne Community geht gar nichts

Acht Jahre vor Wikipedia begann das amerikanische Software-Unternehmen Microsoft damit, neben dem Betriebssystem Windows und der Bürosoftware Office auch eine eigene Enzyklopädie zu vertreiben: Encarta. Zunächst erschien sie auf CD beziehungsweise DVD, später dann im Internet: Auf diese Weise nutzte Encarta mit Macht die neuen Möglichkeiten des Computers und des Internets. Ausgedruckt hätte Encarta einem zwanzigbändigen Lexikon entsprochen, aber ihre Stärke lag in den Multimedia-Inhalten, den Filmen, Audioaufnahmen, interaktiven Karten und Grafiken, die einen gänzlich neuen Zugang zu Wissen ermöglichten. Überzeugend waren auch die Verlinkungen, die es dem Leser erlaubten, sich immer tiefer in ein Themengebiet zu begeben. Mit Updates und später mit dem Internet hatte Encarta ganz andere Möglichkeiten, Artikel stets aktueller zu halten als jede gedruckte Enzyklopädie. Microsoft war zudem ein globales Unternehmen, da lag es nahe, Encarta nicht nur auf Englisch, Französisch und in anderen westlichen Sprachen zu veröffentlichen, sondern auch lokale Ausgaben etwa für den niederländischen Markt zu produzieren. 1999 erschien zum Beispiel *Encarta Africana*, die neben den internationalen Inhalten besondere Schwerpunkte auf Aspekte der Kultur des afrikanischen Kontinents legte.

Ob diese relativ schnell aus dem Boden gestampfte Enzyklopädie inhaltlich und intellektuell wirklich eine Konkurrenz zum 185 Jahre älteren *Brockhaus* war, sei dahingestellt. Doch neben den Multimedia-Angeboten und der besseren Aktualität gab es einen weiteren, entscheidenden Aspekt: Encarta kostete in der umfangreichsten Variante gerade einmal 120 Euro, also nur rund 4 Prozent der 2005 erschienenen 21. Auflage des *Brockhaus*.

Die Verkaufs- und Nutzungszahlen von Encarta in Deutschland wurden von Microsoft nie veröffentlicht, doch kann man davon ausgehen, dass sie bis 2005, 2006 sehr erfolgreich war. Audio, Video, ständige Aktualisierungen und ein unschlagbarer Preis – der *Brockhaus* hatte kaum eine Chance. Oder, genauer: Er hatte eine Chance, nutzte diese jedoch nicht. Weil *Brockhaus* nicht erkannte, dass die Gefahr eigentlich nicht von Microsoft und Encarta ausging, sondern von diesem 2005 noch recht kleinen Projekt von einigen Amateuren, die partout eine Enzyklopädie im Netz schreiben wollten.

Eigentlich hatte Encarta alles, was zu einem erfolgreichen Produkt gehörte: einen milliardenschweren Konzern im Hintergrund, eine sehr gute Personalausstattung, ein Produkt, das sich deutlich von der gedruckten Konkurrenz abhob und bei den Kunden gut ankam – was sollte da schon fehlen?

Wikipedia lieferte durch den eigenen Erfolg die Antwort. Was Microsoft nicht hatte und was mit keinem Geld der Welt zu kaufen war: eine Community und Kollaboration. Egal, wie viel Geld sie in das Projekt steckten, es gelang zu keinem Zeitpunkt, die Leser und Konsumenten zu Beitragenden zu machen. 2004 und 2005 ahnte das kaum jemand, aber diese Fähigkeit zur Aktivierung und Begeisterung von Menschen, sich ehrenamtlich im Netz zu engagieren, sollte das ultimative Erfolgsgeheimnis von Wikipedia sein.

Warum heute nicht brockhaus.de die Adresse für Wissen ist

Wenn wir heute an Online-Auktionen denken, so fällt uns allen sofort Ebay ein. Das Unternehmen aus Kalifornien ist Synonym für den Verkauf von Dingen durch Privatpersonen im Netz, so wie Tempo oder Aspirin für Taschentücher bzw. Schmerzmittel stehen. Außer man lebt in der Schweiz. Dort hat man vielleicht von Ebay gehört – aber wer etwas übers Netz verkaufen will, der benutzt ricardo.ch. Ricardo hat als Online-Auktionshaus in der Schweiz einen fünffach höheren Umsatz als Ebay.[11] Es hätte nicht viel gefehlt, und Wikipedia hätte in Deutschland das gleiche Schicksal ereilt wie Ebay in der Schweiz.

Wikipedia und Brockhaus waren sehr früh im Gespräch, ein erstes Treffen fand am 1. Juli 2004 statt. Damals reisten Arne Klempert (später der erste Geschäftsführer von Wikimedia Deutschland), Kurt Jansson (heute einer der beiden Leiter der Dokumentation des *SPIEGEL*), Mathias Schindler (einer der ersten Mitarbeiter von Wikimedia Deutschland und Wikipedianer der ersten Stunde) sowie zwei weitere Wikipedianer nach Mannheim zum Bibliographischen Institut & F. A. Brockhaus, dem Mutterhaus des Verlags.

Der Anlass war eher unerfreulich:[12] Jemand hatte einen kompletten *Brockhaus*-Artikel in Wikipedia kopiert und damit natürlich nicht nur das Urheberrecht des Verlags verletzt, sondern auch gegen die Bedingungen der freien Lizenz von Wikipedia verstoßen. Doch statt einer Abmahnung schickte Brockhaus eine Einladung zum Kennenlernen.

Abb. 9 Wikipedianer vor dem Brockhaus-Verlag 2004.

Bildquelle: Sansculotte at meta.wikimedia (https://commons.wikimedia.org/wiki/File:Brockhaus_gruppenbild2.jpg), »Brockhaus gruppenbild2«, https://creativecommons.org/licenses/by-sa/3.0/legalcode

Liest man den Bericht des Treffens, den die teilnehmenden Wikipedianer wenige Tage später ins Netz stellten, lässt sich in jeder Zeile das Erstaunen herauslesen, als Wikipedianer vom *Brockhaus* nicht nur wahr-, sondern auch noch ernst genommen zu werden. Die Teilnehmer des Treffens tauschten sich auf Augenhöhe aus, diskutierten die Unterschiede und Gemeinsamkeiten der Arbeitsweisen, technische Details der bei *Brockhaus* eingesetzten Redaktionssoftware und vieles mehr. Und das, obwohl Wikipedia zu diesem Zeitpunkt gerade drei Jahre alt war und keine 90 000 Artikel umfasste. Den *Brockhaus* hingegen gab es über 190 Jahre und die ab 2005 erscheinende 21. Auflage enthielt rund 300 000 Stichwörter.

Ein paar Jahre später veröffentlichte Björn Hoffmann, der damalige Leiter des Online-Angebots des *Brockhaus*, einen Beitrag über die Auswirkungen Wikipedias auf den *Brockhaus*. Darin wird deutlich: Schon zur Zeit des Treffens 2004 war man sich im Klaren darüber, dass Wikipedia auf dem Weg war, eine ernsthafte Konkurrenz zu werden. Der Verlag war sich auch bewusst, was er mit seiner Enzyklopädie hätte tun müssen, um zukunftsfähig zu bleiben. Die Tragik des *Brockhaus* besteht somit darin, 2004 alle Zutaten gehabt zu haben, um ebenso, wie ricardo.ch es schaffte, sich gegen Ebay durchzusetzen, sich gegen eine deutsche Wikipedia durchzusetzen.[13]

Acht Jahre lang war Björn Hoffmann beim Brockhaus für alles Digitale zuständig, und auch die Idee einer Online-Enzyklopädie war ihm keineswegs neu: 1999 wurde unter der Internetadresse xipolis.net ein erstes Online-Angebot des *Brockhaus* veröffentlicht, und für 2006 bereiteten Hoffmann und sein Team einen multimedialen, interaktiven Internetauftritt des *Brockhaus* vor. Das Ziel war klar: »Brockhaus wollte endlich die größte redaktionell erstellte und frei im Netz verfügbare Online-Enzyklopädie erstellen, die es je im deutschsprachigen Raum gegeben hat.«[14]

Der Verlag hatte bereits erste Erfahrungen mit dem Wiki-Prinzip gesammelt: 2006 erschien eine Online-Ausgabe von *Meyers Lexikon* auf einer Webseite, die ebenso wie Wikipedia die MediaWiki-Software nutzte.[15] Ein Jahr später wagte man sich noch ein Stück weiter hinaus und ermöglichte es Nutzern, Artikel selbst zu bearbeiten.[16] Ganz offensichtlich hatten der Besuch der Wikipedianer 2004 und der anhaltende Erfolg der Online-Enzyklopädie einiges an Energie im Verlag freigesetzt. Aber diese ersten Schritte blieben immer noch weit hinter dem zurück, was Wikipedia schon seit 2001 bot: Änderungen von Benutzern waren bei Brockhaus nur Vorschläge, die erst von einem der 60 Fachredakteure freigeschaltet werden mussten. Wer mitmachen wollte, musste sich namentlich registrieren und die Nutzungsrechte an seinen Beiträgen an den Verlag abtreten.

Die Pläne, die Hoffmann und sein Team bis 2008 entwickelten, waren jedoch deutlich weitergehend: Ihnen schwebte ein interaktiver Atlas vor, eine semantisch strukturierte Faktendatenbank, enorme Multimedia-Angebote, und – besonders wichtig – dies alles mit dem Bewusstsein, dass man mit einer Community nur auf Augenhöhe kommunizieren konnte und sich diese nur dauerhaft engagierte, wenn sie ernst genommen und wertgeschätzt werden würde. Zugleich standen wirtschaftliche Realitäten dem Projekt im Weg: Die 21. Ausgabe des *Brockhaus* war gerade erst erschienen und musste sich verkaufen. Ein Online-Projekt mit gleichen, vielleicht sogar mit weitergehenden Angeboten wäre eine akute Bedrohung des Printproduktes gewesen. Also beschloss das Management des Verlags, den Online-Auftritt in das Jahr 2008 zu verschieben. Das Team bereitete dafür alles vor, aktualisierte Artikel, verknüpfte Multimediainhalte und baute ein Feedback-System auf, mittels dessen die Community am Aufbau teilhaben sollte. Hoffmann beschreibt die Situation vom April 2008 so: »Einen Schalter umlegen, und das Portal wäre mit 300 000 von der Brockhaus-Redaktion geprüften Texten und mit mehr als 4 Millionen Bildern online gegangen. Aber es kam leider nicht so weit.«[17]

Der Gegenwind kam nicht aus der Redaktion des gedruckten *Brockhaus*, wie man vielleicht vermuten könnte. Das Veto wurde eingelegt vom Medienunternehmen Bertelsmann, das 2009 den Verlag Bibliographisches Institut & F. A. Brockhaus und damit auch den Vertrieb der Enzyklopädie an den Haustüren der Republik übernommen hatte. Dieses (früher) lukrative Geschäft wollte man in Gütersloh offensichtlich nicht gefährden und intervenierte entsprechend gegen die Veröffentlichung eines enorm progressiven Online-Modells einer Enzyklopädie.

Natürlich wissen wir nicht, wie sich die Dinge entwickelt hätten, hätte Bertelsmann damals grünes Licht gegeben für den Online-Brockhaus. Wäre dessen Redaktion wirklich bereit gewesen, die Kontrolle über die eigenen Inhalte an eine anonyme Community abzugeben, und dass alles unter dem Namen Brockhaus? Wir würden vielleicht heute in Deutschland brockhaus.de nutzen, und nicht de.wikipedia.org.

Die digitale Transformation

Die Enzyklopädien der Vergangenheit sind die eine Schulter, auf der Wikipedia steht. Durch sie wurden die philosophischen und sozialen Grundlagen der Sammlung von Wissen gelegt, die politischen Ansprüche der Enzyklopädie als eines Werkzeugs der Aufklärung formuliert und die auch für Wikipedia grundlegenden Redaktionsverfahren definiert.

Doch man kann Wikipedia historisch nicht verstehen, wenn man sie nicht zugleich im Prozess der Digitalisierung und der digitalen Transformation betrachtet, der unserer Leben seit mindestens 40 Jahren begleitet. Denn Wikipedia ist genauso wenig ohne das Internet denkbar wie ohne die Enzyklopädie von Diderot und den *Brockhaus*. Oben wurde bereits die Geschichte von Encarta erzählt, dem letztlich gescheiterten Versuch von Microsoft, die Enzyklopädie in das digitale Zeitalter zu überführen. Diesen Prozess kann man als Digitalisierung beschreiben – ein analoges Produkt, ein analoger Prozess wird in eine digitale Form überführt. In dieser Hinsicht ist die Digitalisierung eine folgerichtige Weiterentwicklung der Industrialisierung, im Sinne einer Rationalisierung, Mechanisierung und Technisierung.

Wir sind es gewohnt, die Digitalisierung als etwas Technikgetriebenes zu verstehen, als neue Tools, die unser Leben verändern. Irgendein junger Mensch programmiert mit anderen eine neue App in einer Garage im Silicon Valley – beziehungsweise heute eher in einem Büro im chinesischen Shenzhen –, und plötzlich kommunizieren wir anders mit unseren Freunden, kaufen anders ein oder suchen anders neue Lebenspartner oder auch nur gebrauchte Fahrräder.

Doch diese Erklärung greift zu kurz. Man muss die digitale Transformation anders denken. Sie ist der grundlegende Wandel aller Bereiche unseres Lebens, unserer Gesellschaften. Und Wikipedia ist weitaus eher ein Kind dieser Veränderung als nur die Übertragung eines analogen Produkts ins Digitale. Um zu verstehen, wie sich unsere Welt durch die digitale Transformation verändert hat, muss man nach Haight-Ashbury gehen, einen Stadtteil von San Francisco, und in den Sommer 1967, den »Summer of Love«.

Damals kamen erst Hunderte, schnell Tausende und schließlich hunderttausend Menschen nach Haight Ashbury, die alles anders machen wollten, und zwar sofort. Diese Hippies machten Musik, nahmen Drogen, diskutierten über Politik, freie Liebe, Kunst und Spiritualität. Viele von ihnen demonstrierten gegen den Vietnamkrieg, der zu dieser Zeit einen weiteren blutigen Höhepunkt erreicht hatte. In diesen wenigen bunten, kreativen, anarchischen Wochen in San Francisco, die als »Summer of Love« ins kulturelle Gedächtnis eingingen und bald Nachahmer auch in anderen Städten auf der ganzen Welt fanden,[18] nahm ein gesellschaftlicher Veränderungsprozess seinen Anfang, der keinen Bereich unseres Lebens unberührt ließ.

Wie in einem Labor wurden 1967 Veränderungen angestoßen, die weit über sich hinauswirken sollten: Die neuen Formen der Musik etwa, die 1967 entstanden, drücken eine neue Kreativität aus. Die freie Liebe, über die im Summer of Love nicht nur geredet wurde, zeugt von einem ungeheuren Mut, Konventionen zu hinterfragen und aufzubrechen oder schlicht abzuschaffen. Die Kommune, die in den 1960er und 1970er Jahren als Lebensform populär wurde, kann als eine Form der neuen Kollaboration, der Verbindung von Leben und Arbeit, des permanenten Formens von Teams und Gruppen gesehen werden. Auch die gern und oft konsumierten Drogen stehen für Experimentierfreude ebenso wie für eine Auflehnung gegen staatliche Autorität. Oder, positiv gewendet: Im Drogenkonsum drückt sich die Abkehr vom Untertanengeist und die Hinwendung zum Selbstverständnis als selbstbestimmter Bürger aus.

Und damit wurden im Summer of Love die zarten Samen gesetzt, aus denen die wichtigsten Erfolgsfaktoren der digitalen Transformation ab Ende der 1980er Jahre entstehen sollten: Kreativität, Kollaboration, Experimentierfreude, neue Problemlösungsstrategien. Es ist kein Zufall, dass das Silicon Valley gerade einmal 60 Kilometer vom Stadtteil Haight-Ashbury entfernt liegt. Die im Summer of Love manifestierten Werte ermöglichten erst die technologischen Revolutionen ab den späten 1980er Jahren, die in den ersten Internet-Boom Ende der 1990er Jahre mündeten. Der Erfolg der großen Tech-Giganten beruht zu einem großen Teil auf den Anstößen der Hippies: außerhalb festgefahrener Konventionen denken, permanente Zusammenarbeit, Offenheit und Transparenz. Daraus leiten sich Problemlösungsstrategien ab, die es den Leuten in ihren Garagen erlaubten, völlig neue Vorgehensweisen zu entwickeln und auszuprobieren.

Dieser Funke sprang nicht direkt von den Hippies zu den Dotcom-Millionären über; er nahm vielmehr den kulturellen Umweg über die Hacker. Heute denken wir bei diesem Begriff an Nerds, die in fremde Computernetze eindringen, Daten stehlen, Viren verbreiten. Doch damit tut man der ursprünglichen und heute auch noch zum Beispiel im Chaos Computer Club lebendigen Hackerszene Unrecht. Diese sieht sich einer lose kodifizierten und zuerst von dem Journalisten Steven Levy 1984 so bezeichneten Hacker-Ethik verpflichtet. Deren Grundzüge lauten sehr vertraut:

- freier Zugriff auf Computer
- freier Zugriff auf Wissen
- Misstrauen gegenüber Autoritäten und Bevorzugung von Dezentralisierung
- Hacker sollten nur nach ihrer Fähigkeit beurteilt werden
- man kann Kunst und Schönheit mittels Computern erzeugen
- die Verbesserung der Welt durch das Verbreiten von Technologien[19]

Dort liegt das Verbindungsglied zwischen den Veränderungen Ende der 1960er, Anfang der 1970er Jahre und den unglaublichen technologischen Sprüngen, die wir seit Anfang des 21. Jahrhunderts erleben.

Es ist nicht die neue Software, es sind nicht die neuen Tools und Apps, die unser Leben verändern, sondern wir als Gesellschaft haben uns diese Werkzeuge gebaut, weil wir heute anders leben und Dinge heute anders machen wollen und müssen als die Generationen vorher.

Wenn aber eine sich verändernde Gesellschaft sich die Werkzeuge erschafft, die sie benötigt, dann ist Wikipedia nicht einfach eine Idee und Erfindung von Jimmy Wales. Es gibt sie, weil seit Beginn des neuen Jahrtausends Menschen in der sich ständig verändernden Gesellschaft in digitalen Zeiten auch neue Formen der Wissensvermittlung wie der Wissenssammlung benötigten, wofür sie sich ein entsprechendes Werkzeug schafften: Wikipedia. Der *Brockhaus* und die *Encyclopedia Britannica* sind letztlich nicht daran gescheitert, dass jemand eine bessere Idee hatte und deswegen niemand mehr ihre teuren Bücher kaufen wollte: Sie boten einfach nicht mehr das richtige Werkzeug für die Menschen des beginnenden 21. Jahrhunderts an.

7

Blick hinter die Kulissen: im Maschinenraum des freien Wissens

Wikipedia ist ein seltsames Konstrukt, wie wir es sonst in unserem beruflichen oder privaten Umfeld kaum kennen. Eine Seite, an der jeder ohne Anmeldung und ohne Prüfung der Qualifikation mitschreiben kann. Eine Seite, in der die meisten Inhalte anonym oder unter Pseudonymen erstellt werden. Eine Enzyklopädie, die keine zentrale Redaktion hat, keinen Herausgeber. Sie ist eine der am häufigsten aufgerufenen Webseiten überhaupt und spielt in einer Liga mit Facebook, Google, Amazon, jedoch ohne Werbung und ohne Eigentümer, ja, ohne jedes kommerzielle Interesse.

Fast scheint all dies zu gut, um wahr zu sein – und in solchen Situationen neigen Menschen dazu, altbekannte Erklärungen und vertraute Muster heranzuziehen. Wir sind es gewohnt, Organisationen als Hierarchie zu denken, als ein »Unten und Oben« organisiert. Und so ist es kein Wunder, dass in der Berichterstattung über Wikipedia zumeist eine hierarchische Darstellung genutzt wird, um die Machtstruktur innerhalb des Projekts zu beschreiben.

Ganz unten stehen die *Leser*, die zwar Wikipedia-Inhalte mehr als eine Milliarde Mal im Monat aufrufen, die aber ansonsten im Prozess der Produktion einer Enzyklopädie kaum vorkommen. Danach kommen die sogenannten *IPs*: Diese Abkürzung steht für *Internet Protocol*, also für die Adresse, mit der jeder Computer, jedes Handy, jedes Smart Device im Internet erreichbar ist. Bearbeitet jemand Wikipedia ohne ein Benutzerkonto, so wird die IP-Adresse als »Autor«

des Edits angezeigt. Auf den ersten Blick mag eine solche Zahlenfolge, also z.B. 109.42.2.96, besonders anonym wirken, umso mehr, als sich diese IP-Adressen kontinuierlich ändern. Die Adresse, mit der ich derzeit im Netz bin, wird in wenigen Stunden wieder eine ganz andere sein. Doch das Gegenteil ist der Fall: Als nicht angemeldete IP ist man in Wikipedia lange nicht so anonym wie als Benutzer. Und dies wurde bereits zahlreichen Firmen, Politikern und Prominenten zum Verhängnis. Zunächst einmal verrät eine IP-Adresse häufig, aus welcher Region oder sogar aus welchem Ort ich ins Internet gehe, ebenso wie meinen Internet-Anbieter. Doch oft sagen die Adressen noch mehr aus, etwa dass eine Bearbeitung aus dem Netz des Deutschen Bundestages erfolgt. Wie viele große Organisationen (und auch Firmen) verfügt der Bundestag über eindeutig zuordbare IP-Adressen. Wenn nun aus einem Abgeordnetenbüro heraus ein Wikipedia-Artikel ohne Benutzerkonto geändert wird, so ist dies problemlos nachvollziehbar. Zwar wissen wir nicht, ob es das Büro des Abgeordneten Joachim Pfeiffer (CDU) war, das unmittelbar vor der letzten Bundestagswahl dessen Unterstützung für die Atomkraft in ein deutlich milderes Plädoyer für die ökologische Energiewende ersetzte. Und auch beim SPD-Abgeordneten Wilhelm Priesmeier ist nicht klar, ob er selbst es war, der in seinen Wikipedia-Artikel die Information eingefügt hat: »Sein Hund heißt Bobo.« Aber wir wissen, dank einer Datenrecherche des Bayerischen Rundfunks,[1] dass von den 658 Abgeordneten-Artikeln immerhin 227 Artikel in den Wochen vor der Wahl aus dem Netz des Bundestages bearbeitet wurden. Und dass das keineswegs nur zu Wahlzeiten so ist, zeigt der Twitter-Kanal @bundesedit[2], der seit 2014 jede Wikipedia-Änderung, die aus dem Bundestag, einem Ministerium oder einer Bundesbehörde erfolgt, akribisch dokumentiert. Nicht alle der rund 9000 Bearbeitungen erfolgen im politischen Bereich – oft genug ist es wahrscheinlich nur ein Büromitarbeiter, der in seiner Kaffeepause den Artikel etwa zum European Song Contest bearbeitet hat. Es zeigt aber deutlich, dass man als nicht angemeldeter Benutzer, also als »IP«, eben weniger anonym ist als mit einem Konto. Denn bei einem Konto wird die benutzte IP-Adresse zwar auch in der Datenbank erfasst, ist aber aus

Datenschutzgründen nur für einige ausgewählte Benutzer mit Sonderrechten einsehbar.

Bearbeitungen von IPs sind verhältnismäßig selten: Von den insgesamt rund 900 000 Edits pro Monat machen diese gerade einmal rund 175 000 aus. Das Gros der Bearbeitungen, nämlich rund 725 000 im Monat, kommt von den *Benutzern*, die ein Wikipedia-Konto angelegt und sich damit als Autoren angemeldet haben. Diese Anmeldung ist denkbar einfach, man sucht sich lediglich einen beliebigen Benutzernamen aus und legt ein Passwort fest. Man muss noch nicht einmal eine E-Mail-Adresse hinterlegen oder sonst irgendwelche Daten bestätigen. Den Benutzernamen kann man frei wählen, so dass man etwa den eigenen Namen verwenden kann, ist dann aber natürlich nicht mehr anonym. Viele Wikipedianer benutzen daher ein Pseudonym – sei es, damit ihre Bearbeitungen nicht ihrer Person zugeordnet werden können. Oder weil sie befürchten, Ärger mit dem Arbeitgeber zu bekommen, wenn sie während der Arbeitszeit Artikel ändern. Vielfach ist es aber einfach nur die Lust an der Maskerade, die für einen möglichst originellen Benutzernamen spricht. Viele Wikipedianer geben zu einem späteren Zeitpunkt auch ihre echten Namen in Wikipedia bekannt, arbeiten aber aus Tradition unter dem ursprünglich gewählten Benutzernamen weiter.

Insgesamt editieren rund 56 000 angemeldete Benutzer mindestens einmal im Monat in Wikipedia. Das klingt zunächst nach sehr viel – aber nur 8 400 von ihnen kommen auf mehr als 5 Bearbeitungen im Monat.

Kann man daher sagen, dass Wikipedia im Großen und Ganzen von knapp unter 9 000 Menschen geschrieben wird? Nein – es sind tatsächlich noch viel weniger: Im März 2020 wurden insgesamt etwas mehr als 600 000 Edits an Wikipedia-Artikeln vorgenommen. Mehr als 180 000 von diesen (also rund 30 %) wurden von gerade einmal einhundert Wikipedianern erstellt.

Im globalen Wikiversum nehmen in Deutschland die sogenannten *Sichter* eine Sonderrolle ein, da es sie zunächst nur in der deutschen Wikipedia gab. Seit 2008 werden Beiträge von nicht angemeldeten (also den IPs) und von neuen Benutzern nicht sofort auf

Wikipedia angezeigt, sondern erst, wenn sie von einem Sichter freigegeben werden. Sichter ist jeder, der seit mindestens 30 Tagen bei Wikipedia angemeldet ist und in dieser Zeit mindestens 150 Bearbeitungen vorgenommen hat. Die Hoffnung ist, dass dies den leider immer wieder vorkommenden Vandalismus in Artikeln zurückfährt, da nicht jede Änderung sofort im Artikel sichtbar ist. Zugleich nimmt diese zwischengeschaltete Freigabe aber auch einem der faszinierenden Aspekte von Wikipedia etwas von seinem Reiz: eben der Möglichkeit, dass jeder und jede in Wikipedia etwas verbessern kann und diese Verbesserung auch umgehend für alle Leser sichtbar wird. Vielleicht ist das der Grund, warum neben der deutschen Wikipedia lediglich 20 der 310 Wikipedia-Ausgaben die Funktion der Sichter kennen.

Und dann sind da die Administratoren. Von ihnen gibt es (Stand: März 2020) 184. Oft werden sie als eine Art Wikipedia-Elite, als die eigentlichen, aber heimlichen Herrscher des Projekts gesehen. Für die Süddeutsche Zeitung stellen sie das »Führungspersonal der deutschen Community«[3], die *Stuttgarter Zeitung* unterstellt ihnen schon mal »Löschwut«[4] und die *Salzburger Nachrichten* bemühen gar James Bond: Die Administratoren verfügten über »die Lizenz zum Löschen. Die am meisten gefürchtete Waffe unter allen Wikipedia-Autoren.«[5]

Nichts könnte weiter von der Realität entfernt sein. Administratoren stehen nicht an der Spitze der Wikipedia-Hierarchie. Sie sind nicht die Chefs der Enzyklopädie. Sie haben keinerlei Entscheidungsmacht über inhaltliche Fragen, sie sind nicht die höchste Instanz.

Sie verfügen zwar über einige technische Möglichkeiten, über die normale Wikipedianer nicht verfügen: Vor allem können sie Benutzerkonten von Wikipedianern temporär oder dauerhaft sperren, und sie können tatsächlich einen Artikel löschen.

Doch eigentlich können sie einen Artikel lediglich verstecken, so dass er den Lesern nicht mehr angezeigt wird. Der Artikel selbst ist immer noch in der Datenbank vorhanden und kann, sollte sich die Löschung als voreilig erweisen, auch mit einem Tastendruck wiederhergestellt werden.

Wie wir bereits gesehen haben ist ein Löschantrag de facto ein Mittel zur aktiven Qualitätssicherung, vielfach kommen die Artikel am Ende einer solchen Löschdiskussion deutlich verbessert heraus, als sie hineingegangen sind. Ein Antrag auf das Entfernen eines Artikels, egal aus welchem Grund, führt nämlich nicht nur zu zum Teil engagierten Diskussionen für und wider. Vielmehr kann man auch hier eine Form des bereits beschriebenen Wikipedia-Wunders beobachten: Es gibt zahlreiche Wikipedianer, die die entsprechenden Seiten der Löschanträge genau beobachten. Sobald es einen neuen Antrag auf Löschung gibt, machen sie sich an die Arbeit, den Artikel zu retten. Sie verbessern ihn, liefern Belege und Quellen, entfernen Unbelegtes oder Falsches, verbessern den Stil und »Wikifizieren« den Artikel, indem sie ihn mit anderen Wikipedia-Artikeln verlinken. Denn ein Artikel wird nur dann gelöscht, wenn seine Aussagen nicht mit guten Quellen untermauert sind und wenn er nicht den Ansprüchen eines Wikipedia-Artikels entspricht.

Vielfach lassen sich solche Mankos in wenigen Tagen beheben. Dies drückt sich auch in den Zahlen aus: So wurde im November 2019 auf insgesamt 536 Artikel ein Löschantrag gestellt, tatsächlich gelöscht wurden aber nur 282. Das heißt, dass rund die Hälfte der zur Löschung vorgeschlagenen Artikel im Verlauf der siebentägigen Löschdiskussion deutlich verbessert und ausgebaut und damit erhalten werden konnte.

Die oft zitierte »Löschhölle« oder die »Löschwut« ist schlicht eine immer wieder gerne wiederholte, aber falsche Darstellung der Realität. Es ist ja auch absurd, zu glauben, dass eine Enzyklopädie, die sich zum Ziel gesetzt hat, das gesamte Wissen der Menschheit zu sammeln und allen Menschen frei zugänglich zu machen, dass gerade ein solches Projekt eine besondere Freude oder Genugtuung aus dem Löschen eben dieses Wissens ziehen würde.

Doch auch bei der anderen Hälfte der Löschanträge sind es nicht die Administratoren, die die schwere Keule schwingen und einen Artikel, der ihnen nicht passt, löschen. Die Administratoren sind vielmehr diejenigen, die die technischen Möglichkeiten haben, den in der Löschdiskussion entstandenen Konsens der Community umzusetzen. Macht sieht wahrlich anders aus.

Und auch die zweite vermeintliche Waffe im Arsenal eines Administrators ist eher eine Schreckschusspistole als ein scharfes Schwert: Denn auch die Sperre von Benutzern ist eher symbolisch in einem Projekt, an dem man auch ganz ohne jede Anmeldung teilnehmen kann. Ein wenig erinnern die Administratoren bei Wikipedia an den Scheinriesen *Tur Tur*, den Michael Ende in seinem Kinderbuch *Jim Knopf und Lukas der Lokomotivführer* beschrieben hat: Wie dieser erscheinen die Administratoren der Enzyklopädie als besonders groß, stark und mächtig – doch bei näherem Hinsehen sind sie keineswegs die Herrscher des Projekts. Sie sind die Hausmeister.

Schon rein statistisch wird dies deutlich: Von den (Stand: März 2020) 100 aktivsten Autoren bei Wikipedia sind gerade einmal 23 Administratoren, und unter den Top 10 sind es gerade einmal zwei.

Natürlich gibt es unter ihnen Menschen mit Einfluss auf die inneren Abläufe in Wikipedia. Doch die Sicht auf Administratoren als die Mächtigen beruht auf dem Wunsch, jemand müsse da doch »das Sagen haben«, Verantwortung übernehmen, Entscheidungen treffen, die Kontrolle haben und auch ausüben. Ein System, in dem all dies fehlt, das können wir uns nur schwer vorstellen.

So weit zu den Rollen, die immer wieder herangezogen werden, wenn man die vermeintliche Machtstruktur von Wikipedia darstellen möchte. Diese hierarchische Darstellung ist ebenso verlockend wie vereinfachend. Verlockend, weil sie uns erlaubt, Wikipedia in uns vertrauten Kategorien zu beschreiben. Wir sind es dermaßen gewohnt, jede Form von Organisation, sei es eine Firma, eine Partei, ein Verein oder Ähnliches, als eine Pyramide, als ein »Unten« und »Oben« zu denken, dass es uns schwerfällt, aus diesen Denkweisen auszubrechen und uns vorzustellen, dass sich Menschen auch in nicht hierarchischen Gebilden zusammentun können.

Doch Wikipedia ist genau das: etwas Organisches, ein neuer Typus von Gemeinschaft, ein Typus, der tief in den Prinzipien des Internets verwurzelt ist. Das Wesensmerkmal des Internets ist seine Verknüpfung, sind seine Knoten und vielfältigen Verzweigungen und Verästelungen. Die zentrale Idee hinter dem Design des Internets ist es, keine Machtcluster zu haben, die vielleicht einiges in der Verwaltung erleichtern würden, die aber eben auch eine hohe Verletzlichkeit bedeuten würden. Das Internet sollte auch im Falle eines globalen Atomschlags noch in der Lage sein, Informationen weiterzuleiten, ohne dass diese an einer zerstörten Zentrale hängen bleiben würden. Jedes Info-Paket wird im Netz gleich behandelt, es sucht sich seinen Weg selbst, bis es (oft genug über Umwege) beim Empfänger ankommt. Nur das einzelne Paket »weiß«, wo es hinsoll, keine Zentrale kann es aufhalten, keine Zensur es filtern.

Natürlich stimmt dieses idealistische Bild des Internets als hierarchiefreie Welt schon lange nicht mehr: Die Macht zentralistischer Corporations wie Facebook, Google, Amazon und Alibaba wird zusehends größer. Und auch staatlichen Behörden ist es längst gelungen, das Netz zu zähmen und zu kontrollieren, etwa in China, wo das »Projekt Goldener Schild«[6] längst in der Lage ist, jede Form von Inhalten zu kontrollieren und zu zensieren. Aber umso wichtiger ist es, die wenigen zarten Pflanzen der Freiheit und der Gemeinschaft zu erhalten und zu fördern. Und Wikipedia ist unter diesen zarten Pflanzen die kräftigste. Ihr einmaliges Organisationsmodell könnte der Ausgangspunkt für eine Rückgewinnung des Netzes als Ort der Freiheit und der Offenheit sein.

Die viereinhalb Typen der Wikipedianer

Die Rollen und Funktionen in Wikipedia sind komplex. Doch Rollen schreiben keine Enzyklopädien, das machen Menschen. Wer also sind die Menschen hinter Wikipedia, wer handelt die Regeln des Projektes aus und setzt sie dann um? Warum arbeitet man in seiner Freizeit in einer Enzyklopädie mit? Um das zu verstehen, ist es hilfreich, eine Art Typologie der Wikipedianer zu erstellen. Manuel Merz, Medienpsychologe und Leiter strategische Prozesse und Projekte bei Wikimedia Deutschland, hat im deutschsprachigen Bereich genau dies versucht. Er hat dazu eine umfangreiche Befragung unter den Autoren von Wikipedia durchgeführt und diese mit dem Instrumentarium des Sozialwissenschaftlers ausgewertet. Die folgende Darstellung stützt sich in weiten Teilen auf seine Arbeiten.[7]

Werfen wir zunächst einen Blick auf die Zusammensetzung der Wikipedianer: Besonders auffällig ist, dass sich bei den Lesenden der Online-Enzyklopädie ein ausgeglichenes Geschlechterverhältnis zeigt, es bei den Autoren jedoch ein krasses Ungleichgewicht gibt: Gerade einmal 9 Prozent der Schreibenden sind weiblich, während 91 Prozent männlich sind. Deutlich weniger überraschend ist, dass rund 30 Prozent der Mitarbeitenden Schüler beziehungsweise Studierende sind und dass über 50 Prozent einen akademischen Abschluss haben, 10 Prozent sogar einen Doktortitel. Damit sind die Mitwirkenden von Wikipedia deutlich gebildeter als die normalen Internetnutzer, von denen nur 12 Prozent einen Hochschulabschluss haben.[8]

Wikipedianer sind zu 69 Prozent berufstätig, davon 16 Prozent in Teilzeit und 53 Prozent in Vollzeit, was ziemlich genau dem statistischen Durchschnitt in Deutschland entspricht, und sie sind im Schnitt rund 40 Jahre alt.

Doch womit beschäftigen sich die Autoren von Wikipedia hauptsächlich? Gibt es unterschiedliche Typen, die unterschiedliche Schwerpunkte setzen bei ihrer Arbeit? Hierzu hat Merz die aktiven deutschen Wikipedianer befragt, also alle, die tatsächlich an Wikipedia mitarbeiten. Die mit 30 Prozent größte Gruppe unter den Autoren bilden diejenigen, die lediglich Rechtschreib- und Grammatikfehler in Artikeln verbessern, die sie gerade gelesen haben. Dafür wenden sie vergleichsweise wenig Zeit auf, die meisten von ihnen sind weniger als einmal pro Woche in Wikipedia aktiv. Bei mindestens 24 Prozent von ihnen war das früher jedoch anders: Da waren sie deutlich aktiver, haben an Diskussionen teilgenommen und Artikel auch inhaltlich verbessert. Doch zumeist waren es negative Erfahrungen in Diskussionen oder das oft als aggressiv empfundene Arbeitsklima in Wikipedia, was ihnen die Mitarbeit verleidet hat. Offensichtliche Fehler lediglich zu korrigieren scheint für aktive, aber frustrierte Wikipedianer eine Form des teilweisen Exits aus dem Projekt zu sein.

Das genaue Gegenteil und mit 22 Prozent die zweitgrößte Gruppe sind die »Powerautoren«, diejenigen, die sich engagiert an der inhaltlichen Weiterentwicklung der Artikel beteiligen. Sie schreiben neue Artikel, verbessern bestehende substanziell und tragen auch den Großteil der Fotos und Grafiken zu Wikipedia bei. Sie tun dies im Schnitt vier Stunden pro Woche und ziehen eine hohe Zufriedenheit aus ihrer Arbeit. Dabei halten sie sich fast vollständig raus aus den internen Diskussionen; sie verfügen nicht über ein starkes Netzwerk innerhalb des Projekts und konzentrieren sich zumeist auf ihre Nischen und Spezialthemen.

Weniger für die inhaltliche Qualität von Wikipedia, dafür aber umso wichtiger für den Zusammenhalt und das Funktionieren des Projekts an sich sind zwei andere Gruppen von Wikipedianern: die »Schiedsrichter« und die »Kreierenden«. Die »Schiedsrichter« machen rund 18 Prozent aller Wikipedia-Autoren aus; sie sind primär damit beschäftigt, das komplexe Regelwerk von Wikipedia umzusetzen. Sie überprüfen bei einzelnen Edits, ob diese den Regeln entsprechen, also etwa gut belegt, neutral geschrieben und richtig formatiert sind. Das zentrale Werkzeug für diese Aufgabe ist die sogenannte *Eingangskontrolle*. Jeden Tag werden rund 18000 Änderungen an Artikeln vorgenommen, von einfachen Fehlerkorrekturen bis hin zu umfangreichen Eingriffen. Es gibt tatsächlich Wikipedianer, deren Engagement für das Projekt darin besteht, jede dieser Bearbeitungen einzeln zu überprüfen. Diese Ehrenamtlichen der Eingangskontrolle überprüfen also jeden Edit von neuen Benutzern oder von solchen, die nicht angemeldet sind. Hierzu benutzen sie Tools, in denen diese Änderungen dargestellt werden und die es ermöglichen, einen solchen Edit entweder freizugeben oder umgehend zurückzusetzen. Das Freigeben, wie oben beschrieben auch »Sichten« genannt, ist in der deutschen Wikipedia notwendig, da in dieser alle Änderungen von neuen oder nicht angemeldeten Benutzern erst danach für Leser sichtbar sind. Sie müssen von einem erfahrenen Wikipedianer, also einem Sichter, freigegeben werden. Darum kann es bei Neulingen schon mal dauern, bis der erste Edit auch tatsächlich zu sehen ist.

Die Eingangskontrolle konzentriert sich auf das Finden eindeutiger Fehler oder offensichtlichen Vandalismus: Oftmals wird während der Schulzeit etwas wie »marion ist blöd« eingefügt, mitunter wird auch der Inhalt eines Artikels vollständig zu löschen versucht. Diese Arten von Torpedierung sind zumeist ohne große Fachkenntnisse zu erkennen und zu korrigieren. Anders sieht es aber bei größeren Ergänzungen oder Veränderungen aus, die noch dazu mit Quellen und Belegen versehen sein können. Wie wird bei diesen die Qualität gesichert?

Hier kommt die »Beobachtungsliste« zum Einsatz, die jeder angemeldete Benutzer für sich anlegen kann. Änderungen in Artikeln, die sich auf dieser Liste befinden, werden dem Besitzer der Liste automatisch angezeigt. Zumeist hat man als Wikipedianer auf dieser Beobachtungsliste die Artikel, die man selbst erstellt hat oder an denen man substanziell mitgearbeitet hat. Aber auch Artikel aus Fachbereichen, die einen interessieren und für die man eine inhaltliche Kompetenz hat, werden oft mit aufgenommen. Ist die Eingangskontrolle die erste Verteidigungslinie gegen Vandalismus in Wikipedia, dient die Beobachtungsliste der inhaltlichen Qualitätssicherung. Ergänzt zum Beispiel jemand den Artikel zu James Holman oder dem Noctographen (oder einen der anderen 237 Artikel, die derzeit auf meiner Beobachtungsliste stehen), so werde ich über diese Änderungen bei meinem nächsten Wikipedia-Besuch informiert.

Ich schaue mir dann diese Änderungen über einen Versionsvergleich an. In Abbildung 10 sieht man, wie dies aussieht: Oben steht die »alte« Version und darunter die ergänzte Version.

Mit einem einfachen Klick auf »rückgängig« kann der Artikel wieder in die Vorgängerversion zurückgesetzt werden. Halte ich die Änderungen für sinnvoll, so »sichte« ich sie, wodurch sie für alle Leser von Wikipedia unmittelbar sichtbar werden.

Als Ersteller des Artikels zum Noctographen habe ich jedoch keine besonderen Rechte an dem Artikel; und auch wenn ich einen Artikel über meine Beobachtungsliste auf Veränderungen durchgucke, verschafft mir dies nicht mehr Macht in Wikipedia. Setze ich eine Änderung zurück, kann jeder andere meine Eingriffe umgehend

[gesichtete Version]

Version vom 4. September 2018, 18:58 Uhr (Bearbeiten)

Invisigoth67 (Diskussion | Beiträge)

K *(form)*

← Zum vorherigen Versionsunterschied

Zeile 5:

== Verwendung ==

– Praktische Anwendung fand der Noctograph wohl überwiegend bei [[Blindheit|blinden]] Menschen, denen er es erleichterte, Notizen zu verfassen und am Schriftverkehr teilzunehmen. So benutzte etwa der blinde englische Abenteurer und Reiseschriftsteller [[James Holman]] ein solches Gerät, um sich Notizen auf seinen Reisen zu machen. Diese bildeten die Grundlage seiner ausführlichen Reiseberichte.

[Sichtung ausstehend]

Aktuelle Version vom 20. April 2020, 20:16 Uhr (Bearbeiten) (rückgängig)

2003:ec:3715:be00:1d80:4127:ce28:4e (Diskussion) [kommentarlos zurücksetzen]

(Warum ein Noctograph für Blinde eine Erleichterung war)

Zeile 5:

== Verwendung ==

+ Praktische Anwendung fand der Noctograph wohl überwiegend bei [[Blindheit|blinden]] Menschen, denen er es erleichterte, Notizen zu verfassen und am Schriftverkehr teilzunehmen. **Schließlich musste sie nun nicht mehr darauf achten, ob ein [[Federkiel]] noch genug Tinte hatte oder wieder in das [[Tintenfass]] eingetaucht werden musste**. So benutzte etwa der blinde englische Abenteurer und Reiseschriftsteller [[James Holman]] ein solches Gerät, um sich Notizen auf seinen Reisen zu machen. Diese bildeten die Grundlage seiner ausführlichen Reiseberichte.

Abb. 10 Versionsgeschichte in Wikipedia.
Oben die alte, unten die überarbeitete Fassung.

wieder rückgängig machen. In diesem Fall trifft man sich auf der Diskussionsseite des Artikels, um die unterschiedlichen Sichtweisen zu besprechen und, wenn möglich, einen Konsens herzustellen.

Es kommt aber auch immer wieder vor, dass dieser Prozess eskaliert: Jemand möchte etwas in den Artikel einfügen, jemand anderes ist damit nicht einverstanden und macht die Ergänzung rückgängig. Damit wiederum ist der Erste nicht einverstanden und fügt seine Änderung wieder ein. Dieses im Wikipedia-Slang *Edit War* genannte Vorgehen kann mehrfach hin- und hergehen, bis beide Kontrahenten unweigerlich auf der Seite für Vandalismusmeldungen landen.

Es gibt zahlreiche Formen des Vandalismus in Wikipedia: Ganze Artikel werden geleert oder es wird Unsinn reingeschrieben, oder es werden bewusst falsche oder irreführende Informationen eingebaut, um zukünftige Leser zu verwirren, das ist der schlimmste Fall. Die meisten dieser Taten stammen von nicht angemeldeten Benutzern. Es gäbe einen einfachen und effektiven Schutz: die Bearbeitung von Artikeln nur noch angemeldeten Benutzern zu erlauben. Denn wer würde sich schon die Mühe machen, für einen kurzlebigen Spaß extra ein Konto anzulegen? Doch dies verstieße natürlich gegen die Grundprinzipien von Wikipedia. Der Nachteil einer solchen Regelung würde den Vorteil bei Weitem überwiegen. Denn die Änderungen von nicht angemeldeten Benutzern sind zahlreich und substanziell, und Wikipedia wäre ärmer, würde man auf diese Beiträge verzichten. Entsprechend haben sich, wie beispielsweise mit der Eingangskontrolle oder dem Sichten, eine Reihe von Mechanismen herausgebildet, die destruktive Beiträge zwar nicht verhindern, aber schnell aufspürbar machen.

Dies sind die Haupttätigkeiten der Schiedsrichter in Wikipedia. Manuel Merz nennt sie sehr passend die »regeltreuen Profis«. Sie sind zu 95 Prozent männlich.

Wer bestimmt die Regeln, die die »Schiedsrichter« um- und manchmal auch durchsetzen? Wikipedia ist ein in 20 Jahren gewachsenes, komplexes Projekt. Dies war und ist nur möglich, weil es eine Gruppe von Ehrenamtlichen gibt, die sich hauptsächlich mit der Gestaltung der Prozesse des Projekts beschäftigen. Sie legen ihr Augenmerk also weniger auf das Erstellen oder Verbessern von Artikeln, sondern beschäftigen sich damit, das Projekt als Ganzes zu organisieren, Regeln zu definieren und auszubauen, also mit dem »Motor« des Projekts. Merz nennt diese Gruppe die »vernetzt Kreierenden«, sie machen rund 14 Prozent der Wikipedianer aus. Sie sind mit rund 1 375 Edits im Jahr überdurchschnittlich aktiv, und 21 Prozent von ihnen sind ebenfalls Administratoren des Projekts. Was sie besonders auszeichnet, ist der Umstand, dass sie sich überdurchschnittlich vernetzen und mit anderen Wikipedianern austauschen.

Es gibt in Wikipedia unterschiedliche Orte für die Vernetzung. Die wichtigsten sind neben den Diskussionsseiten der Artikel die 21 Redaktionen, in denen sich Ehrenamtliche zu Themengebieten wie Altertum, Biologie, Chemie oder zu sehr spezifischen Themen wie Gesundheitsfachberufe, kleine Länder oder Pflege zusammenschließen. Der Begriff der Redaktion ist allerdings irreführend, denn hier kommen keine Redakteure zusammen, die wegen ihrer Fachkenntnisse oder ihres Status in der Redaktion besondere Rechte haben.

Es gibt keine Vorgaben für die Arbeit in diesen Redaktionen, und sie sind auch nicht zentral gegründet oder administriert. Sie beruhen auf dem Entschluss und dem Engagement einzelner Wikipedianer, die sich zu ihren Themengebieten mit anderen Interessierten auseinandersetzen möchten. Dort werden beispielsweise themenspezifische Regeln ausgearbeitet, fachliche Fragen diskutiert, es werden Fotos oder Illustrationen für einzelne Artikel gefertigt und vieles mehr. Neben dieser Wikipedia-internen Funktion haben Redaktionen noch eine wichtige Rolle als Ansprechpartner für Interessierte, die bisher noch nicht in Wikipedia mitgearbeitet haben. Diese finden hier thematisch Gleichgesinnte, die ihnen den Einstieg in Wikipedia erleichtern können. Damit kommt Redaktionen eine wichtige Rolle bei der Anwerbung neuer Autoren zu.

Eine besondere Funktion gibt es in der Redaktion Biologie. Auf der Unterseite »Bestimmung«[9] bietet die Redaktion Hilfe bei der Identifizierung unbekannter Flora und Fauna an. Jeder kann dort ein Foto von einem unbekannten Tier oder einer Pflanze hochladen. Fachkundige Wikipedianer bemühen sich dann – meist erfolgreich –, das betreffende Objekt zu identifizieren und den passenden Wikipedia-Artikel zu verlinken.

Wikipedia geht offline

Neben den Online-Orten, an denen Wikipedianer sich austauschen und diskutieren, gibt es auch seit vielen Jahren zahlreiche Treffen offline bei Stammtischen, auf Kongressen, in Wikipedia-Läden und auf zahlreichen Veranstaltungen von Wikimedia Deutschland.

Diese tragfähige Offline-Struktur hat sich in den letzten zwanzig Jahren entwickelt: Neben Veranstaltungen der Wikimedia-Stiftung und von Wikimedia Deutschland sowie der Schwester-Organisationen in der Schweiz und Österreich gibt es auch zahlreiche von Ehrenamtlichen organisierte formelle und informelle Zusammenkünfte: Die entsprechende Wikipedia-Seite führt im Jahr 2020 mehr als 50 aktive Stammtische auf, an denen sich Wikipedianer regelmäßig treffen.[10]

Abb. 11 Der Wikipedia-Stammtisch-Wimpel.

Bildquelle: Gereon K. (https://commons.wikimedia.org/wiki/File:Wikipedia-Stammtisch_D%C3%BCsseldorf_Advent_2019.jpg), https://creativecommons.org/licenses/by-sa/4.0/legalcode

Diese Stammtische sind zumeist ohne besonderen Themenbezug; sie stehen allen Interessierten offen und dienen dazu, dass die Menschen, die in Wikipedia ausschließlich virtuell zusammenarbeiten, sich auch außerhalb des Projekts treffen können. Die in acht deutschen Städten existierenden Community-Stützpunkte (das sind zumeist angemietete Ladenlokale) dienen zudem als Orte für Veranstaltungen, die sich explizit an Nicht-Wikipedianer, also an Interessierte und an Leser, richten. So finden hier regelmäßig Einführungen für neue Autoren statt, aber auch Diskussionen und »Sprechstunden«, in denen jedermann seine Fragen zu Wikipedia loswerden kann. Diese von Wikimedia Deutschland bezahlten und rein ehrenamtlich betriebenen Treffpunkte gibt es unter anderem in Berlin, Hamburg, Köln und München.

Abb. 12 An diesen Orten treffen sich Wikipedianer »vor Ort« – und freuen sich über einen Besuch.

Bildquelle: Lencer (https://commons.wikimedia.org/wiki/File:Deutschsprachige_Wikipedia_Stammtische_2015-2017.png), »Deutschsprachige Wikipedia Stammtische 2015-2017«, https://creativecommons.org/licenses/by-sa/3.0/legalcode

Neben diesen Anlaufstellen gibt es auch noch zahlreiche überregionale Treffen von Wikipedianern: Das weltweit größte ist die jährliche *Wikimania*, die zum ersten Mal 2005 in Frankfurt stattfand, damals bereits mit rund 380 Teilnehmern aus 50 Ländern. Bei der letzten Wikimania, 2019 in Stockholm, kamen mehr als 900 Teilnehmer aus zahlreichen Ländern zusammen, die an fünf Tagen ein breites Programm besuchen konnten. Insbesondere für Aktive aus Entwicklungsländern, die nicht auf professionelle lokale Wikimedia-Organisationen zurückgreifen können, ist dies stets eine besonders wertvolle Möglichkeit, in den Austausch mit Gleichgesinnten zu treten. Das Format ist eine Mischung aus klassischer Konferenz mit Keynotes, Workshops und Vorträgen und selbstorganisiertem Barcamp, in dem Wikipedianer ad hoc zusammenkommen, um bestimmte Themen zu diskutieren. Es zeigt sich, dass der Ansatz, dass eine Gruppe sich und ihre Arbeit selbst organisiert und strukturiert, nicht nur in Wikipedia selbst funktioniert, sondern auch auf Zusammentreffen von Wikipedianern.

Entsprechend breit ist das Spektrum der behandelten Themen: Technische Fragen kommen ebenso vor wie Fragen zu Kooperationen mit Bibliotheken, Universitäten und Archiven. Die Beeinflussung lokaler Gesetzgebung im Sinne des Projekts (etwa in Fragen des Urheberrechts) spielt traditionell eine große Rolle und natürlich Wikipedia-Abläufe in allen Facetten. Vieles davon ist sicherlich vor allem für Wikipedia-Aktivisten interessant; aber die Wikimanias sind auch die Orte, an denen die gesellschaftliche und soziale Rolle des eigenen Handelns reflektiert wird, was durchaus auch attraktiv für ein breiteres Publikum sein kann. Tatsächlich dient gerade die Wikimania dazu, Ideen und Ansätze global zu verbreiten – 38 % der Teilnehmenden an der Wikimania gaben an, das Wichtigste für sie sei gewesen, ein neues Projekt oder eine neue Idee kennengelernt zu haben, auf die sie ansonsten nicht gestoßen wären.[11]

Während auf der Wikimania die großen Themen im Mittelpunkt stehen, geht es bei anderen Treffen mehr um lokale Belange: Seit 2010 treffen sich Wikipedianer aus dem deutschsprachigen Raum einmal jährlich zur *WikiCon*. Hier kommen vor allem die engagiertesten Mitarbeiter zusammen, denen das Gesamtprojekt und sein Funktionieren am Herzen liegt. Zumeist handelt es sich bei den rund

150 Teilnehmern um »alte Hasen« – 66 Prozent gaben an, bereits länger als neun Jahre an Wikipedia mitzuschreiben.[12] Entsprechend spezialisiert sind die dort behandelten Themen, die sich auf fünf Schwerpunkte konzentrieren: Community, freies Wissen/freie Projekte, Recht, Technik, Wikimedia-Projekte. Die Rolle von Stadt- und Regionalwikis wurde bei der WikiCon 2019 in Wuppertal ebenso diskutiert wie technische Fragen der Bildbearbeitung. Ein weiterer der insgesamt rund 70 Workshops beschäftigte sich mit »Der ikonographischen Funktion von Fotos in Artikeln«, ein anderer mit der Frage, wie man »Infobox-Vorlagen Wikidata-fähig machen« kann.[13]

Nicht zu unterschätzen bei diesen und anderen Treffen von Wikipedianern ist aber auch die Brückenfunktion, die solche Zusammenkünfte haben. 76 Prozent der Teilnehmer gaben an, dass das Treffen ihnen bei der Vernetzung mit anderen Wikipedianern geholfen habe, und 40 Prozent erklärten, die WikiCon habe zur Lösung von bestehenden Problemen und Konflikten beigetragen.[14] Es gibt offensichtlich auch bei Online-Projekten wie Wikipedia einen hohen Bedarf an persönlichem Austausch – und gerade bei Konflikten ist es natürlich hilfreich, wenn man sich nicht nur auf das geschriebene Wort auf einer Website beschränkt, sondern den direkten, menschlichen Austausch vor Ort sucht.

Ebenso wie die Wikimania ist auch die WikiCon primär von den Ehrenamtlichen selbst organisiert. Zwar unterstützen Wikimedia Deutschland, die Chapter aus Österreich und der Schweiz und die Wikimedia Foundation diese Veranstaltungen finanziell, besonders die deutsche WikiCon ist jedoch ansonsten vollständig selbst organisiert. Sowohl die Logistik (Hotels, Anreise, Catering, Veranstaltungsort) als auch das Programm werden ausschließlich von den Wikipedianern selbst geplant und umgesetzt.

All diesen Treffen – vom globalen Zusammenkommen der Wikimania bis zu den Stammtischen – gemeinsam ist die hohe soziale Komponente, die sie alle mitbringen. So gab es neben all den Fachthemen und Vorträgen bei der ersten Wikimania 2005 in Frankfurt nicht nur eine große Party, sondern auch einen Quizabend. Der Stammtisch in München veranstaltet einmal jährlich eine Bergwanderung, die Kollegen aus Südhessen treffen sich anlässlich des Hessentags, und die Stammtische aus Lörrach und Freiburg gehen gemeinsam auf dem Schauinsland grillen. Für einige Jahre gab es sogar einen rollenden Stammtisch im ICE 570 von Hamburg nach Stuttgart. Das typische Setting dieser Treffen besteht aus einem Wikipedia-Wimpel, der auf dem Tisch steht und besonders Erstbesuchern das Auffinden erleichtert. Oft sind am Beginn der Treffen keine oder nur wenige Laptops zu sehen – doch oft genug ändert sich das im Laufe des Abends. Man redet über Wikipedia, und schon bald will man etwas nachgucken, dann wird ein Artikel verändert – und über kurz oder lang stehen zahlreiche Laptops auf dem Stammtisch.

Für mich sind diese Offline-Treffen ein Ausdruck davon, dass Wikipedia bei aller Innovation, bei allem Nerdigen, bei all dem Internet eben auch ein Projekt von Ehrenamtlichen ist. Und diese haben die gleichen Bedürfnisse nach Zusammenhalt, Austausch und sozialen Kontakten wie die Freiwillige Feuerwehr, Skatclubs oder Nachbarschaftshilfen. Wikipedia ist der wohl bekannteste und größte Vertreter des Digitalen Ehrenamts.

Unter Besserwissern und Idealisten

Die ehrenamtliche Mitarbeit an einer Enzyklopädie erfordert viel Herzblut. Besonders viel davon bringt eine Gruppe von Wikipedianern mit, die laut der Untersuchung von Manuel Merz rund 15 Prozent der Autoren ausmachen. Positiv ausgedrückt handelt es sich dabei um Idealisten, die sich zumeist um sehr wenige, dafür aber oft kontroverse Themenbereiche kümmern und dort, nach eigener Wahrnehmung, Neutralität herstellen beziehungsweise tendenziöse Inhalte verhindern. Weniger positiv formuliert kann man sie auch als Nerds oder Getriebene bezeichnen, mitunter sind es auch Ideologen.

Im positiven Fall übernehmen sie eine wichtige Funktion in Wikipedia, indem sie unermüdlich dafür sorgen, dass unwissenschaftliche Thesen, Verschwörungstheorien oder anderer Unsinn nicht langsam in die Artikel einsickern. Besonders in den Bereichen Sozialwissenschaften, Politik und Aktuelles sowie Philosophie, Religion, New Age und Esoterik kann man die Funktion dieser Idealisten gar nicht genug wertschätzen. Nirgendwo sonst steht das Wikipedia-Prinzip der freien Bearbeitung eines Artikels durch jedermann derart unter Beschuss wie in diesen Bereichen. Und zwar gerade *weil* jeder Wikipedia bearbeiten kann.

Ein gutes Beispiel dafür ist der Beitrag »Homöopathie«: Schon kurz nach Erscheinen des Artikels am 14. November 2002 wiesen die ersten Autoren auf das Fehlen jeglicher wissenschaftlicher Belege für eine Wirksamkeit dieser Behandlungsmethode hin. Konsequent wurde der Artikel im Juli 2004 in die Kategorie »Pseudowissenschaft« einsortiert und um einen entsprechenden Abschnitt zur inhaltlichen Kritik durch die Wissenschaft versehen. Doch damit war das Problem natürlich nicht gelöst, ganz im Gegenteil. Seit Mitte 2004 gibt es einen kontinuierlichen Kampf um die Deutungshoheit in diesem Artikel. Es vergehen stets nur wenige Monate, bis ein neuer Autor die Bezeichnung »Pseudowissenschaft« anzweifelt und seine (zumeist positive) Sicht auf diese Behandlungsmethode im Artikel verankern möchte, ohne jedoch wissenschaftliche Belege liefern zu können. Nur dank des idealistischen Einsatzes einer kleinen Handvoll Autoren lässt sich auch in diesem Artikel der Anspruch der Wikipedia aufrechterhalten, die herrschende wissenschaftliche Meinung darzustellen.

Es gibt aber auch eine negative Wendung dieser Leidenschaftlichkeit: bei denjenigen, die mit geradezu zelotischem Eifer ihr Thema oder ihre Sicht vertreten und in Wikipedia einbringen wollen. Das Phänomen ist so häufig anzutreffen, dass es in Wikipedia mittlerweile eine eigene Bezeichnung hat: Honeypots. Dies sind Artikel, die besonders häufig solche »men on a mission« anlocken. Ist die *Junge Freiheit* eine rechtsextreme Zeitung? War Lee Harvey Oswald wirklich ein Einzeltäter, als er John F. Kennedy ermordete? Wer steckt wirklich hinter den Anschlägen des 11. September? Mit großem Eifer versuchen Menschen teilweise schon seit Anbeginn der Wikipedia, ihre Sichtweise zu diesen Fragen in die entsprechenden Artikel einzuschleusen. Längst stehen diese Hönigtöpfe unter besonderer Beobachtung durch engagierte Wikipedianer, doch die Vergeblichkeit des eigenen Tuns scheint die Eiferer eher noch zu befeuern.

Doch zumeist geht es bei Diskussionen in Wikipedia nicht um ideologische Kontroversen, politische Sichtweisen oder verletzte Eitelkeiten. In der Mehrzahl der Fälle drehen sich Diskussionen um inhaltliche Fragen, um die richtige Bezeichnung oder Einordnung. Dabei steht das Ringen um die richtige Darstellung im Vordergrund, aber auch dieses kann schnell eskalieren.

Ein besonders absurdes und skurriles Beispiel ist der Kampf um den Donauturm.

Am 28. Oktober 2009 um 13:54 Uhr begann der Artikel zum Donauturm wie folgt: »Der Donauturm ist ein von 1962 bis 1964 errichteter Aussichtsturm inmitten des Donauparks im 22. Wiener Gemeindebezirk Donaustadt.«[15] Zwei Tage später, am 30. Oktober 2009 um 20:42 Uhr, hatte ein Wikipedia-Autor mit dem Pseudonym Taxiarchos228 eine kleine Ergänzung eingebracht, so dass sich der Einleitungssatz nun so las: »Der Donauturm ist ein von 1962 bis 1964 errichteter Fernseh- und Aussichtsturm inmitten des Donauparks im 22. Wiener Gemeindebezirk Donaustadt.«[16] Man muss schon sehr genau schauen, um den Unterschied zu finden: Aus dem »Aussichtsturm« wurde ein »Fernseh- und Aussichtsturm«. Mehr nicht. Wenige Stunden später, am 31. Oktober 2009 um 3:34 Uhr, mitten in der Nacht also, setzte Benutzer Elisabeth59 diese Veränderung wieder zurück und versah den Edit mit der Zusammenfassung: »Donauturm ist definitiv kein Fernsehturm, wurde als Aussichtsturm konzipiert und gebaut. Kleine [sic!] Nutzung von Funk.«

Elisabeth59 ist zu diesem Zeitpunkt relativ neu bei Wikipedia. Der Benutzer Taxiarchos228 hingegen ist ein erfahrener Wikipedianer, zum Zeitpunkt der Debatte bereits seit fünf Jahren aktiv und mit mehr als 50 000 Edits in Wikipedia sehr rührig, zudem hatte er bis dahin 400 Artikel verfasst – 50 von ihnen beschreiben Fernsehtürme!

In der Diskussion, ob dieser Turm bei Wien nun ein *Aussichtsturm* oder ein *Fernseh- und Aussichtsturm* sei, sind für beide folgende Fakten unstrittig: Der Turm wurde als ein Aussichtsturm geplant und gebaut. Es werden keine Fernsehprogramme über Antennen (oder Ähnliches) von dem Turm aus nach Wien gefunkt. Und drittens werden einige wenige Radioprogramme lokaler Sender über den Donauturm ausgestrahlt. Über diese Fakten waren sich alle Beteiligten einig. Strittig war allein die Frage, ob man diesen Turm aufgrund seiner Bauform *auch* als einen Fernsehturm bezeichnen könne oder nicht. Nicht mehr, aber auch nicht weniger.

Wenn man einmal außer Acht lässt, warum diese Frage überhaupt einer Antwort bedarf (und so kann nur jemand denken, der nicht vom Wikipedia-Fieber befallen ist): Was ist kompliziert daran? Sollte es nicht ganz einfach sein, diese Frage zu klären? Doch die Diskussion darüber umfasst rund 600 000 Zeichen. Zum Vergleich: Dieses Buch, das Sie gerade lesen, hat rund 380 000 Zeichen. Unzählige Wikipedianer haben sich an der Debatte beteiligt, es wurde jede Menge Fachliteratur herangezogen. Spannender ist aber, dass im Verlauf der Diskussion, die etwa drei Monate dauerte, die ganze Klaviatur der Qualitätssicherung in Wikipedia zum Einsatz kam.

Die erste Stufe spielte sich auf der Diskussionsseite des Artikels ab. Das ist der Normalfall und die meisten Dispute können auch dort gelöst werden. Zwar kocht die Stimmung manchmal hoch, aber im Großen und Ganzen tauscht man dort Argumente aus und einigt sich dann auf eine Formulierung. Nicht so im Fall des Donauturms. Hier wurde die Diskussion von beiden Seiten teils heftig und oft auch unfreundlich geführt. Der Auftakt durch Taxiarchos228 war noch durchaus sachlich:

> »(…) ich darf Dich darauf aufmerksam machen, dass ich eine Vielzahl von Artikeln zu Fernsehtürmen (mit)geschrieben, unter anderem auch zum Donauturm, habe sowie diese Liste der höchsten Fernsehtürme. Ich verfüge über entsprechende Fachliteratur zu diesem Thema und kann Dir versichern, dass der Gattungsbegriff Fernsehturm auch für den Donauturm zutrifft. Das ändert nichts daran, dass ihn [sic!] Wien keiner diesen Turm so bezeichnet.«[17]

Doch der Ton veränderte sich. Die Diskussion eskalierte zusehends: »Deine Beiträge hier haben das Niveau einer gebückten Ameise!« war noch einer der freundlicheren Kommentare in dem Schlagabtausch.

Nun geht es in Diskussionen häufiger rau zu. Diese Auseinandersetzung eskalierte jedoch noch in einem weiteren Sinne: Beide Parteien verlegten ihre Auseinandersetzung zusätzlich in den Artikel selbst, indem sie versuchten, dort noch vor einer Einigung auf der Diskussionsseite Fakten zu schaffen. Und das geht bei Wikipedia bekanntlich sehr einfach: Man schreibt einfach seine Sicht rein und speichert die Änderung. Doch genauso einfach kann dieser Edit wieder rückgängig gemacht werden. Wenn dies ein paarmal hin- und hergeht, hat man einen sogenannten *Edit War*: Zwei oder mehr Benutzer missbrauchen die Funktionalität eines Wikis, indem sie sich gegenseitig ständig wieder zurücksetzen. Dies ist ein klarer Regelverstoß und wird entsprechend geahndet.

Es dauerte darum nicht lang, bis der Artikel auf der Seite »Vandalismusmeldung« landete. Hier können neben den Artikeln, die von vorsätzlicher und bewusster Beschädigung durch Benutzer betroffen sind, auch Benutzer gemeldet werden, die besonders unfreundlich sind oder anderweitig gegen Regeln verstoßen. Einer der Administratoren von Wikipedia guckt sich den Fall an und entscheidet dann: Er kann den entsprechenden Artikel kurzfristig für Bearbeitungen sperren, was den Edit War abrupt beendet und alle Beteiligten wieder auf die Diskussionsseite des Artikels zurück zwingt; oder die am Edit War Beteiligten können kurzzeitig gesperrt werden; die Sperrungen dauern meist eine Stunde oder einen Tag, im Wiederholungsfall können sie auch deutlich länger ausfallen. Benutzersperrungen sind natürlich eher symbolischer Natur: Zwar kann ein Administrator ein Konto damit kurzfristig von Wikipedia ausschließen, der Mensch dahinter kann jedoch jederzeit wieder zurückkommen. Entweder er erstellt ein neues Konto, oder er editiert ohne Anmeldung weiter. Eine solche Sperre ist also mehr ein deutlicher Hinweis, das eigene Verhalten zu ändern, als dass es sich tatsächlich um ein effektives Tool handelt, Menschen von der Mitarbeit in Wikipedia auszuschließen.

Im Fall des Donauturms wurde zunächst der Artikel für weitere Bearbeitungen gesperrt, um den andauernden Edit War zu beenden und die Kontrahenten zurück in die Diskussion zu verweisen. Das

Sperren eines Artikels ist einer der wenigen Momente, in denen die Interessen der Leser ganz unmittelbar im Vordergrund des Projekts stehen. Die meisten Regeln und Prozesse in Wikipedia richten sich an Autoren und Wikipedianer; die Sperre eines Artikels macht hingegen deutlich, worum es am Ende geht: stabiles und gesichertes Wissen den Lesern zur Verfügung zu stellen. Wenn ein Artikel im Minutentakt hin und her geändert wird, dann leidet darunter vor allem der Leser. Die Artikel sind das Aushängeschild des Projekts, sie sind allerdings nur die Spitze des Eisbergs. Inhaltliche Kontroversen, und erst recht Streit zwischen Benutzern, sollen für die Leserinnen und Leser nicht sichtbar sein.

Doch es blieb nicht bei der Sperrung des Artikels; der Edit War wurde nach dem Auslaufen der Sperre fortgeführt. Darum folgte die nächste Stufe der Eskalation: die Sperre beteiligter Benutzer, und zwar in diesem Fall besonders Taxiarchos228. Dieser war kein Unbekannter auf der Seite der Vandalismusmeldungen. Schon vor der Donauturm-Kontroverse war er 25 Mal gesperrt worden, jeweils zwischen einer Stunde und einer ganzen Woche. Dies ist gemeinhin ein Zeichen dafür, dass ein Benutzer eine Mission verfolgt und über einen Diskussionsstil verfügt, der von vielen anderen Wikipedianern als nicht konstruktiv, ja geradezu als feindselig wahrgenommen wird.

Mit dem Sperren von Artikeln oder Benutzern können die Administratoren in eine aufgeheizte Situation Ruhe bringen. Aber wie wir weiter oben bereits gesehen haben, sind Administratoren in erster Linie Hausmeister, sie entscheiden niemals inhaltliche Fragen, sondern regeln das Miteinander und die internen Prozesse des Projekts. Also sind sie auch keine Redakteure oder gar Herausgeber. Im Gegenteil: »Ein Administrator darf seine besonderen Befugnisse nicht in Diskussionen und Verfahren einsetzen, an denen er selbst als Partei beteiligt ist.«[18]

Für den Fall, dass auf der Diskussionsseite eines Artikels kein Konsens gefunden werden kann, hat Wikipedia ein fein verzweigtes Netz an Prozessen entwickelt, um Konsensbildung zu ermöglichen. Auch da gibt es keine Mehrheitsentscheidungen; vielmehr zählen Argumente und die dazugehörigen Belege.

Oft fehlt es lediglich an einer Sicht »von außen«, die den Diskutanten hilft, einen solchen Konsens zu finden. Darum kann jeder Wikipedianer eine dritte Meinung anfordern, indem er seine Kollegen bittet, sich einen Sachverhalt anzugucken und diesen zu bewerten. So können, wenn ein inhaltlicher Konflikt völlig verfahren ist, andere Wikipedianer auf die Diskussion aufmerksam gemacht werden. Bei der dritten Meinung kommen keineswegs thematische Fachleute zu Wort, die Hauptqualifikation der Ehrenamtlichen ist es vielmehr, vermittelnd und schlichtend zu wirken.

Doch oft geht es bei einem Streit um erbitterte persönliche Konflikte. Oder auch schlicht um das kontinuierliche Fehlverhalten eines Einzelnen. Damit umzugehen ist schwierig. Die Benutzersperre ist in einem offenen System wie Wikipedia da eher ein stumpfes Schwert. Aus diesem Grund hat Wikipedia bereits 2007 als höchste Instanz für die Lösung von Konflikten das Schiedsgericht eingerichtet.

Es darf bei allem eingreifen: Streit zwischen Wikipedianern schlichten, Sanktionen gegen den Missbrauch der technischen Sonderfunktionen der Administratoren verhängen oder Verstöße gegen die wichtigen Wikipedia-Grundsätze ahnden. Nur eines darf das Schiedsgericht nicht: über inhaltliche Kontroversen entscheiden.

Das mag auf den ersten Blick seltsam wirken: Die höchste Instanz von Wikipedia hat keinen Einfluss auf das, was Wikipedia im Kern ausmacht: die Artikel und die Inhalte. Doch das ist durchaus in sich logisch, wenn man sich zwei zentrale Prinzipien ins Gedächtnis ruft: Wikipedia selbst ist keine Enzyklopädie, sie ist ein Projekt zum Aufbau einer Enzyklopädie. Und zweitens gibt es keine Mehrheitsentscheidungen über Wissen. Das Schiedsgericht ist also nicht die höchste Instanz der Enzyklopädie Wikipedia, sondern des Projektes dahinter. Inhalte können nur in der permanenten Aushandlung zwischen den Beteiligten und im Konsens entschieden werden. Dies gilt jedoch nicht für die Wikipedia-internen Prozesse, die diesen kreativen Wissensprozess regulieren. Hier ist das Schiedsgericht die letzte und höchste Instanz im Konfliktlösungsprozess – und seine Entscheidungen sind bindend.

Die Idee für diese Form der Konfliktlösung stammt aus der englischen Wikipedia, in der Jimmy Wales bis 2003 als höchster Entscheidungsträger bei Streitfragen galt. Mit dem steigenden Selbstbewusstsein der Community wurde jedoch schnell klar, dass dieses Modell keine Zukunft hatte. Daher initiierte Wales Anfang 2004 das Schiedsgericht und berief die ersten Mitglieder persönlich – einige von ihnen wussten wohl nichts davon, dass sie ab sofort im Schiedsgericht saßen.[19] 2007 übernahm die deutsche Community das Modell. Bis Ende 2019 wurden 256 Fälle an das Gericht herangetragen, von denen 103 auch behandelt und entschieden wurden.

Das Schiedsgericht besteht aus maximal zehn Mitgliedern, die von der Gemeinschaft der Wikipedianer jeweils für eine Amtszeit von zwei Jahren gewählt werden. Zu dieser Gemeinschaft gehört (und ist damit wahlberechtigt), wer insgesamt mehr als 400 Edits in Wikipedia gemacht hat, davon mindestens 50 in den letzten zwölf Monaten. Jeder Wikipedianer kann das Schiedsgericht anrufen, wenn alle anderen Formen der Konfliktlösung ausgeschöpft sind. Wie vor einem richtigen Gericht stellen beide Konfliktparteien ihre Sicht dar, bringen belastende und entlastende Aspekte vor und können auch andere Wikipedianer hinzuziehen. Damit ein Fall vom Schiedsgericht bearbeitet wird, bedarf es mindestens fünf Schiedsrichtern, die sich bereit erklären, den Fall zu beraten. Pro Fall gibt es eine eigene Seite innerhalb der Wikipedia, auf der die gesamte Verhandlung abläuft und dokumentiert wird. Alle Wikipedianer, die nicht persönlich involviert sind, können sich zwar auf der Diskussionsseite eines Schiedsgerichtsfalls äußern. Auf der eigentlichen Seite zu einem Fall jedoch dürfen sich nur die Beteiligten selbst und die Mitglieder des Schiedsgerichts äußern.

Es gibt keinen festen Sanktionskatalog, das Schiedsgericht ist völlig frei im Aussprechen von Maßregelungen – und dies tut es auch oft und sehr kreativ: Beispielsweise werden Wikipedianer nachdrücklich aufgefordert, bestimmte Wikipedia-Regeln in Zukunft zu achten; anderen wird die Bearbeitung einzelner Artikel oder ganzer Themenbereiche untersagt. Nur sehr selten verbannt das Schiedsgericht jemanden vollständig aus Wikipedia. Meistens wird nach einer Lösung gesucht, die Störung innerhalb des Projektes abzustellen und dabei dem betroffenen Wikipedianer die Möglichkeit zu geben, weiterhin mitzumachen.

Dies wurde auch im Fall des Donauturms versucht: Die angefragten dritten Meinungen waren eindeutig, kaum jemand stimmte der Sicht von Taxiarchos228 zu. Sein Benutzerkonto war innerhalb weniger Wochen dreimal gesperrt worden, jedes Mal wegen seines Verhaltens in der Frage des Donauturms. Bevor das Schiedsgericht einschreiten konnte, zog Taxiarchos228 für sich Konsequenzen und gab rund drei Monate nach dem Beginn des Streits auf: »Community hat entschieden: der Donauturm darf kein Fernsehturm sein«, schrieb er in einem längeren Beitrag auf der Diskussionsseite des Artikels. Er verabschiedet sich endgültig aus dem Thema und hofft, es möge anderen gelingen, »aus diesem Müllhaufen an Artikel doch noch was Anständiges«[20] zu machen. Als wollte er allen noch einmal zeigen, was in ihm steckt, bearbeitete er in den kommenden drei Wochen mehr als 800 Mal Artikel zu anderen Fernsehtürmen, bevor er sich entschloss, seine Mitarbeit bei Wikipedia ganz zu beenden. Im Grunde reicht es in so einem Fall, einfach nichts mehr zu schreiben, aber vielen Wikipedianern, die enttäuscht sind vom Projekt, genügt das nicht: Sie bitten einen Administrator darum, ihr Konto freiwillig und dauerhaft zu sperren. Ein wenig mag dabei mitspielen, dass man sich selbst vor einem Rückfall schützen möchte, indem man durch die technische Stilllegung des eigenen Accounts Fakten schafft.

Auch Taxiarchos228 wählte den Weg der freiwilligen Selbstsperrung. Diese kann jederzeit wieder aufgehoben werden, wenn ein Benutzer zurückkehren möchte. Nicht jedoch im Fall von Taxiarchos228. Denn es stellte sich heraus, dass er noch vor seiner freiwilligen Sperre etwas gemacht hat, was in der Wikipedia-Community als eines der größten Vergehen überhaupt, ja geradezu als Betrug betrachtet wird: Er hatte unerlaubt mit mehreren Konten gleichzeitig gearbeitet.

Ein Benutzerkonto ist schnell angelegt, und es ist weder technisch noch durch andere Regeln untersagt, dass ein Benutzer mehr als ein Konto in Wikipedia benutzt. Es gibt sogar eine Reihe von legitimen

Gründen dafür: Manche möchten ihr Hauptkonto aus Sicherheitsgründen nicht nutzen, wenn sie etwa in einem Internetcafé oder an einem öffentlichen Computer in Wikipedia arbeiten; andere legen sich Konten an, um auf Wikipedia-Veranstaltungen bestimmte Dinge zu demonstrieren, oder sie haben einen privaten und einen beruflichen Account.

Es gibt aber auch Menschen, die aus anderen Gründen mehr als ein Konto unterhalten – sei es, weil sie in Abstimmungen mehr als eine Stimme haben wollen, oder weil sie ihr Erstkonto mit dem Zweitkonto selbst in einer Diskussion zur Seite springen lassen möchten. Manchmal geht es auch darum, im Falle einer Sperre noch ein Konto zu haben, um die Sperre zu umgehen. In all diesen Fällen spricht man von »Sockenpuppen«: Wie die Kinderpuppen lässt der Wikipedianer sein Zweit-Ich mit »verstellter Stimme« sprechen und kann so Dinge sagen und machen, die ihm aus unterschiedlichen Gründen mit dem Erstaccount nicht möglich sind. Dieses Verhalten ist unter Wikipedianern verpönt – weil es eben die größte Stärke von Wikipedia, dass jeder ohne Anmeldung und ohne Kontrolle mitarbeiten kann, schamlos ausnutzt. Ohne dass man das Wikipedia-Prinzip aufgibt, ist es nicht möglich, den Missbrauch solcher Mehrfachkonten zu verhindern. Umso empfindlicher reagiert die Community, wenn jemand dabei erwischt wird, diese Freiheit ausgenutzt zu haben.

Und genau das geschah im Fall von Taxiarchos228, der mindestens vier weitere Konten gleichzeitig in Benutzung hatte. Diese setzte er unter anderem ein, um Abstimmungen zu manipulieren, sich selbst bei Diskussionen beizuspringen und um weiterhin Wikipedia zu bearbeiten, als er eigentlich gesperrt war. Gerade bei erfahrenen Wikipedianern sind solche Manipulationen nicht leicht zu erkennen. Lediglich Administratoren mit sogenannten Checkuser-Rechten sind in der Lage, bei angemeldeten Konten die benutzten IP-Adressen abzugleichen. Da dies ein ziemlicher Eingriff in den Datenschutz bedeutet, können in der deutschen Wikipedia lediglich vier Administratoren diese Informationen abrufen. Einer von ihnen kam Taxiarchos228 auf die Spur, und dieser wurde umgehend gesperrt.

Wer hat die Macht?

Ist Wikipedia eine Art Utopia, wo irdische Dinge wie Hierarchien nicht benötigt werden? Kommt Wikipedia ohne Macht aus? Natürlich nicht. Es gibt sogar zahlreiche Mächtige in Wikipedia.

Wikipedia ist ein System, das auf dem Teilen von Wissen, der Diskussion und der Selbstorganisation beruht. Darum beruht Macht dort mehr auf sozialem Kapital, auf Wissen und auf der Bereitschaft, dieses Wissen zu teilen und zusammenzuarbeiten. Und sie ist abhängig von der Zeit, die jemand investieren kann. Für viele Menschen, die neu zu Wikipedia stoßen, ist es schwer zu verstehen, dieses unendlich viel Zeit benötigende Aushandeln, da es doch so viel einfacher wäre, wenn jemand – ein Chef, ein Abteilungsleiter, ein Administrator oder Jimmy Wales – die Entscheidung treffen würde.

In Zeiten der Wissensfluktuation und des permanenten Lernens geht es tatsächlich mehr um den Prozess als um das Produkt. Das Ziel ist letztlich nicht, eine Enzyklopädie fertigzuschreiben, sondern einen Prozess zu organisieren, in dem Menschen Wissen teilen können. Darum versteht sich Wikipedia selbst als »ein Projekt zum Aufbau einer Enzyklopädie«.

Macht drückt sich in Wikipedia darum nicht durch Titel oder technische Funktionen aus, sondern durch die Zeit, die man einsetzt. Denn in Wikipedia werden Entscheidungen im Konsens getroffen, und einen solchen stellt man nicht mal eben so her. Er wird ausdiskutiert, so lange es eben dauert. Wer Zeit hat – als Rentnerin vielleicht, als Student, als Hartz-IV-Empfänger oder weil er aus anderen Gründen nicht (mehr) arbeiten muss –, der hat natürlich Macht in einem solchen System. Denn es reicht, einfach abzuwarten, bis das Gegenüber keine Zeit mehr hat, noch eine Schleife in der Diskussion zu ziehen. Tatsächlich enden Debatten oft genug nicht durch eine gemeinsame Einigung. Oft genug enden sie, weil sich einer der Beteiligten zurückzieht, aus Frustration oder schlicht aus Mangel an Zeit. Das ist sicherlich frustrierend für jemanden, der eben nicht über die für eine Wikipedia-Debatte notwendigen Zeit-Ressourcen verfügt (oder der schlicht keine Lust hat, viel Zeit damit zu verbringen, Wissen kostenlos zur Verfügung zu stellen). Dennoch ist dieses Vorgehen notwendig für Wikipedias Qualität. Die Deliberation, auf Deutsch Beratschlagung, ist ein zentrales Organisationsmodell für quasi alle Prozesse in Wikipedia. Über Inhalte kann eben nicht einfach abgestimmt werden, und in einem Projekt, an dem jeder mitmachen kann, ist auch formale Qualifikation eben nicht ausschlaggebend für eine Debatte. Das ist ja gerade der zentrale Unterschied zwischen Nupedia und Wikipedia: Erstere setzte auf die Bewertung von Fachleuten und Experten – Letztere schafft es mit ihrem Ansatz einer radikalen Offenheit deutlich besser, Inhalte zu erstellen.

Hinzu kommt: Dass Wikipedia Zeit hat, ist ebenfalls ein wichtiger Erfolgsfaktor des Projekts. Auch über (vermeintliche) Kleinigkeiten wird erbittert und ausgiebig diskutiert: Seit vielen Jahren geht es etwa um die Frage, mit welchen Symbolen Geburt und Tod in Wikipedia-Biografien dargestellt werden sollen. Die in den meisten Enzyklopädien gebräuchlichen Zeichen (ein * für die Geburt und ein † für den Todestag) findet sich auch in Wikipedia. Jetzt könnte man in einer Enzyklopädie, die, anders als Brockhaus und Co., kein Platzproblem hat, ja auch einfach »geb. am« und »gest. am« schreiben – aber das wäre für Wikipedia zu einfach. Die Anfänge dieser Diskussion gehen bis ins Jahr 2005 zurück und fanden einen ersten Höhepunkt in einem Meinungsbild 2010, ohne jedoch zu einem wirklich befriedigenden Ergebnis zu kommen – man brauchte dafür aber einen Schriftumfang von rund 350 Seiten. Den Verlauf oder auch nur die wesentlichen Positionen dieser Debatte darzustellen würde diesen Rahmen sprengen. Die Gegner der Zeichen verweisen darauf, dass es sich bei diesen um christliche Symbole handele – die zumindest in Biografien über Atheisten, Juden, Muslime, Buddhisten und andere Nichtchristen unpassend wären. Die Befürworter verweisen darauf, es handele sich etwa bei dem Zeichen für den Todestag † nicht um ein christliches Kreuz, sondern um einen nicht-religiös konnotierten *dagger*, einen Dolch.

Auch wenn der letzte projektweite Austausch zum Thema bereits vor 6 Jahren stattgefunden hat,[21] so ist die Diskussion keineswegs beendet. Als etwa der bekannte Satiriker und bekennende Atheist Wiglaf Droste 2019 verstarb, entbrannte auf der Diskussionsseite seines Artikels die Debatte erneut. Sie erstreckte sich aber »nur« auf rund 32 Normseiten.

Auch wenn sie auf den Außenstehenden skurril oder sogar böswillig wirken mögen, so verdeutlichen solche Debatten doch immer und immer wieder, dass Wikipedia eben nur im Konsens entstehen kann, dass Kompromisse notwendig sind (bei Verstorbenen jüdischen Glaubens etwa kann, muss aber nicht auf die Zeichen verzichtet werden und stattdessen »geboren« und »gestorben« verwendet werden) – und dass Wikipedia eben niemals fertig ist. Doch eines muss man eben mitbringen: Zeit.

Wer auch noch Macht hat in Wikipedia: Menschen mit einem hohen Bildungsgrad, die in der Lage sind, sich schriftlich gut und überzeugend auszudrücken. Ein formaler Abschluss hilft wenig, aber in einem Projekt, das fundamental auf schriftlicher Kommunikation beruht, ist jeder mächtig, der dieses Instrument gut beherrscht. Doch auch das kann kein Fehler sein – schließlich müssen die Inhalte von Wikipedia auch sprachlich überzeugen: ohne gute sprachliche Kompetenzen keine gute Vermittlung von Inhalten.

Ein dritter Machtfaktor ist das Engagement, das man in Wikipedia einbringt. Indem jeder Beitrag, jeder Edit, jede Beteiligung an Diskussionen, Abstimmungen und Ähnlichem durch die Wiki-Software dokumentiert wird, ist es einfach, bei jedem einzelnen Benutzer nachzuvollziehen, seit wann er bei Wikipedia dabei ist, wie viele Edits er getätigt hat, wie viele Artikel er geschrieben oder Fotos er hochgeladen hat. Auch inwieweit er sich an den Debatten über Regeln und Prozesse für das Projekt eingebracht hat, ist erkennbar. Und natürlich lernt man sich auf den Wikimedia-Konferenzen, bei Stammtischen und in den Wikipedia-Läden kennen. Dafür sind sie ja schließlich da. Dadurch baut sich Vertrauen und, besonders wichtig, soziales Kapital auf. Gerade in einem Projekt, das primär auf anonymen und pseudonymen Beiträgen beruht, sind die persönlichen Bekanntschaften von enormer Bedeutung. Es entwickelt sich ein Vertrauensnetz, ein Geflecht aus Bekanntschaften, das einem die Navigation und die Arbeit in Wikipedia enorm erleichtert.

Es mag auf den ersten Blick eine traurige Einsicht sein, aber Fachwissen ist nur sehr bedingt ein Machtfaktor in Wikipedia. Die formale Qualifikation zählt nichts in einem Projekt, bei dem niemand überprüfen kann, wer man wirklich ist. Doch wie sollte Wikipedia dies anders gestalten, ohne die eigene Offenheit aufzugeben? Um Fachleuten, Experten, Professoren mehr Gewicht qua Expertise zu geben, wäre es notwendig, bei der Anmeldung den Status eines Benutzers zu erfassen. Das aber würde bedeuten, dass Wikipedia ein zentrales Erfolgsprinzip aufgibt: dass jeder prinzipiell gleichberechtigt mitarbeiten kann. Dadurch wäre Wikipedia sicherlich für Experten interessanter – aber eine echte Community würde so nicht lange bestehen können.

Wichtiger und für den Aufbau von sozialem Kapital wirksamer ist es, wenn sich die Beteiligten einer Debatte auch mal zurücknehmen, Argumente reflektieren und einem Konsens zustimmen. Das bedeutet ja nicht, dass Experten nicht in Wikipedia willkommen wären – sie müssen sich jedoch einreihen in die Legion der Wikipedianer und sich innerhalb des Projekts einen Namen schaffen. Denn schließlich geht es um ein großes gemeinsames Ziel: alles Wissen der Menschheit allen Menschen frei zugänglich zu machen. Wikipedia, diese amorphe Masse, funktioniert ohne Abstimmungen, ohne richtig oder falsch und ohne Zugangsbeschränkungen, wenn alle Beitragenden sich auch mal zurücknehmen. Zeit und Demut sind die ultimativen Machtinstrumente in Wikipedia.

8

Stalins Badezimmer: Fehler, Fakes und Fantasien

»Wegen der charakteristischen Keramikfliesen wurde die Straße zu DDR-Zeiten im Volksmund auch ›Stalins Badezimmer‹ genannt«, ergänzte am 16. Februar 2009 abends um 20:13 Uhr ein nicht angemeldeter Benutzer den Wikipedia-Artikel zur Karl-Marx-Allee in Berlin.[1] Jedem, der schon einmal durch die bis 1961 Stalinallee genannte Straße gelaufen ist, leuchtet dieser Satz unmittelbar ein. Die in den 1950er Jahren im typischen Zuckerbäckerstil erbauten Mietskasernen sind mit einer einheitlichen Form der Fassadenfliesen versehen, die durchaus an die Verkachelung eines Badezimmers erinnert. Hinzu kommt, dass der Berliner »Volksmund« angeblich dazu neigt, markante Gebäude mit einem (oft leicht abwertenden) Spitznamen zu versehen: So wird der Fernsehturm zum »Telespargel«, der ehemalige Palast der Republik zu »Erichs Lampenladen«, die weithin sichtbare Viktoria auf der Siegessäule zur »Goldelse« oder das neu gebaute Kanzleramt zum »Elefantenklo«. Der Wikipedia-Artikel »Berolinismus«,[2] der sich mit der sogenannten »Berliner Schnauze« beschäftigt, stellt allerdings fest, dass es sich bei vielen dieser Spitznamen keineswegs um Alltagssprache der Berliner handelt. Vielmehr seien diese oft mediale Erfindungen, die dann auch noch von Reiseführern gerne aufgegriffen und von Touristen verbreitet würden.

Aber was da am Abend des 16. Februar 2009 hinzugefügt wurde, klang durchaus plausibel. Da fiel es auch nicht weiter auf, dass es keinen Beleg für diese Behauptung gab. Von Wikipedia fand die Bezeichnung Eingang bei *Spiegel Online*[3], in die *Berliner Zeitung*[4]), in die *Berliner Morgenpost*[5] und in zahlreichen Reiseführern. Sogar im amerikanischen Kulturmagazin *The Atlantic* erschien ein Bericht,[6] der diesen »Nickname« auf der anderen Seite des Atlantiks bekannt machte.

Daran zeigt sich, wie wirkmächtig Wikipedia ist. Offenbar gucken zahlreiche Journalisten und Autoren von Reiseführern regelmäßig in Wikipedia nach und übernehmen spannende oder skurrile Anekdoten. Ein wenig lernt man dabei aber auch, wie viel Sorgfalt in solche Veröffentlichungen investiert wird. Denn die ganze Geschichte entpuppte sich als Hoax, als eine Erfindung des Berliner Journalisten Andreas Kopietz. Dieser hatte sich über Berolinismen geärgert, die einfach erfunden worden waren. Darum hatte er nach dem zweiten Glas Wein beschlossen, selbst Volksmund zu spielen und den von ihm erfundenen Spitznamen »Stalins Badezimmer« in den Wikipedia-Artikel einzufügen. Von schlechtem Gewissen geplagt – und vielleicht auch, weil ein Leserbriefschreiber zuvor Zweifel an der Authentizität dieses Begriffs geäußert hatte[7] – löschte Kopietz am 17. März 2011 den Satz wieder aus dem Artikel. Vermutlich ging er davon aus, dass damit das Thema erledigt sei. Doch nur wenige Stunden später wurde der Satz wieder in den Artikel eingefügt, denn schließlich gab es inzwischen ja zahlreiche Belege für diesen Spitznamen. Dass diese erst dadurch entstanden waren, dass Journalisten und Reiseführer ungeprüft einen Hoax aus Wikipedia abgeschrieben hatten, war nur schwer nachvollziehbar. Ein echter Teufelskreis entstand. Erst als Andreas Kopietz einen Beitrag über seine Ergänzung des Wikipedia-Artikels in der *Berliner Zeitung* veröffentlichte, wurde dieser Zirkelschluss aus Unwahrheit und falschen Belegen aufgelöst: »Liebe Internetgemeinde! Ich entschuldige mich. Ich habe das Heiligtum der Weisheit beschmutzt, das Wissen der Vielen, die Schwarmintelligenz in die falsche Richtung gelenkt. Ich habe Wikipedia gefälscht.«[8] Spricht man ihn heute auf seinen Coup an, reagiert Kopietz so verwundert wie abgeklärt: Da recherchiere man als Journalist eine wichtige Story nach der anderen: »Und dann macht man so eine Nebenbei-Geschichte und bekommt wahnsinnige Aufmerksamkeit, inklusive mehrerer Radio-Interviews. Komische Welt.«[9]

Diese Anekdote mag ein Beleg dafür sein, wie leicht es ist, Wikipedia zu manipulieren. In einem System, in dem jeder ohne Erlaubnis, ohne Prüfung seiner Qualifikation alles schreiben kann, ist eben auch so eine Fälschung möglich. Und hätte Kopietz sich nicht selbst entlarvt, stünde die Falschbehauptung vermutlich auch heute noch im Wikipedia-Artikel zur Karl-Marx-Allee. Ist Wikipedia also von einem cleveren Journalisten an die Grenzen gebracht worden, ist bewiesen, dass Schwarmintelligenz doch nicht gefeit ist gegen Lügen, Betrug und Fälschungen? Der Fall vom verkürzten Rhein lässt da einen anderen Schluss zu.

Laut Schulbüchern und Lexika, die zwischen ungefähr 1960 und 2010 gedruckt wurden, sowie in Veröffentlichungen von Bundes- und Landesbehörden aus diesem Zeitraum ist der »Garten des Vaterlandes«, wie Bettina von Arnim den Rhein 1881 in einem Brief nannte, 1320 Kilometer lang. So stand es auch in Wikipedia, seit der Artikel am 31. Juli 2002 erstellt wurde: »Der Rhein ist ein Fluss in Europa. Seine Länge beträgt 1320 Kilometer.«[10]

Tatsächlich ist der Rhein aber 1235 Kilometer lang, also ganze 85 Kilometer kürzer. Kann denn ein Fluss schrumpfen? Natürlich nicht. Aber das Wissen kann wachsen. Genau das ist hier der Fall. Nun gibt es durchaus natürliche Ursachen oder auch menschengemachte Flussbegradigungen, die die Länge eines Flusses verändern können. Doch beides kann beim Rhein ausgeschlossen werden, da die großen Eingriffe in den Flusslauf bereits im 19. Jahrhundert beendet waren.

Etwas anderes war geschehen: Zu Beginn des 20. Jahrhunderts gaben alle Enzyklopädien und Lexika (der *Brockhaus* von 1903, der *Herder* von 1907, der *Meyer* von 1909)[11] die Länge mit 1230 Kilometern korrekt an. Einige Jahre später jedoch vermerken *Knaurs* Lexikon von 1932 und der *Brockhaus* von 1933 als Länge 1320 Kilometern. Als der Kölner Biologe Bruno Kremer 2010 für ein Buch über die Ökologie des Flusses der Vollständigkeit halber auch die Länge des Flusses angeben wollte, stolperte er über die unterschiedlichen

Längenangaben in älteren Publikationen und offiziellen Veröffentlichungen des Jahres 2010. Kremer begann, sich mit der Längenberechnung des Rheins zu beschäftigen, und stellte schnell fest, dass 1320 Kilometer schlicht nicht möglich waren. Mit wenigen Klicks fand er ausreichend Indizien, um die Länge korrekt zu berechnen: 1230 Kilometer – offensichtlich ein simpler Zahlendreher.[12]

Solche Fehler passieren, auch wenn dies bedeutet, das ganze Generationen von Schülern die Länge des längsten Flusses Deutschlands falsch gelernt haben. Auch in Wikipedia fand sich dieser Fehler. Am 30. Januar 2010 um 13:07 Uhr korrigierte ein früherer Binnenschiffer mit seinem Wikipedia-Konto Frila diesen Fehler.[13] Dieser Änderung war eine umfangreiche Diskussion unter Wikipedianern vorausgegangen. Die Entdeckung Kremers stieß zunächst auf Unglauben. Dann begann man sich zu fragen, ob in Zeiten von GPS nicht eine genauere Messung möglich wäre. Schließlich begann man nachzurechnen, und zwar detailverliebt und quellenbasiert, wie Wikipedianer dies nun einmal tun. Da sich der Rhein mehrfach verzweigt in den natürlichen Flussverlauf und künstlich geschaffene Schifffahrtskanäle, musste man sich zunächst einigen, was für die Längenberechnung des gesamten Flusses berücksichtigt werden sollte. Der Fließweg der Hauptwassermenge wurde schlussendlich ausschlaggebend. Man einigte sich auf die von Benutzer Frila eingefügten 1235,6 Kilometer. Heute beträgt die Länge des Rheins laut Wikipedia übrigens 1232,7 Kilometer. Dies ist das Ergebnis einer offiziellen Nachmessung aus dem Jahr 2015.[14]

Selbst das Geburtsdatum von Jimmy Wales ist Gegenstand einer ausführlichen Diskussion in Wikipedia. Schließlich gibt es Quellen, die vom 8. August 1966 sprechen, während andere den 7. August nennen. *Britannica* etwa nimmt das spätere Datum für ihren Eintrag zum Wikipedia-Gründer, diskutiert aber ausführlich, warum sie sich dafür entschieden haben. Zunächst habe man sich an anderen Quellen orientiert (etwa öffentlich zugängliche Informationen des Standesamts des Landkreises Monroe in Florida) und den 7. August genommen; dann aber habe Wales 2011 eine Kopie seines Passes an die Redaktion geschickt, in dem der 8. August steht.[15] Eigentlich könnte damit die Geschichte zu Ende sein – aber warum listet die Wikipedia (sowohl in der englischen als auch in der deutschen Ausgabe) den 7. August als Wales' Geburtsdatum? Das liegt am speziellen Humor von Wales – der auf die Frage, welches Datum nun richtig sei, antwortete, dass seine Geburtsurkunde fälschlicherweise den 8. August als Datum nenne, er aber nach Aussage seiner Mutter (die schließlich bei der Geburt dabei war) kurz vor Mitternacht des Vortages zur Welt gekommen sei.[16]

»Stalins Badezimmer« war der Scherz eines Journalisten, dem es gelungen ist, zu zeigen, dass ein offenes System wie Wikipedia anfällig ist. Wenn man das System kennt, wenn man die Regeln beherrscht, kann man Wikipedia austricksen. Vermutlich gibt es zahlreiche solcher Fakes in Wikipedia, besonders, da in den ersten zehn Jahren deutlich weniger Wert auf Belege und Quellen für jede eingefügte oder gelöschte Aussage gelegt wurde. Heute würde eine solche Fälschung wie das »Badezimmer« kaum noch so einfach durch die Eingangskontrolle kommen. Aber wie viele solcher »Scherze« hat es in der Vergangenheit gegeben? Das weiß niemand. Und wenn etwas lang genug in Wikipedia steht, wächst die Chance, dass die Aussage von Journalisten oder Buchautoren übernommen wird – die damit zugleich einen vermeintlichen Beleg für eine Behauptung liefern, die sie selbst aus Wikipedia übernommen haben. Wer tatsächlich auf Nummer sicher gehen will, der sollte wohl tatsächlich nicht nur nach einer »zweiten Quelle« suchen, sondern nach einer Quelle, die vor dem 15. Januar 2001 und damit vor Wikipedia entstanden ist.

Die Geschichte der Länge des Rheins zeigt, dass es zu allen Zeiten und in allen Medien Fehler gab und gibt und dass diese Fehler reproduziert werden und sich verbreiten. Wikipedia als Medium ist nicht besonders anfällig für solche Fehler. Im Gegenteil: Wikipedia kann sich schneller und umfassender korrigieren als alle anderen Medien. Wer heute wissen will, wie lang der Rhein ist, und dafür in die letzte Ausgabe des *Brockhaus* guckt, wird immer noch die falsche Länge lesen. Indem Wikipedia aber stets den aktuellen Stand des Wissens darstellt, können Fehler nicht nur leicht und schnell korrigiert werden, sondern sind dann auch nicht mehr sichtbar. Mit den eigenen Fehlern geht Wikipedia allerdings transparent um: Die Geschichte des falschen Badezimmers ist ebenso Teil des heutigen Artikels über die Karl-Marx-Allee, wie die Anekdote über die jahrzehntelang falsch überlieferte Länge im Artikel zum Rhein als Trivia vorkommt.

Das sind nur zwei Beispiele von vielen. Immer wieder machen sich Menschen lustig darüber, wenn ein solcher Fehler in Wikipedia gefunden wird. Für Journalisten ist das oft ein Beleg dafür, dass Wikipedia unzuverlässig sei, weil ja schließlich jeder etwas reinschreiben könne. Dabei ist das Gegenteil der Fall: Es ist gerade die Stärke von Wikipedia, dass diese Fehler gefunden werden. Es sind die Fehler, die die Artikel so gut machen. Denn Wikipedia folgt damit einem Grundprinzip wissenschaftlicher Forschung: Es geht darum, eine These aufzustellen, die so lange Bestand hat, bis jemand zeigen kann, wo sie fehlläuft, und daraus eine neue, bessere These formuliert; bis auch diese wieder an ihre Grenzen stößt und durch die nächste These ersetzt wird. Dieser Prozess, der seit Karl Popper Falsifizieren heißt, ist eine Grundfeste der Wissenschaften.

Im Mai 2020, mitten in der Corona-Pandemie, kritisierte die *BILD*-Zeitung den Virologen Christian Drosten dafür, dass sich in seiner Studie im Nachhinein statistische Fehler gefunden hätten. Grundlage für diese Aussage der *BILD*-Zeitung war Kritik von Biometrikern an den statistischen Auswertungsmethoden der Studie. Diese Biometriker und auch Drosten selbst reagierten jedoch – gelinde gesagt – verwundert auf die harsche Kritik der *BILD*. Für sie war der Ablauf völlig normal: Jemand forscht und fasst seine Ergebnisse in einer Publikation zusammen, Fachkollegen überprüfen diese Arbeit und kritisieren sie. Sie machen Vorschläge, was man besser machen könnte, sie zeigen Fehler und Unstimmigkeiten auf. Diese Kritik nimmt der erste Autor (hier: Drosten) auf und passt seine Methoden entsprechend an, daraus ergeben sich neue Erkenntnisse, diese werden wieder publiziert, und der Kreislauf beginnt von Neuem.

Genau das passiert auch in Wikipedia: Wir sehen in einem Artikel stets das Beste dessen, was wir derzeit wissen. Niemals ist das fertig, abgeschlossen, gar wahr. Zum einen natürlich, weil die Artikelgegenstände oder unser Wissen über diese sich stets weiterentwickeln. Aber noch wichtiger: Weil sich unser Wissen, unsere Bewertung zu bestimmten Dingen verändert. Dies geschieht dadurch, dass sich Menschen mit dem Status quo, wie er sich in einem Wikipedia-Artikel widerspiegelt, kritisch auseinandersetzen. Sie ergänzen den Text, streichen Dinge, fügen anderes hinzu. Oder sie äußern Kritik auf der Diskussionsseite, weil sie den Artikel selbst nicht bearbeiten wollen. So wie Drostens Kollegen dessen Text kritisch hinterfragten und ihn damit besser machten, so stehen auch alle Wikipedia-Artikel stets in dieser Kritik. Wikipedia-Artikel sind nicht falsch, sie sind nur noch nicht fertig. Mehr noch: Sie können gar nicht fertig sein. Denn wenn ein Wikipedia-Artikel fertig wäre, dann wäre unser menschliches Streben nach neuer Erkenntnis erloschen. Eine schreckliche Vorstellung.

Fehler sind also etwas Gutes, das Wikipedia-Prinzip funktioniert bestens. Ist damit also alles gut in Wikipedia? Nein – im Gegenteil!

Wikipedia ist mächtig, was in ihr steht, wird als wahr akzeptiert. Nicht nur, dass Wikipedia-Inhalte regelmäßig bei Google und Co. an erster Stelle stehen, ihr wird längst ein enormes Vertrauen entgegengebracht. Dies beruht darauf, dass es Freiwillige sind, die die Inhalte schreiben, dass Wikipedia von einer Stiftung betrieben wird, sich nicht durch Werbung, sondern ausschließlich aus Spenden finanziert – und die Durchschnittsspende gerade einmal 23 Euro beträgt. Gibt es eine bessere Definition von redaktioneller Unabhängigkeit?

An anderer Stelle hatten wir uns schon damit beschäftigt, wie Wikipedia mit dieser Verantwortung umgeht, welche Mechanismen der Qualitätssicherung entwickelt wurden und wie Einträge geprüft werden. Wenden wir uns nun den Tätern zu, denjenigen, die mit voller Absicht und aus niederen Beweggründen Lügen und Fake News in Wikipedia einbringen. Und denjenigen, die im Sinne ihrer Auftraggeber versuchen, Wikipedia zu beeinflussen, weil diese die Plattform der Enzyklopädie nutzen möchten, um PR oder Werbung zu verbreiten.

Geschichte in Gefahr: das erfundene Vernichtungslager

»Die erste Vergasung fand am 17. Oktober 1943 statt, als mindestens 150 Polen und 20 belgische Juden ermordet wurden, die zuvor bei einer Razzia auf der Straße festgenommen worden waren. Schätzungen […] beziffern die Zahl der Opfer, die in dem Konzentrationslager ermordet wurden, auf deutlich über 212 000, zumeist Polen und einige Tausend Nicht-Polen.«[17]

Scheinbar sachlich beschreibt die englische Wikipedia die fürchterlichen Vorgänge im Konzentrationslager Warschau, das nach der Niederschlagung des Aufstands im Warschauer Ghetto auf dessen Trümmern errichtet worden sei. Die Gaskammern hätten sich in einem ehemaligen Eisenbahntunnel an der Gęsiastraße befunden, so Wikipedia.

So oder so ähnlich fanden sich diese Informationen an vielen Stellen der Enzyklopädie, in zahlreichen Sprachen. In einer Liste der Vernichtungslager wird das Konzentrationslager Warschau neben Auschwitz und Treblinka aufgeführt. Schon in der ersten Version des Artikels vom 25. August 2004 findet sich der Hinweis auf die Gaskammern, in denen Polen ermordet worden seien.

Doch das ist eine Lüge, eine Fälschung. Auch wenn es mehr als 15 Jahre in Wikipedia stand: Es gab niemals ein Vernichtungslager in Warschau, es wurden dort keine 200 000 Polen in Gaskammern ermordet. Es gab tatsächlich für wenige Monate ein Lager auf den Trümmern des Warschauer Ghettos, aber dieses fungierte niemals als Vernichtungslager, und es gibt keinerlei Beweise dafür, dass Gas gegen die Häftlinge eingesetzt wurde. Es ist der Verdienst der israelischen Zeitung *Ha'aretz* und des Journalisten Omer Benjakob, diesen Hoax in Wikipedia 2019 aufgedeckt zu haben.[18] Das Vernichtungslager Warschau ist damit die Fälschung, die sich am längsten in Wikipedia gehalten hat.

Man könnten das erfundene Vernichtungslager als eine besonders geschmacklose Form des immer wieder in Wikipedia auftretenden Fakes abtun. Hat hier nicht jemand das Gleiche gemacht wie Andreas Kopietz, als er Stalins Badezimmer erfand? Doch damit würde man es sich zu leicht machen. Denn dieser Fall zeigt zwei, eigentlich sogar drei Dinge: wie mächtig Wikipedia geworden ist; wie wichtig ein genauer Redaktionsprozess ist, der weit über das Überprüfen von Sekundärquellen hinausgeht; und dass dieser Redaktionsprozess eben manchmal versagt.

Im Fall des Warschauer »Vernichtungslagers« hat nicht irgendwer aus Spaß falsche Fakten in einem bestehenden Artikel platziert. Vielmehr wurde Wikipedias Reichweite und Reputation dazu verwendet, eine bereits ältere Lüge erneut in den öffentlichen Diskurs zu injizieren. Die Lüge vom Vernichtungslager Warschau ist deutlich älter als der Wikipedia-Artikel aus dem August 2004 – ja sogar älter als Wikipedia und das Internet. Seit den 1970er Jahren wird die Behauptung, Hunderttausende (nichtjüdische) Polen seien im Lager in Warschau vergast worden, von polnischen Nationalisten verbreitet. Ausgangspunkt dieses Hoaxes sind die Arbeiten der polnischen Richterin Maria Trzcinska, die der polnischen Kommission zur Aufklärung der NS-Verbrechen in Polen angehörte. Sie stellte als Erste die Behauptung auf, es hätte Gaskammern im Lager Warschau gegeben, und auch die Zahl der 200 000 vermeintlichen Opfer stammt von ihr. Ihre Behauptungen fanden unter Historikern keinerlei Widerhall, auch das polnische Institut für Nationales Gedenken hat in zwei Veröffentlichungen aus dem Jahr 2007 und 2010 festgestellt, dass es keinerlei Belege für Trzcinskas Behauptungen gibt.[19] Doch dann kam Wikipedia ins Spiel.

Da es nicht gelang, diese Behauptungen im wissenschaftlichen Diskurs durch Veröffentlichungen oder Vorträge zu positionieren, wurde Wikipedia zum optimalen Umweg, diese Aufmerksamkeit doch noch zu erreichen. Dabei kam den Nationalisten zugute, dass sie keinen neuen Artikel einfügen mussten, sie konnten ihre Lügen geschickt in einen Artikel über ein real existierendes Konzentrationslager einflechten. Denn es gibt keinen Zweifel, dass es das Konzentrationslager Warschau gegeben hat, dieses war aber kein Vernichtungslager. Es besteht zudem natürlich auch keinerlei Zweifel daran, dass die polnische Bevölkerung unendlich gelitten hat unter der deutschen Besatzung Polens. Alles, was es nun noch brauchte, war ein geschicktes Einbringen der Unwahrheit in diese Fakten.

Erschreckend für jeden Wikipedianer sollte sein, wie leicht diese Fälschung war und wie lange sie sich halten konnte. Es hätte Wikipedia und den Wikipedianern auffallen müssen, dass die Zahl der angeblich 200 000 vergasten Polen absurd war: Erstens, weil sie durchaus nicht zufällig gewählt war: Beim Warschauer Aufstand der Polnischen Heimatarmee waren zwischen Anfang August und Anfang Oktober 1944 rund 200 000 Polen ums Leben gekommen. Zusammen mit den angeblich im Vernichtungslager Warschau vergasten Polen wäre die Zahl der nichtjüdischen polnischen Opfer auf rund 400 000 gestiegen – und das entspricht ziemlich genau der Zahl der im Warschauer Ghetto ermordeten Juden. Für polnische Nationalisten ist die Ermordung der Juden nicht singulär, sondern steht in einer Reihe mit anderen, vergleichbaren Verbrechen an der nichtjüdischen polnischen Bevölkerung. Aus dieser Behauptung, dass die nichtjüdischen Polen ebenso von der Ausrottung durch die Nationalsozialisten bedroht waren wie die Polen jüdischen Glaubens und beide auch vergleichbar große Opferzahlen zu beklagen hätten, leitet sich auch der absurde Begriff des »Polocaust« ab.

Aber es wäre noch viel einfacher gewesen, diese ganze Geschichte als Hoax zu entlarven. Wenn tatsächlich 200 000 Menschen in einem »Vernichtungslager Warschau« vergast worden wären, dann wäre dieses Lager vergleichbar mit den ausführlich dokumentierten und erforschten Vernichtungslagern Sobibor und Majdanek gewesen. Es bleibt ein dunkler Schatten auf der Geschichte Wikipedias, in diesem zentralen Fall über einen so langen Zeitraum versagt zu haben. Die Redaktionsprozesse von Wikipedia funktionierten hier nicht. Die Artikel rund um den Nationalsozialismus werden verhältnismäßig oft aufgerufen, es gibt zahlreiche Wikipedianer, die sich im Thema engagieren. Und es gibt eine enorme Menge an historischer Forschung zum Nationalsozialismus und seinen Verbrechen. Wenn in einem in Wikipedia und außerhalb so gut erschlossenen Themengebiet eine ideologisch motivierte Fälschung mehr als 15 Jahre Bestand haben kann – wie groß ist dann die Gefahr ähnlicher Fälschungen bei Themen, auf denen weniger Aufmerksamkeit der Community liegt? Ein erschreckender Gedanke.

Ich bin kein Freund davon, einer vollständig aus Ehrenamtlichen bestehenden Community Arbeitsaufträge zu geben. Zu sagen, Wikipedia muss sich kümmern, geht vollständig an dem vorbei, was in diesem Buch beschrieben ist. Denn es gibt eben niemanden, keine Einzelperson und keine Gruppe(n), die Wikipedia sind. Weder die Redaktion:Geschichte in Wikipedia hat die Pflicht, sicherzustellen, dass solche katastrophalen Fälschungen wie beim »Vernichtungslager« Warschau nicht passieren noch sonst jemand. Denn die Menschen, die sich dort in ihrer Freizeit engagieren, bestimmen selbst, wofür sie sich interessieren. Natürlich ist es notwendig und geboten, öffentlich auf solche Vorkommnisse hinzuweisen. Doch es ist zu einfach, Wikipedia als Institution verpflichten zu wollen, »etwas« dagegen zu tun. Denn Wikipedia sind am Ende wir alle.

Viel gewonnen wäre, wenn die Wissensinstitutionen, deren Auftrag es ist zu forschen, zu kuratieren, zu bewerten, wenn sich diese Institutionen in Wikipedia engagierten. Denn wer, wenn nicht die Lehrstühle der Universitäten, die Museen, die Forschungsinstitute (und auch die entsprechenden Abteilungen in Unternehmen), wären besser positioniert, Wikipedia kritisch zu begleiten, Fehler aufzuspüren und sie den Menschen, die sich in Wikipedia engagieren, zur Kenntnis zu bringen? Der Skandal, dass mehr als 15 Jahre ein erfundenes Vernichtungslager in Wikipedia stand, ist nicht nur ein Problem für Wikipedia. Es ist eben auch (und zuvorderst!) ein Problem der etablierten Geschichtsforschung, die Wikipedia als zentrale Ressource der Wissensvermittlung offensichtlich viel zu lange nicht ernst genommen hat.

Es ist nur ein geringer Trost, dass sich dieses erfundene Vernichtungslager nicht in der deutschen Wikipedia festsetzen konnte. Als ein Benutzer mit dem Namen *Simplicius* den Artikel im Februar 2005 anlegte, schrieb er – völlig korrekt und im Einklang mit der wissenschaftlichen Literatur: »Es gab hier keine Gaskammern. Die meisten Menschen kamen durch schlechte Lebens- und Arbeitsbedingungen sowie durch Misshandlungen um.«[20] Zwar lassen sich in den folgenden Jahren immer wieder Versuche dokumentieren, die erfundenen Gaskammern auch in den deutschen Artikel einzufügen. Anders als im englischen Artikel schien aber keine geplante Aktion polnischer Nationalisten vorgelegen zu haben, sondern »nur« die unbedachte Übernahme der Fälschung aus dem englischen Artikel. 2009 überarbeitete der Benutzer Holgerjan den Artikel grundlegend und benannte auch die Theorie über die Gaskammern mit deutlichen Worten als Fälschung: »Behauptungen, es habe sich beim Konzentrationslager Warschau um ein Vernichtungslager mit Gaskammern und 200 000 Todesopfern gehandelt, wird [sic!] von Historikern bestritten.«[21] Danach finden sich keine Versuche mehr, die Fälschung auch in der deutschen Wikipedia einzuflechten.

Vermutlich brauchten die Initiatoren dieser Lüge die deutsche Wikipedia aber auch nicht. Sie schienen auch kein ausgeprägtes Interesse daran gehabt zu haben, den polnischen Artikel in ihrem Sinne zu fälschen, denn auch dort fanden sich die erfundenen Gaskammern nur kurzzeitig im Artikel. Für Omer Benjakob ist dies in seinem Artikel in *Ha'aretz* ein Indiz dafür, dass die Nationalisten in Polen andere Möglichkeiten hatten, den nationalen Diskurs zu beeinflussen, und auf die polnische Wikipedia schlicht nicht angewiesen waren. Die englische Wikipedia war ihr Ziel, um ihrer Lüge international Aufmerksamkeit zu verschaffen. Wikipedia diente dabei als Verstärker, als Schwungrad, um eine nationalistische Geschichtsfälschung glaubwürdig zu machen. Die polnischen Nationalisten nutzten die enorme Reichweite der Enzyklopädie, um ihrer Lüge Aufmerksamkeit zu verschaffen. Indem es in Wikipedia stand, bekommt es nochmals zusätzliche Legitimation, wird verbreitet und für wahr befunden – weil es eben in Wikipedia steht. Ein fataler Kreislauf der sich selbst bestätigenden Lüge.

PR in Wikipedia

Neben angeheiterten Journalisten und polnischen Nationalisten mit manipulativer Agenda gibt es noch eine ganz andere Gruppe, die die Bedeutung von Wikipedia längst erkannt hat und versucht, sie für sich und für die eigenen Auftraggeber nutzbar zu machen: Agenturen für Public Relations, Werbung, Reputationsmanagement, Markenführung – kurz: Unternehmen, die anderen Unternehmen dabei helfen, sich im Netz und in der Öffentlichkeit gut darzustellen. Die Bedeutung von Wikipedia ist für Unternehmen kaum zu überschätzen.

Schon die reinen Zahlen sind beeindruckend. Betrachtet man zum Beispiel, wie oft die Wikipedia-Artikel der 30 im Deutschen Aktienindex DAX vertretenen Firmen aufgerufen werden, so wird schnell deutlich, welche Wirkung diese Artikel auf die Wahrnehmung dieser Unternehmen in der Öffentlichkeit haben (Tabelle 1).

Nr.	DAX-Unternehmen	Seitenaufrufe/Jahr
1	Volkswagen AG	716 065
2	Deutsche Lufthansa	637 059
3	BMW	601 130
4	SAP	597 681
5	Daimler	468 266
6	Adidas	426 796
7	Siemens	371 981
8	BASF	367 052
9	Bayer	316 509
10	Deutsche Bank	263 523
11	Continental	225 285
12	Deutsche Telekom	220 792
13	Deutsche Post	183 249

Nr.	DAX-Unternehmen	Seitenaufrufe/Jahr
14	Vonovia	171 206
15	Allianz	168 259
16	Henkel	135 789
17	infineon Technologies	131 745
18	E.ON	125 158
19	Merck	124 531
20	RWE	110 627
21	Linde	106 324
22	Covestro	106 258
23	MTU Aero Engines	103 713
24	Beiersdorf	100 471
25	Fresenius	89 648
26	Munich Re	84 884
27	Delivery Hero	66 650
28	Deutsche Börse	44 572
29	HeidelbergCement	39 399
30	Fresenius Medical Care	37 610

Tab. 1 Liste der im Deutschen Aktienindex DAX vertretenen Firmen und die Anzahl der Aufrufe der entsprechenden Wikipedia-Artikel pro Jahr.

Quelle: Vom Autor zusammengestellt.
Datenbasis für 2019 https://stats.wikimedia.org/

Im Schnitt werden die Artikel der DAX-Unternehmen in Wikipedia rund 670-mal am Tag aufgerufen. Das ist beeindruckend, wenn man aber mit einbezieht, dass die Informationen in Wikipedia eine enorme Verbreitung etwa durch die Suchergebnisse in Google haben, die sich in dieser Statistik nicht widerspiegeln, so wird klar: Wikipedia hat einen enormen Einfluss darauf, wie ein Unternehmen in der Öffentlichkeit wahrgenommen wird.

Schon immer haben Unternehmen viel Geld dafür ausgegeben, das Bild, das die Öffentlichkeit von ihnen hat, positiv zu beeinflussen. Werbung ist dabei nur die plumpeste Form. Product Placement, Lobbyismus, Landschaftspflege durch Spenden oder Sponsoring sind andere Versuche, das eigene Unternehmen möglichst gut dastehen zu lassen. Natürlich spielt die Beziehungspflege zu Journalisten eine besonders große Rolle. Eine einzige positive Meldung in einer überregionalen Zeitung kann einen enormen Werbeeffekt für ein Unternehmen haben. Doch mit dem kontinuierlichen Absinken der Auflage quasi aller Zeitungen und Zeitschriften in den letzten Jahren verliert deren Bedeutung im gesellschaftlichen Diskurs deutlich an Gewicht. Abgelöst werden sie durch die neuen Formen der Meinungsbildung auf YouTube, Twitter, Facebook, TikTok. Doch die Königsdisziplin des Corporate Influencing ist zweifelsohne Wikipedia. Nicht (nur) wegen der Aufrufzahlen, sondern besonders wegen des Kompetenzvermutungseffekts: Wenn es in Wikipedia steht, dann hat es einen hohen Richtigkeitswert. Menschen glauben in der Regel, was in Wikipedia steht.

Neben Reichweite bietet Wikipedia aber auch noch etwas anderes. Kein Unternehmen kann etwas einfach in einer Zeitung veröffentlichen, egal, wie wichtig das Unternehmen ist. Zwar kann es versuchen, Einfluss zu nehmen auf die redaktionellen Prozesse, aber es kann nicht mitschreiben. Anders bei Wikipedia: Niemand hindert Unternehmen daran, an der Enzyklopädie, die jeder bearbeiten kann, auch selbst mitzuwirken. Sie müssen nicht einmal um Erlaubnis fragen, sondern können anonym oder pseudonym schreiben.

Wikipedia ist also in vielerlei Hinsicht spannend für die Wirtschaft: enorme Reichweite, hohe Reputation, niedrige Beteiligungshürden. Kein Wunder, dass Firmen auf vielfältige Weise versuchen, Wikipedia zu beeinflussen.

Unternehmen, die alles richtig machen wollen, tun dies völlig transparent. Das heißt, sie arbeiten mit einem Benutzerkonto, das sie zweifelsfrei als offizielle Vertreter eines Unternehmens erkennbar macht. Wikipedia bietet hierfür eigens sogenannte Konten für »verifizierte Benutzer« an: Über ein einfaches Verfahren bestätigt Wikipedia, das ein bestimmtes Benutzerkonto mit einem bestimmten Unternehmen oder einer Organisation verbunden ist. Hierdurch ist in der Versionsgeschichte und auf Diskussionsseiten stets der Hintergrund dieses bestimmten Wikipedia-Benutzers sichtbar. Viele Firmen nutzen dieses Verfahren: Insgesamt gibt es über 12000 dieser verifizierten Konten. Von den eingangs aufgeführten 30 DAX-Unternehmen verfügen mindestens 16 über zumindest ein verifiziertes Konto.

Wikipedia ist zwar offen für alle, doch ist es verpönt, in den Artikeln über die eigene Person selbst mitzuwirken. Es ist schlicht unmöglich, im Sinn einer Enzyklopädie über sich oder auch über den eigenen Arbeitgeber zu schreiben. Die Korrektur faktischer Fehler oder die Aktualisierung etwa von Unternehmenskennzahlen können jedoch durchaus von Unternehmensvertretern vorgenommen werden, aus Transparenzgründen sollte hierzu ein verifiziertes Konto verwendet werden. Weitergehende Eingriffe sollten aber im Interesse der Enzyklopädie und auch des Unternehmens unterbleiben.

Das musste zum Beispiel der Springer-Verlag schmerzlich erfahren, als ein verifizierter Wikipedia-Benutzer mit dem Namen »Verlagsleitung BILD Gruppe« am 27. und 28. Mai 2019 insgesamt 21 Änderungen am Artikel zur *Bild am Sonntag (BamS)* vornahm.[22] Daran lässt sich sehr gut nachvollziehen, wie weit die PR-Abteilungen in Unternehmen vom Stil und inhaltlichen Anspruch von Wikipedia entfernt sind: Der (namentlich nicht bekannte) Mitarbeiter der Verlagsleitung fügte etwa folgenden Absatz in den Artikel ein:

> »Ziel der ›Bild am Sonntag‹ ist es, bereits am Sonntag die Themen zu setzen, über die Deutschland in der Woche spricht. Unter dem Claim ›Deutschland am Sonntag – Bild am Sonntag‹ möchte die Zeitung ein entspanntes Sonntagsgefühl bei [sic!] ihren Lesern vermitteln. Dabei beinhaltet sie einen Mix aus aktuellen, politischen und unterhaltenden Themen. Diese spiegelt die Redaktion häufig aus persönlichen Perspektiven wider, um dem Leser eine hohe Identifikationsmöglichkeit zu bieten.«[23]

Dieser offensichtlich werbliche Absatz scheint der Verlagsleitung sehr wichtig gewesen zu sein – mindestens dreimal fügte sie ihn wieder ein, nachdem andere Wikipedianer ihn mehrfach gelöscht hatten. Faktisch richtige Angaben, wie etwa die Liste der Chefredakteure seit Gründung des Blattes 1956, blieben durchaus im Artikel. Doch wie schwer es ist, auch bei scheinbaren Fakten die eigene rosa Brille der Unternehmens-PR abzusetzen, zeigte Benutzer »Verlagsleitung BILD Gruppe« ebenfalls: Wie Moritz Tschermak in einem Artikel auf *Bildblog.de* eindrücklich zeigt, waren auch die scheinbar rein faktischen Änderungen zum deutlichen Rückgang der Auflage über die Jahre Unternehmens-PR. Denn anders als von der Springer-Kommunikation in den Artikel eingefügt ging die Auflage nicht etwa »analog zum strukturellen Rückgang von Print-Medien« zurück. Vielmehr ist der Auflagenschwund der *Bild am Sonntag* »viel dramatischer als der aller anderen Wochen- und Sonntagszeitungen«.[24]

Das Verhalten der Unternehmenskommunikatoren fiel natürlich dank der vielfältigen Maßnahmen zur Qualitätssicherung von Wikipedia umgehend auf. Innerhalb weniger Minuten wurden die gröbsten werblichen Aussagen aus dem Artikel wieder rausgenommen und der Benutzer auf die geltenden Regeln hingewiesen. Als dies nichts half, wurde das Konto der Verlagsleitung erst für sechs Stunden und später dann für eine Woche gesperrt. Aus diesen Erfahrungen scheint man im Hause Springer gelernt zu haben: Der Benutzer ist nach den zwei Tagen Ende Mai 2019 nicht nochmals aktiv geworden, um Wikipedia-Artikel zu ändern. Mit dem Konto ASU-Komm ist der Axel Springer Verlag aber bis heute aktiv in Wikipedia und fügt immer noch gelegentlich inhaltliche Änderungen ein. Ein durchaus riskantes Vorgehen.

Doch wie geht man als Unternehmen sonst vor, wenn das Editieren des eigenen Artikels zu solchen Problemen führen kann? Es gibt dafür einen grauen und einen schwarzen Weg:

Der schwarze Weg nutzt die Anonymität von Wikipedia aus, indem ein Unternehmen oder eine Organisation die eigenen Artikel ohne Konto oder mit einem Benutzerkonto durchführt, das nicht offensichtlich mit dem Unternehmen verbunden ist. Denn schließlich kann auch ein Unternehmen ein Konto anlegen, das keinerlei Rückschlüsse auf die Firma zulässt, und damit – scheinbar als neutraler

Wikipedianer und nicht als Vertreter des Unternehmens – den eigenen Artikel bearbeiten. Technisch ist dies kaum zu verhindern oder nachzuweisen.

Doch auch wenn eine technische Rückverfolgung schwierig ist, so verraten sich viele dieser Konten von allein: Es ist einfach sehr schwer für Mitarbeiter, in einer enzyklopädischen Art über das eigene Unternehmen oder die eigenen Themen zu schreiben. Man muss dem Mitarbeiter des Springer-Verlags gar nicht unterstellen, dass er bewusst Werbung in Wikipedia einbringen wollte. Die Ziele von professioneller Unternehmenskommunikation und die von Enzyklopädisten sind grundsätzlich unterschiedlich und zumeist nicht kompatibel.

Unternehmen, die so vorgehen, gehen ein großes Risiko ein: zum einen, weil sie im Falle einer Entdeckung mit einem Internet-Shitstorm rechnen können, der natürlich nicht im Interesse des Unternehmens und seines Rufes ist. Mitarbeiter von Unternehmen, die ohne Hinweis auf ihren Arbeitgeber für diesen tätig werden, verstoßen aber auch gegen die Nutzungsbedingungen von Wikipedia, wie sie von der Wikimedia-Stiftung aufgestellt wurden. 2014 verschärfte die Stiftung diese Bedingungen, die jeder mit der Speicherung einer Änderung automatisch akzeptiert. Seitdem müssen alle, die nicht ehrenamtlich in Wikipedia tätig sind, sondern dies gegen Geld für einen Auftraggeber (etwa den eigenen Arbeitgeber) tun, dies klar und deutlich offenlegen. Mindestens auf der eigenen Benutzerseite muss es vermerkt sein, klüger ist es jedoch, dies auch gleich im Benutzernamen deutlich zu machen.

Neben dieser verdeckten Vorgehensweise gibt es auch noch den »grauen« Weg: die Einschaltung einer professionellen Kommunikationsagentur, die den Spagat zwischen Werbung und Enzyklopädie beherrscht und zugleich die Nutzungsbedingungen einhält.[25] Doch das ist ein schmaler Grat.

Einer, der auf diesem Grat balanciert, ist der Wikipedianer »Atomiccocktail«. Mehr als 40 000 Mal hat er Artikel bearbeitet, zumeist zu zeitgeschichtlichen oder politischen Themen.[26] Zudem wurden 22 Artikel, die er angelegt oder zumindest wesentlich ausgebaut hat, von der Wikipedia-Community als »exzellent« ausgezeichnet. Dies ist die höchste Qualitätsauszeichnung in Wikipedia. Und es ist eine hochkarätige Leistung, einen Artikel auf diesem Niveau zu verfassen.

Atomiccocktail schreibt aber nicht nur exzellente Artikel, als Unternehmensberater betreibt er Kommunikationsarbeit für Unternehmen – und Wikipedia wird in diesem Zusammenhang immer wichtiger. Seit mehr als 15 Jahren führt er in Hamburg eine Agentur, die laut eigener Aussage partnerschaftliche Kommunikationsstrategien für ihre Kunden entwickelt. Seit mindestens 2014 editiert die Agentur unter ihrem Namen auch in Wikipedia, und zwar im Auftrag und bezahlt von ihren Kunden. Die Firma achtet darauf, die seit 2014 geltenden Grundsätze für bezahltes Schreiben, die die Wikimedia-Stiftung in Abstimmung mit der Community aufgestellt hat, einzuhalten. So legt er etwa alle Kunden seiner Agentur offen, für die er Wikipedia-Artikel erstellt oder bearbeitet hat.

Das Portfolio der Agentur ist durchaus typisch für bezahltes Schreiben in Wikipedia: Es gibt Artikelanlagen – wenn also ein Kunde gerne in Wikipedia vertreten sein möchte, aber bisher noch keinen Artikel hat. Wenn jedoch nicht nachvollziehbar ist, warum ein Unternehmen in Wikipedia stehen sollte, gelingt dies auch einer Agentur in der Regel nicht. Aber erfahrene Wikipedia-Autoren kennen die Kriterien natürlich gut genug, um einen Artikel von Beginn an so zu strukturieren und zu belegen, dass er geringere Gefahr läuft, gelöscht zu werden. Gleiches gilt für Erweiterungen oder Kürzungen von bereits bestehenden Artikeln, auch wenn damit das enzyklopädische Prinzip von Wikipedia und das grundsätzlich auf eine positive Darstellung des eigenen Kunden gerichtete Verhalten einer Agentur deutlich aufeinanderprallen können.

Doch die Arbeit solcher Agenturen beschränkt sich meist nicht auf die Anlage neuer und die Pflege bestehender Wikipedia-Artikel. Kunden zahlen auch dafür, dass bestimmte Themen in Wikipedia überhaupt vorkommen. Für ein besonders anschauliches Beispiel hat die Firma Vorwerk die Agentur bezahlt: Vorwerk stellt seit 2018 ein Gerät her, mit dem man Tee so zubereiten kann, wie wir es bisher für Kaffee gewöhnt sind. Die Kaffeemaschine kennt jeder – aber was ist mit der Teemaschine? Wenn man eine recht kostspielige Maschine herstellt, die den eigentlich recht simplen Vorgang des Teekochens dem Menschen abnimmt, muss man dafür erst einmal den Bedarf schaffen. Wikipedia scheint für die Firma Vorwerk da ein wertvoller Boden gewesen zu sein, anders lässt sich die Beauftragung einer Agentur nicht erklären. Es gibt zwar bereits seit 2006 einen Artikel über die »Teemaschine« in Wikipedia, aber bis zum Eingreifen des angeheuerten Dienstleisters war dieser die dürre Beschreibung eines einfachen Vorgangs in wenigen Sätzen.

Als die Agentur mit dem Artikel zur »Teemaschine« fertig war, umfasste er nicht nur 6 Buchseiten, er hatte auch Unterabschnitte zur Geschichte, zu einzelnen Untertypen (»Systeme mit Siebeinsatz«, »Kapselsysteme«, »Heißwasserspender«, und einige mehr), verfügte über Bilder, Einzelnachweise und sogar über einen eigenen Abschnitt über Kuriosa zu Teemaschinen: »Das Musikvideo zum Song ›I Want to Break Free‹ der britischen Rockband Queen zeigt gleich zu Beginn eine Teasmade-Teemaschine.«[27]

Es geht hierbei nicht um plumpes Product Placement (die Teemaschine des Auftraggebers kommt in wenigen Sätzen und eher am Rande im Artikel vor). Stattdessen wird die Reichweite von Wikipedia genutzt, um einem eher randständigen Thema Bedeutung zu verschaffen. Man könnte auch von einer Art »Landschaftspflege« sprechen: eine Produktkategorie wird ausgebaut, wodurch ihr eine gewisse Bedeutung zugeschrieben wird (»steht schließlich in Wikipedia«), die sie zuvor wahrscheinlich noch nicht hatte. Darum dürfte es den Auftraggeber Vorwerk auch nicht wirklich gestört haben, dass der kurze Hinweis auf das nagelneue Produkt des Unternehmens bereits zwei Tage später von einem Community-Mitglied wieder aus dem Artikel gelöscht wurde.

Dies zeigt gut die Gefahren und die Grenzen bezahlten Schreibens in Wikipedia: Geht man als Agentur transparent vor, achtet die Community sehr genau auf jeden Edit. Artikel wie zur Teemaschine werden wikifiziert, der ursprüngliche Auftraggeber wieder entfernt, Werbliches gelöscht und der Ton des Artikels ins Enzyklopädische gewendet. Zugleich ist ein Artikel wie die Teemaschine eben eine

Auftragsarbeit: Vermutlich hätte der Wikipedianer niemals diesen Artikel geschrieben, wenn nicht ein Unternehmen sein neuestes Produkt zur Zubereitung von Tee hätte promoten wollen. Doch wer heute in Wikipedia nach Teeautomaten sucht, der findet deutlich mehr und bessere Informationen als vorher.

Vor dem Gesetz sind alle gleich – doch welches Gesetz gilt?

Mutwillige Einfügungen, Zahlendreher, bezahltes Schreiben – es gibt eine breite Palette von Fehlern, Fakes und Fantasien in Wikipedia. Manchmal gibt es sie nur, weil es Wikipedia gibt, manchmal bildet Wikipedia nur ab, was auch in anderen Enzyklopädien dargestellt wird. Solche Geschichten haben einen gewissen Unterhaltungswert, und sie zeigen uns zugleich, dass auch Wikipedia nicht gefeit ist vor Lügen und Fälschungen. Doch wie ist es, wenn man selbst im Mittelpunkt einer solchen Fälschung steht und machtlos ist?

Das Folgende hat sich tatsächlich so abgespielt, die Beteiligten sind aber anonymisiert, um ihre Persönlichkeitsrechte zu schützen. Denn sie haben schon genug durch Wikipedia gelitten.

Der Physiker Josias Bartlet, Professor in der damaligen DDR, ist national und international geschätzt. Er ist auch jemand, der sich politisch einmischt. Er wird gern eingeladen zu Vorträgen, sowohl von seinen Peers in der Physik als auch zu anderen Themen – ein guter Redner, der etwas zu sagen hat. Die Wende 1989 verändert einiges für Bartlet, beruflich wie privat, aber sie wirft ihn nicht aus der Bahn, auch in der neuen Bundesrepublik arbeitet er weiterhin als Professor, ist immer noch anerkannt und wird immer noch oft eingeladen.

Bis zu einem Tag im November 2011, als ein Wikipedianer einen kurzen Satz in den Artikel über den Physiker einfügt. An den Eingangssatz des Biografie-Artikels – »Josias Bartlet (*24.11.1936) ist ein deutscher Physiker und Wissenschaftsfunktionär« hängte jemand anonym an: »und ehemaliger inoffizieller Mitarbeiter der DDR-Staatssicherheit«. Belegt wurde die Ergänzung mit einer Doktorarbeit, die sieben Jahre vorher erschienen war, keine große Resonanz gefunden hatte und in der diese IM-Tätigkeit ohne weitere Erläuterung oder Belege in einer einzigen Fußnote behauptet wurde.

Eine enorm gefährliche Situation für einen Menschen, der mitten im Leben steht: Zunächst erkundigten sich Freunde bei dem Physiker, was an der Geschichte dran sei. Dann wurden die Einladungen zu Podien oder Vorträgen weniger, denn wer wollte schon einen Stasi-Spitzel einladen? Und zahlreiche Versuche, diese Behauptung aus dem Artikel zu nehmen, scheiterten daran, dass es einen Beleg in Form der Fußnote gab. Es kostete den Physiker sehr viel Zeit und Überzeugungsarbeit, um seinen Namen (und seinen Wikipedia-Artikel) wieder reinzuwaschen. Erst indem sein Arbeitgeber eine aufwendige Prüfung der Stasi-Akten veranlasste und das Ergebnis veröffentlichte, konnte die Fehlinformation aus Wikipedia gelöscht werden. Der ganze Prozess dauerte jedoch mehrere Jahre, und in dieser Zeit richtete die Verleumdung schweren Schaden an.

Natürlich strebt Wikipedia stets danach, alle Informationen richtig darzustellen. Aber in keinem Bereich ist dies so wichtig wie bei Artikeln, die sich mit lebenden Menschen beschäftigen. Mit einigen wenigen Edits kann der Ruf eines Menschen nachhaltig beschädigt werden. Die enorme direkte und indirekte Reichweite von Wikipedia beschleunigt jedes Gerücht, jede Behauptung, jedes Detail ungemein. Wie wichtig dieses Thema für Wikipedia ist, wird nicht zuletzt durch eine Resolution der Wikimedia-Stiftung deutlich, die im Jahr 2009 forderte, dass jede Wikipedia-Sprachversion zu diesem Thema eigene Richtlinien aufstellt, die Denunziation oder Fehlinformationen erschweren. In der deutschen Wikipedia wurden in dieser Richtlinie weitgehende Maßnahmen zum Schutz der Persönlichkeitsrechte ausgearbeitet. Und es gibt heute zahlreiche Wikipedianer, die besonders solche Biografie-Artikel daraufhin überprüfen, ob die Richtlinien eingehalten werden.

Die Geschichte ist für Josias Bartlet gut ausgegangen, weil er sich auf das System Wikipedia eingelassen und sein Arbeitgeber ihn unterstützt hat. Doch wie geht man vor, wenn etwas über einen in Wikipedia steht, was man da nicht sehen möchte? Es macht einen Unterschied, ob etwas irgendwo in einer Fußnote vergraben ist – oder ob es auf einer der populärsten Webseiten der Welt steht. Wikipedia bietet zahlreiche Möglichkeiten, solche Fälle zu lösen. Doch was ist, wenn man als Betroffener nicht einverstanden ist mit der Lösung? Wenn man sogar davon überzeugt ist, dass etwas, was in Wikipedia steht, gegen deutsches Recht verstößt?

Und welches Recht gilt eigentlich? Das ist tatsächlich relativ einfach zu beantworten: Wikipedia wird zwar von der in San Francisco ansässigen Wikimedia Foundation betrieben, die Server stehen ebenfalls in den USA. Doch wenn ein Internetangebot in Deutschland abrufbar ist, dann gilt deutsches Recht.

Wie aber kann ein Rechtsanspruch durchgesetzt werden? Zunächst ist natürlich jeder Wikipedia-Autor selbst verantwortlich für das, was er schreibt. Dank der Versionsgeschichte kann für jede Änderung nachvollzogen werden, wann und durch wen diese Ergänzung erfolgte. Allerdings hilft das nicht immer weiter: Wenn ohne Wikipedia-Konto geschrieben wurde, ist nur die IP-Adresse des Anschlusses erkennbar, über den die Änderung geschah. Diese Adressen sind jedoch dynamisch, das bedeutet, sie wechseln, und nach einigen Tagen ist es technisch nicht mehr möglich, den Anschlussinhaber zu ermitteln und zur Rechenschaft zu ziehen. Benutzte der Autor ein Wikipedia-Konto, so ist dieses verknüpft mit jeder Änderung. Doch die meisten Wikipedianer schreiben unter Pseudonym und nur wenige geben ihren echten Namen bekannt.

Ist es nicht möglich, den Autor oder die Autorin in Haftung zu nehmen für ihre Äußerungen, muss man sich an die hinter Wikipedia stehenden Organisationen wenden. In den Jahren 2008 bis 2010 erreichten zahlreiche Anwaltsschreiben den Verein Wikimedia Deutschland mit Sitz in Berlin. Auch vor Gericht musste sich Wikimedia mehrmals verantworten, bis gerichtlich endgültig geklärt war, dass der Verein, der ja nicht Betreiber von Wikipedia ist, nicht für die Inhalte haftet. Zudem hat Wikimedia Deutschland keine Möglichkeit, Änderungen in Wikipedia vorzunehmen beziehungsweise die Nutzerdaten zu erheben und weiterzugeben. Rechtlich hat Wikimedia die Stellung eines Fördervereins – man unterstützt die Arbeit der Freiwilligen, ist aber nicht für deren Handeln verantwortlich oder haftbar.

Der Fall, der unter anderem zu dieser Entscheidung führte, war vom Komiker Atze Schröder ins Rollen gebracht worden. Der Mensch hinter der Kunstfigur legt großen Wert auf seine Privatsphäre und tritt niemals außerhalb der Rolle des Atze Schröder auf. Darum war er nicht damit einverstanden, dass sein bürgerlicher Name in seinem deutschen Wikipedia-Artikel stand, und verklagte Wikimedia Deutschland. Diese ist als Förderverein nicht für die Inhalte der Enzyklopädie verantwortlich und daher eigentlich der falsche Ansprechpartner. Dennoch erließ das Amtsgericht eine einstweilige Verfügung und sperrte damit kurzfristig die – dem Verein gehörende, aber nicht mit der Enzyklopädie identische – Webseite www.wikipedia.de. Dies führte zu großer Medienaufmerksamkeit und einem bis dahin nicht gekannten Spendenrekord sowie großer Solidarität für den Verein.

In zahlreichen Folgeurteilen wurde festgestellt, dass nur die Wikimedia Foundation als Betreiberin der Webseite inhaltlich verantwortlich ist. Doch deren Sitz in den USA macht die Durchsetzbarkeit eines Urteils kompliziert. Dies gilt umso mehr, da in den USA, anders als in Deutschland, der Betreiber eines Angebots dank des sogenannten Providerprivilegs nicht gezwungen werden kann, unrichtige Beiträge seiner Benutzer von der Seite zu löschen. Selbst dann nicht, wenn der Betreiber weiß, dass eine Äußerung nicht wahr ist – das ist in Deutschland zum Glück anders.

Die Stiftung erhält zahlreiche Aufforderungen, Inhalte zu löschen oder zu verändern: Im zweiten Halbjahr 2019 waren es 281, 28 von ihnen stammten aus Deutschland[28]. Nachgekommen ist die Foundation keiner einzigen dieser Aufforderungen. Das macht deutlich, wie schwer es ist, gegen die kalifornische Stiftung Ansprüche durchzusetzen.

Dennoch gilt in der deutschen Wikipedia deutsches Recht – darauf hat sich die Community seit Langem verständigt, und dies entspricht natürlich auch der Rechtslage. Auch die übrigen Sprachversionen von Wikipedia richten sich nach ihren jeweiligen Rechtskulturen. Aber auch das kann problematisch werden: Gilt in der deutschen Wikipedia deutsches, Schweizer oder österreichisches Recht?

Die unterschiedlichen Rechtslagen finden sich übrigens auch immer wieder in den einzelnen Artikeln wieder: In Deutschland gibt es zum Beispiel ein stark ausgeprägtes Gebot, die Resozialisierung von Straftätern nicht zu behindern, so dass sie auch Jahre nach der Tat möglichst nicht namentlich in den Medien auftauchen. In den USA hingegen herrscht die Auffassung vor, dass die Öffentlichkeit ein Recht hat, zu wissen, wer einmal ein Verbrechen begangen hat. So ist es nur folgerichtig, dass sich im deutschen Wikipedia-Artikel zum ermordeten Modeschöpfer Rudolf Moshammer der Name des verurteilten Täters nicht findet, im englischen Artikel hingegen schon.[29] Auch bei der Kunstfigur Atze Schröder findet sich der bürgerliche Name nicht im deutschen, wohl aber im englischen Artikel. Dies ist ein lebendiger Ausdruck für unterschiedliche Rechtskulturen und -auslegungen.

Auch wenn die Rechtslage und die Durchsetzung in der internationalen Gemengelage eines globalen Projekts bisweilen schwierig ist, hindert es deutsche Gerichte nicht, selbst Wikipedia ausführlich zu nutzen und auch in Urteilen immer wieder auf Artikel aus der Enzyklopädie Bezug zu nehmen. Das erste Mal tauchte Wikipedia in einem Urteil des Verwaltungsgerichts Göttingen am 30. Januar 2004 auf, aber auch der Bundesgerichtshof zitierte bereits dreimal aus der Enzyklopädie. Insgesamt wird Wikipedia in mehr als 600 Urteilen deutscher, österreichischer und Schweizer Gerichte erwähnt. Woher ich das weiß? Weil es natürlich eine Liste dafür in Wikipedia gibt.[30]

9

Das globale Wikiversum

Englisch, Deutsch, Katalanisch, Japanisch, Französisch, Chinesisch, Niederländisch, Esperanto, Hebräisch, Italienisch, Portugiesisch, Russisch, Spanisch und Schwedisch – innerhalb weniger Monate nach Start der ersten Wikipedia gab es für eine Reihe der großen (und auch für einige kleinere) Sprachen eigene Wikipedia-Ausgaben. Heute (Stand: Mai 2020) gibt es Ausgaben in 310 Sprachen, und jedes dieser Projekte erstellt eigene Inhalte. Reine Übersetzungen von einer Sprache in eine andere sind eher selten, und wenn, dann dienen diese Übersetzungen lediglich als Ausgangspunkt für die weitere Bearbeitung. Die Unterschiede zwischen den »großen« Sprachversionen sind gewaltig: Die zehn aktivsten Wikipedias haben jeweils mehr als eine Million Artikel, aber nur rund 100 000 davon kommen in allen zehn Ausgaben vor. Auch zwischen der englischen (6 Millionen Artikel) und der deutschen Wikipedia (2,4 Millionen Artikel) gibt es nur 1,2 Millionen Artikel zu jeweils dem gleichen Thema. Mit anderen Worten: Die Hälfte der deutschen Wikipedia-Artikel hat kein Pendant in der englischen Ausgabe.[1]

Doch die Unterschiede sind nicht nur quantitativ, sondern auch inhaltlich. So lassen sich im direkten Vergleich spannende kulturelle Unterschiede in Wikipedia herausarbeiten. Nimmt man etwa den deutschen Artikel zur Abtreibung und vergleicht diesen mit seinem englischen Pendant »Abortion«, so wird schnell deutlich, wie unterschiedlich dieses Thema im deutschen und im amerikanischen Umfeld diskutiert wird. Beide Artikel behandeln das Thema ausführlich, und es gibt zu zahlreichen Unterthemen weitere Seiten. Und beide Artikel sind neutral gehalten und auf einem generell hohen Wikipedia-Niveau erarbeitet. Auch historische Unterschiede werden thematisiert, etwa die zentrale Rolle, die die Auseinandersetzung über den Paragrafen 2018 in der deutschen Frauenbewegung hatte, oder die stark religiös geprägte Debatte zwischen *pro choice* und *pro life*-Aktivisten in den USA. So weit, so Wikipedia-typisch.

Doch wo es wirklich spannend wird, ist beim Blick unter die Motorhaube der beiden Artikel: Seit der Artikel in der deutschen Wikipedia im Februar 2003 angelegt wurde, finden sich rund 400 Beiträge auf der Diskussionsseite des Artikels, wobei knapp 90 Prozent davon vor 2013 geschrieben wurden. Seit Januar 2019 gab es gerade einmal 9 Diskussionsthemen. Ganz anders in der englischen Wikipedia: Dort gibt es mit 1066 Diskussionsthemen nicht nur dreimal so viele Einträge – allein seit Anfang 2019 wurden 39 einzelne Themen des Artikels diskutiert.

Hier zeigt sich ein tiefer sozialer und kultureller Unterschied zwischen dem angelsächsischen und dem deutschen Sprachraum: Während bei uns die Zeit der großen Debatten über das Für und Wider von Abtreibungen spätestens seit der Wiedervereinigung so gut wie abgeschlossen ist und Schwangerschaftsabbrüche in der öffentlichen Diskussion kaum noch vorkommen, ist dies in den USA völlig anders. Dort ist das Thema »Abortion« immer noch hoch umstritten, es bestimmt weite Teile des politischen und kulturellen Diskurses, und Vertreter von *pro life* und *pro choice* stehen sich geradezu unversöhnlich gegenüber.

Ein zweites, sehr anschauliches Beispiel für die kulturelle Bedingtheit eines Enzyklopädie-Artikels ist die weltbekannte Zeichentrickserie *Die Simpsons*. Natürlich gibt es hierzu in der englischen und in der deutschen Wikipedia-Sprachversion entsprechende Artikel. Der deutsche beschäftigt sich vornehmlich mit der Entstehungsgeschichte, den Produktionsbedingungen, den Hintergründen, ein wenig auch mit kulturellen Referenzen und Wirkungen. Ein eigener Artikel listet alle 684 gesendeten Folgen auf, jeweils mit Titel, Tag der Erstausstrahlung in den USA und in Deutschland.[2] Zusätzlich hat die deutsche Wikipedia noch zu jeder der 31 Staffeln einen eigenen Artikel, in dem der Inhalt jeder Folge in ein bis zwei Sätzen zusammengefasst wird.[3] Insgesamt verzeichnet die Wikipedia-Kategorie 167 Artikel (Stand: Mai 2020)[4] aus dem Umfeld der gelben Familie in Springfield. Man erhält einen guten Überblick über die Inhalte, die Charaktere, die kulturelle Bedeutung dieses Dauerbrenners der amerikanischen TV-Kultur.

Doch die englische Wikipedia geht weit darüber hinaus: Dort gibt es zu jeder einzelnen der (bisher) 684 Folgen der Simpsons einen eigenen Artikel. Darin wird jeweils die Handlung geschildert, die kulturelle Wirkung aufgezeigt, popkulturelle Referenzen werden erläutert und weiterführende Literatur genannt. Darüber hinaus gibt es ein eigenes Wikipedia-Portal über die TV-Serie[5] und insgesamt 957 einzelne Artikel.

Dass die deutsche Wikipedia nicht annähernd so detaillierte Informationen gibt, liegt nicht daran, dass es in Deutschland nicht genügend Interesse an Bart und Lisa Simpson gäbe. Tatsächlich kommt hier zum einen ein unterschiedliches Verständnis von enzyklopädischer Relevanz zum Ausdruck. Und zweitens haben TV-Serien auch tatsächlich eine andere kulturelle Bedeutung und Wirkung in den USA als in Deutschland. Nicht ein verkniffener Bildungsbegriff hindert die deutsche Wikipedia, sich umfangreicher mit solchen popkulturellen Phänomenen zu beschäftigen, sondern als Gesellschaft geben wir diesen Phänomenen weniger Raum. Und also finden sie auch weniger Raum in unserer Wikipedia.

Dies sind nur zwei Beispiele für den kulturellen Vergleich über zwei Sprachversionen hinweg. Wie viel erkenntnisreicher noch wäre es, zu betrachten, wie ein und dasselbe Thema in allen unterschiedlichen Wikipedia-Sprachen repräsentiert ist? Ein guter Anfang ist es, sich mit Freunden oder Kollegen auszutauschen, die eine Fremdsprache gut beherrschen, und diese zu bitten, einen Wikipedia-Artikel zusammenzufassen. Wie stellt die türkische Wikipedia den

Döner dar, im Vergleich zur deutschen Ausgabe? Wie wird Angela Merkel in der arabischen Wikipedia dargestellt? Welche Schwerpunkte setzt die spanische Wikipedia im Artikel über die Beatles? Hier tut sich ein enormes Potenzial nicht nur für seriöse Forschung auf, sondern auch für amüsante und etwas nerdige Partyunterhaltungen.

Kombinierte man dies noch mit der Zeitachse, d.h. mit der Veränderung der Artikel im Laufe der Jahre (wie er ja über die Versionsgeschichte eines jeden Artikels nachvollziehbar ist), dann wird deutlich, welches Potenzial für die Forschung in Wikipedia steckt. Wikipedia ist tatsächlich das kulturelle Gedächtnis der Welt.

Doch kehren wir zurück zu den großen Sprachversionen von Wikipedia: Vergleicht man die in der Welt am häufigsten gesprochenen Sprachen mit der Anzahl der Wikipedia-Artikel in diesen Sprachen, so zeigt sich Erstaunliches (Tabelle 2).

Wikipedia-Rang	**Sprache**	**Artikel**	**Aktive Wikipedianer**	**Sprachen-Rang**
1	Englisch	6093000	144973	3
2	Cebuano	5378000	177	55
3	Schwedisch	3730000	2602	91
4	Deutsch	2441000	19947	13
5	Französisch	2224000	21859	17
6	Niederländisch	2014000	4528	56
7	Russisch	1632000	13039	8
8	Italienisch	1612000	9961	23
9	Spanisch	1603000	20230	2
10	Polnisch	1413000	5252	30
13	Japanisch	1210000	15990	10
14	Mandarin-Chinesisch	1123000	9026	1
15	Arabisch	1047000	7519	5

Wikipedia-Rang	Sprache	Artikel	Aktive Wikipedianer	Sprachen-Rang
16	Portugiesisch	1 034 000	6 686	7
55	Hindi	139 000	1 898	4
70	Bengalisch	89 000	1 310	6
92	Panjabi	53 000	42	9

Tab. 2 Liste der größten Wikipedia-Ausgaben relativ zur globalen Verbreitung der jeweiligen Sprache.

Quelle: »List of Wikipedias«, Wikimedia Meta-Wiki (https://meta.wikimedia.org/wiki/List_of_Wikipedias), sowie »Liste der meistgesprochenen Sprachen«,Wikipedia (https://de.wikipedia.org/wiki/Liste_der_meistgesprochenen_Sprachen)

Auf Platz 2 der größten Wikipedias steht mit mehr als fünf Millionen Artikeln die Ausgabe in Cebuano, einer Sprache, die auf den Philippinen gesprochen wird und weltweit gerade einmal auf Platz 55 der am häufigsten gesprochenen Sprachen steht. Auch die Anzahl der aktiven Wikipedianer verblüfft: Wie können so wenige Menschen so viele Artikel schreiben?

Die Antwort ist: Die Cebuano-Wikipedia – ebenso wie ein Großteil der schwedischen Ausgabe und einer anderen auf den Philippinen gesprochen Sprache, Waray-Waray – ist das Produkt eines einzelnen Mannes: Lars Sverker Johansson. Johansson, ein Physiker und Linguist aus Südschweden, nutzt einen von ihm geschriebenen Bot, um diese drei Wikipedia-Ausgaben mit Artikeln geradezu zu fluten. Bots sind kleine Computerprogramme, die weitgehend automatisiert sich wiederholende Aufgaben abarbeiten, ohne dabei auf eine Interaktion mit einem menschlichen Benutzer angewiesen zu sein.[6] Johanssons Bot »Lsjbot« nutzt öffentlich zugängliche Datenbanken zu Lebewesen und zu philippinischen Städten, Dörfern und Gemeinden und erstellt daraus kurze Wikipedia-Artikel. Lsjbot liest dafür massenhaft Informationen aus diesen Datenbanken aus, bringt sie in eine strukturierte Form, indem er Füllworte und Überschriften hinzufügt, und publiziert die Ergebnisse als Wikipedia-Artikel. An guten Tagen, so Johansson, erstellt sein Bot auf diese Weise rund 10 000 Wikipedia-Artikel.[7]

Dem Schweden Johansson geht es nicht um Ruhm und Ehre, er will nicht als der Benutzer in die Wikipedia-Annalen eingehen, der die meisten Artikel erstellt hat. Er nimmt, aus seiner Sicht, die Mission von Wikipedia ernst, alles Wissen der Menschheit allen Menschen frei zur Verfügung zu stellen. Sein Lsjbot sorgt dafür, dass schwedische Leser Informationen zu philippinischen Dörfern erhalten, die sie sonst nicht finden könnten. Und dass die 18 Millionen Menschen, die Cebuano und Waray-Waray – die Muttersprache von Johanssons Frau – sprechen, Zugang zu über fünf Millionen Artikeln haben. Ohne Lsjbot wäre die Cebuano-Wikipedia heute noch ein winziges Projekt von 177 aktiven Wikipedianern

Unter Wikipedianern ist dieses Vorgehen umstritten. In der deutschen Wikipedia dürfen Bots gar keine Artikel anlegen, und auch in der schwedischen Wikipedia hat Johanssons Bot seit rund fünf Jahren keine Artikel mehr begonnen.[8] Zwar kann man mithilfe eines Bots in kurzer Zeit und ohne viel Aufwand und Autoren jede Menge Inhalt generieren. Dies kann tatsächlich für Leser eine Hilfe sein – aber Wikipedia ist ja nicht nur eine Enzyklopädie, die möglichst viele Informationen bereithält. Wikipedia ist ein Projekt zum Erstellen einer Enzyklopädie. Dafür bedarf es Menschen, die mitmachen, die sich engagieren, die Inhalte erstellen, die aber auch an den Prozessen und Regularien mitarbeiten, die sich jede Wikipedia selbst geben muss. Warum sollte man mitarbeiten an einem Projekt, in dem man als einzelner Autor untergeht in einem Strom aus computergeneriertem Content?

Warum ist die chinesische Wikipedia nur auf Platz 14?

China ist das Land mit der weltweit größten Bevölkerung. Rund 918 Millionen Menschen sprechen Mandarin-Chinesisch, und doch liegt die chinesische Wikipedia mit 1,1 Millionen Artikeln und 9 000 aktiven Autoren nur auf Platz 14 der größten Ausgaben. Damit ist sie eher ein Zwerg im Wikipedia-Universum. Wie kommt das?

Vermutlich würden viele Chinesen gerne in Wikipedia mitarbeiten, sie können es nur leider nicht. Zudem gibt es wahrscheinlich ganze Generationen von Internet-Nutzern in China, die von Wikipedia noch nicht einmal gehört haben. Das »Projekt Goldener Schild«, auch die »Große Chinesische Firewall« genannt, ist dafür verantwortlich, dass die Bürger Chinas keinen Zugang zu Wikipedia haben. Es geht dabei um Zensurbestimmungen: Könnte jeder über das Tian'anmen-Massaker,[9] die Unabhängigkeit Taiwans oder Falun Gong schreiben, und das auch noch anonym, hätten Zensoren keine Handhabe mehr.

Es gibt allerdings mit Baidu Baike eine andere Online-Enzyklopädie in China, die aber nicht zu Wikipedia gehört. Gestartet wurde sie 2006 von Baidu, der größten Suchmaschine Chinas. Ähnlich wie bei Wikipedia werden die Beiträge von Ehrenamtlichen erstellt, müssen aber von Administratoren freigeschaltet werden. Es ist nicht möglich, anonym oder pseudonym beizutragen, man muss ein Konto anlegen, bevor man schreiben kann, und man muss seinen echten Namen angeben. Das verhindert jedoch nicht den Erfolg von Baidu Baike: Bis Ende 2019 wurde dort mehr als 19 Millionen Artikel geschrieben, 18 Millionen mehr als zum gleichen Zeitpunkt in der chinesischen Wikipedia. Dazu hat sicher beigetragen, dass man mit jedem Edit in Baidu Baike sogenannte »Reichtumspunkte« sammelt, die auf der Shopping-Seite von Baidu als Zahlungsmittel eingesetzt werden können.

Damit verfolgt China auch bei der Online-Enzyklopädie die Strategie, nicht auf ausländische Lösungen zu setzen, sondern eigene Firmen und Lösungen zu promoten. Statt bei Amazon kauft man in China bei Alibaba, statt bei Google sucht man über Baidu, man vernetzt sich nicht über Facebook, sondern über WeChat, und statt Twitter nutzen Chinesen Sina Weibo. Damit verschafft sich China eine wirtschaftliche und kulturelle Unabhängigkeit von den zumeist US-amerikanischen Firmen, die auch bei uns das Netz dominieren. Zugleich unterliegen alle diese chinesischen Firmen der Kontrolle der chinesischen Regierung. Die in China allgegenwärtige Zensur kann somit auch nahtlos auf das Netz ausgedehnt werden.

Genau das passiert natürlich in der chinesischen Online-Enzyklopädie: Artikel zu Themen, über die die Machthaber in China lieber nicht sprechen möchten, finden sich dort schlicht nicht. Über viele Jahre blockierte die chinesische Zensur »nur« einzelne Artikel in der chinesischen Wikipedia, etwa über den Künstler Ai Weiwei, die Falun-Gong-Bewegung oder eben das Massaker auf dem Tian'anmen. Doch seit April 2019 ist Wikipedia in allen Sprachen in China gar nicht mehr zugänglich – weder für Leser noch für Autoren.

Und das zu einem Zeitpunkt, zu dem sich die Wiki-Idee mehr und mehr verbreitet.

10

Die Weiterentwicklung der Wikipedia-Idee

Die Idee hinter Wikipedia funktioniert natürlich nicht nur für eine Enzyklopädie. Darum ist es nicht verwunderlich, dass es verschiedene Projekte gibt, die im Kielwasser von Wikipedia entstanden sind. Bereits wenige Monate nach dem Start von Wikipedia kam die Idee auf, ein Wörterbuch nach den gleichen Prinzipien wie Wikipedia zu erstellen. Larry Sanger schlug dies am 17. April 2001 vor, und Jimmy Wales unterstützte die Idee umgehend. Zwar gab es Einwände und Bedenken von Wikipedianern, doch am Ende setzte sich der Ansatz durch: *Wiktionary* wurde im Dezember 2002 auf Englisch und im Mai 2004 auch auf Deutsch gestartet. Das Ziel von Wiktionary ist es, ein frei zugängliches, vollständiges und mehrsprachiges Wörterbuch und zugleich einen Thesaurus in jeder Sprache zu erstellen. Dieses Projekt hat nicht einmal ansatzweise die Bedeutung von Wikipedia erreicht, aber offensichtlich gibt es Sprachen, in denen es dafür einen Bedarf gibt: Die englische Ausgabe mit rund 6,3 Millionen Einträgen ist zwar die größte, aber auf Platz zwei steht bereits die Ausgabe in Malagasy (mit 6 Millionen Stichwörtern), einer der beiden Amtssprachen auf Madagaskar. Dies liegt weniger daran, dass es dort eine große und aktive Community gäbe, sondern an automatisierten Importen durch Skripte und Bots, ähnlich wie bei der Wikipedia in Cebuano.

Das Wiktionary läutete einen wahren Gründerboom neuer Wiki-Projekte ein: Es folgte *Wikiquote*, eine Sammlung von Zitaten, *Wiki-*

books (ein Wiki zur Erstellung von Lehr-, Sach- und Fachbüchern), *Wikisource*, eine Sammlung von Originalquellen, und *Wikispecies*, ein Verzeichnis aller Arten von Lebewesen mit Angaben zu allen Lebensformen (inklusive Viren).

Ein echter Meilenstein ist die Gründung von *Wikimedia Commons* am 7. September 2004; das ist eine Sammlung freier Medien, also Bilder, Videos, Grafiken und Audiodateien. Die Idee für ein solches Medienarchiv stammt von Erik Möller, der seit 2001 in Wikipedia schreibt, also von Anfang an. Der Software-Entwickler, der an der Hochschule für Wirtschaft und Technik in Berlin studierte und zunächst als Journalist arbeitete, wurde 2006 in das Kuratorium der Wikimedia Foundation gewählt. Von 2008 bis 2015 arbeitete Möller als stellvertretender Geschäftsführer hauptberuflich für die Wikimedia-Stiftung in San Francisco.

2004 wurde immer deutlicher, dass eine Enzyklopädie wie Wikipedia nicht nur aus Texten bestehen konnte, sondern auch Illustrationen, Grafiken, Videos und Audiodateien benötigte. Es war ein kluger Schachzug, diese Dateien nicht in Wikipedia selbst zu speichern, sondern in Wikimedia Commons als eigenem Projekt. Aus diesem bedienen sich auch heute noch die meisten Wikipedia-Ausgaben. Aber zugleich stehen die mehr als 61 Millionen Dateien (Stand: Mai 2020) auch außerhalb von Wikipedia und den anderen Wikimedia-Projekten zur Verfügung. Wikimedia Commons ist eines der größten Medienarchive der Welt, und alle Inhalte können, ebenso wie die Inhalte aller anderen Wikimedia-Projekte, von jedem unter Einhaltung der Lizenz kostenlos verwendet und weiterverarbeitet werden.

Doch damit war die Gründerwelle neuer Wiki-Projekte noch nicht vorbei: Mit *Wikinews* startete Ende 2004 der Versuch, nach dem Wikipedia-Prinzip eine freie und neutrale Nachrichtenquelle als Ergänzung für Zeitungen und Zeitschriften zu schaffen. Im Jahr 2006 folgte mit *Wikiversity* eine Plattform, auf der Lehrende und Lernende gemeinschaftlich lernen, lehren und forschen können, bevor mit *Wikivoyage* 2006 der Boom an neuen Wiki-Projekten vorerst ein Ende nahm. Wikivoyage ist ein Reiseführer nach dem Wikipedia-Prinzip, im Mittelpunkt steht kein enzyklopädisches, sondern praktisches Wissen rund ums Reisen: Sehenswürdigkeiten, Hotels, Restaurants, Reiserouten, Einreisebestimmungen und Ähnliches.

Zwischen 2002 und 2006 sind insgesamt neun eigene Projekte nach dem Prinzip der Wikipedia entstanden, die allesamt von der Wikimedia Foundation in San Francisco betrieben werden. Ihnen ist bei aller unterschiedlicher Ausrichtung gemein, dass sie offen sind für Bearbeitungen durch jedermann, dass sie frei zugänglich sind und dass ihre Inhalte frei verwendet werden können. Gewährleistet wird dies durch die gemeinsame Creative-Commons-Lizenz, die alle diese Projekte verwenden und die diese Freiheiten unwiderruflich absichert.

Es gibt also für fast jeden Lebensbereich ein eigenes Wiki-Projekt (außer vielleicht für Kochrezepte – »Wikirezepte«!). Keines dieser Projekte kommt auch nur im Ansatz an den Erfolg von Wikipedia heran. Doch sollte das der Maßstab sein? Die Schwesterprojekte erfüllen gleich mehrere Aufgaben: Sie bieten (zumeist kleinen, aber sehr engagierten) Communitys die Möglichkeit, Inhalte nach dem Wiki-Prinzip zu erstellen, die in einer Enzyklopädie keinen Platz hätten. Dadurch entsteht kontinuierlich neuer Content, der dank einer freien Lizenz frei weiterverarbeitet werden kann. Das Wiktionary etwa wird häufig als Grundlage für maschinelle Übersetzungen und für linguistische Forschungen herangezogen. Doch am wichtigsten: Warum sollte es sie denn nicht geben? Ganz offensichtlich gab und gibt es ein großes Interesse an kollaborativ erstellten Online-Projekten. Solange es Menschen gibt, die in ihrer Freizeit Journalisten oder Reiseführer sein wollen, solange wird es Wikinews, Wikivoyage und die anderen Schwesterprojekte geben. Doch zugleich ist keines dieser »anderen« Projekte tatsächlich erfolgreich – gemessen nicht nur an Wikipedia, sondern auch an den vielen, vielen anderen Webseiten, die von den eigenen Nutzern befüllt werden. Wenn ich oben das Fehlen von »Wikirezepte« beklage, dann muss ich natürlich auf chefkoch.de verweisen. Dort wird, wenn auch nicht als Wiki und nicht unter einer freien Lizenz, genau das gemacht: Menschen teilen mit anderen Menschen ihr Wissen – in diesem Fall ihr Wissen über die Zubereitung von Essen. Auch auf YouTube, Instagram, Twitter, Tik-

Tok und vielen anderen Plattformen funktioniert das Mitmachprinzip, das Teilen mit anderen ganz hervorragend. All diese Angebote verlangen aber einen hohen Preis: Ihre Autoren geben die produzierten Inhalte an ein kommerzielles Unternehmen, und die Leser bezahlen mit ihren Daten. Daher sind diese Seiten keineswegs eine Alternative zum Wiki-Prinzip. Aber ihr offensichtlicher Erfolg (und die geringe Reichweite der Wiki-Alternativen) macht die Frage notwendig: Ist das Wiki-Prinzip nur als Enzyklopädie wirklich erfolgreich?

Nein. Denn es gibt schließlich Wikidata.

Wikidata – das erfolgreichste Wiki-Projekt, das keine Enzyklopädie ist

Regierungswechsel, Veränderungen im Kabinett oder ein neues Staatsoberhaupt sind demokratisch gesehen eine gute Sache – für Wikipedia jedoch bedeuten sie in erster Linie Arbeit: eine neue Bundeskanzlerin, eine neue Regierungsmannschaft, unzählige Wechsel in den Ministerien – all das muss in Wikipedia in zahllosen Artikeln aktualisiert werden. Und natürlich nicht nur in der deutschen Wikipedia, sondern in allen Artikeln der 310 Sprachen. Jedes Mal muss ein Mensch den Artikel im Bearbeiten-Modus öffnen, den bisherigen Amtsinhaber entfernen und die neue Kanzlerin oder den neuen Minister oder Bundespräsidenten an dieser Stelle einfügen. In den großen Sprachen geht dies innerhalb weniger Minuten nach einer Wahl, doch für die 85 Millionen Menschen, die rund um Shanghai die Sprache Wu sprechen, ist noch heute Christian Wulff Bundespräsident, fast neun Jahre, nachdem er von diesem Amt zurückgetreten ist.[1] Für die mehr als 30 Millionen Menschen, die in Nigeria, Togo und Benin Yoruba sprechen, ist hingegen noch Joachim Gauck unser Präsident.[2] Nicht aus Böswilligkeit, sondern weil sich schlicht niemand gefunden hat, die entsprechenden Artikel in den Wikipedia-Ausgaben zu aktualisieren. Und es ist nur logisch, dass es auch in Artikeln der deutschen Wikipedia zu eher exotischen Ländern ähnliche Fehler und Artefakte gibt.

Ämter sind das eine, aber was ist mit Daten, die sich regelmäßig ändern, wie Einwohnerzahlen, Arbeitslosenstatistiken und Ähnlichem? Viel praktischer, als diese faktischen Angaben akribisch und zeitaufwendig durch Menschen aktualisieren zu lassen, wäre es, eine automatisierte Lösung zu nutzen: zum Beispiel eine zentrale Datenbank, frei bearbeitbar und nutzbar durch jedermann, in der Daten, Fakten, Zahlen, Informationen in einer maschinenlesbaren Form abgelegt und gepflegt würden, die miteinander verknüpft sind, in den Wikipedia-Projekten und darüber hinaus verlinkbar. In dieser Datenbank gäbe es dann einen Eintrag, in dem der jeweils aktuelle Bundespräsident verzeichnet ist, und die Wikipedia-Projekte würden sich jedes Mal die aktuelle Information aus dieser Datenbank ziehen, wenn beispielsweise der Artikel zu Deutschland aufgerufen wird. Statt in 310 Sprachen müsste man solche Informationen nur an einem Ort vorhalten.

Das ist die Grundidee von Wikidata, dem jüngsten der Wikimedia-Projekte, das 2012 gestartet ist. Ideen in diese Richtung gab es schon früher, aber es war die Arbeit von Markus Krötzsch und Denny Vrandečić, die aus einem Konzept ein tatsächlich nutzbares Produkt machten. Für Vrandečić ist klar: »Die Automatisierung ist die einzige Möglichkeit, die 300 Sprachversionen der Wikipedia aktuell zu halten.«[3]

Die beiden hatten eine tolle Idee, doch diese brauchte einen organisatorischen Rahmen. Bis dahin waren alle neuen Projekte unter dem Schirm der Wikimedia-Stiftung in San Francisco begonnen worden, doch diese sah sich 2011/2012 nicht in der Lage, ein neues Projekt dieser Größenordnung zu stemmen. Bei Wikimedia Deutschland erkannten wir (ich war damals geschäftsführender Vorstand) allerdings das enorme Potenzial dieser Idee und griffen zu: Mit Unterstützung des Mitgründers von Microsoft, Paul Allen, der Stiftung des Gründers von Intel und von Google wurde in wenigen Wochen die nötige Anfangsinvestition von 1,3 Millionen Euro zusammengebracht, um das Projekt zu starten.

Wikidata entwickelte sich rasant: Es ist heute das mit Abstand am schnellsten wachsende Wikimedia-Projekt überhaupt. Fast 90 Millionen Datenbank-Einträge umfasst Wikidata derzeit, und jeden Tag kommt es zu rund 375 000 Bearbeitungen – zum Vergleich: im selben Zeitraum wurden in allen 310 Wikipedia-Ausgaben zusammen eine ähnlich hohe Anzahl von Änderungen durch Wikipedianer vorgenommen. Natürlich hält sich auch Wikidata an die Grundprinzipien aller Wikimedia-Projekte: Jeder kann mitarbeiten, und die Daten stehen unter einer freien Lizenz, die die einfache Nutzung ermöglicht.

Viele der »großen« Wikipedia-Ausgaben sträuben sich allerdings gegen die Verwendung von Wikidata; die Vorstellung, dass zentrale Informationen automatisiert in die Enzyklopädie-Artikel übernommen werden, missfällt vielen Wikipedianern. Das ist durchaus nachvollziehbar, schließlich zeichnet Wikipedia sich dadurch aus, Informationen in Wissen zu transformieren, also nicht nur Daten und Fakten zu zeigen, sondern diese auch sprachlich und inhaltlich in einen Kontext zu stellen. Wahrscheinlich spielt bei dieser Ablehnung auch eine generelle Skepsis gegen maschinelle Wissensproduktion eine Rolle. Wikipedia ist schließlich durch das Engagement von Menschen geworden, was sie heute ist. Es ist auch gut möglich, dass die fast ausschließlich von Bots geschriebenen Wikipedia-Ausgaben wie die in Cebuano dafür gesorgt haben, dass eine solche Unterstützung durch automatisierte Bots kritisch gesehen wird. Dabei sind beide Ansätze weit voneinander entfernt: Die Bots, die die schwedische oder die Cebuano-Wikipedia schreiben, gehen ausgesprochen mechanisch vor; eigentlich verbinden sie nur Datenbankfelder durch Füllworte. Wikidata hingegen bildet komplexe Abhängigkeiten ab und stellt Kontexte zwischen Informationen her. Das Ziel von Wikidata ist es nicht, bestehende Wikipedias zu füllen. Vielmehr geht es darum, die ohnehin in Wikipedia vorhandenen Informationen in einer Art aufzubereiten, dass sie auch und besonders für Computer außerhalb von Wikipedia verständlich sind.

Wikidata wurde trotz Vorbehalten sehr erfolgreich, aber außerhalb von Wikipedia. Ein erstes Zeichen dafür, dass dieses Projekt deutlich über Wikipedia hinausgehen würde, zeigte sich schon 2014: Gerade einmal zwei Jahre nach dem Start von Wikidata gab die amerikanische Suchmaschine Google bekannt, ihre Datenbank Freebase aufzugeben und alle Daten Wikidata zur Verfügung zu stellen. Damit beendete Google den Versuch, eine eigene strukturierte Wissensdatenbank zu erstellen – und schrieb eine Millioneninvestition ab. Denn Freebase verfolgte seit 2007 die gleiche Idee wie später Wikidata; 2010 wurde sie für einen nicht bekannten Millionenbetrag von Google übernommen.

Warum scheiterte der Milliardenkonzern aus Mountain View, während eine Handvoll Ehrenamtlicher aus Deutschland Erfolg hatte? Google hatte ungleich größere finanzielle und technische Möglichkeiten, und Freebase wurde auch entsprechend gefördert und ausgebaut. Doch es gibt etwas, was man nicht kaufen kann, auch nicht mit den Milliarden eines globalen Konzerns: Community. Was Wikidata erfolgreich machte und sogar Google in die Knie zwang, war nicht das rasante Wachstum an Inhalten, sondern die engagierte Community aus Freiwilligen, die sich dem Projekt widmete. Wie schon Wikipedia zeigte Wikidata, dass das Wertvollste eines Netzwerkprojektes die Menschen sind, die sich dafür engagieren. Sie sind diejenigen, die einerseits die Inhalte beisteuern, aber andererseits sich auch um das Projekt als solches kümmern, die Verfahren der Zusammenarbeit entwerfen, Strukturen schaffen, als Schiedsrichter tätig sind. Im Mai 2020 umfasst die Community von Wikidata mehr als 12 000 Menschen!

Die Bedeutung dieser Faktoren ist auch der Wikimedia Foundation sehr bewusst, wie deren Geschäftsführerin Katherine Maher 2018 in einem Interview ausführte: »Ich glaube, wir liefern ein Vorbild für Leute, die ihre Organisation wachsen lassen wollen, ohne sich auf die Ausbeutung der Daten der Mitglieder zu konzentrieren. Bei uns kann man auch sehen, was es heißt, wenn man die Community tatsächlich an der Entwicklung der Plattform partizipieren lässt.«[4]

Eigentlich hätte Google das wissen können, denn eine ähnliche Erfahrung hatte der Konzern bereits 2008 gemacht. Damals, als Wikipedia gerade anfing, wirklich erfolgreich zu werden, startete Google Knol, kurz für *Kno*w*l*edge, Wissen. Das Projekt wurde durchaus als eine direkte Konkurrenz zu Wikipedia gesehen, da jeder bei Knol

Seiten – sogenannte »knols« – anlegen konnte, die dann anderen zur Bearbeitung zur Verfügung standen. Es gelang Knol aber zu keinem Zeitpunkt, auch nur im Ansatz die gleiche Attraktivität für Beitragende zu entwickeln wie die stetig wachsende Wikipedia-Enzyklopädie. 2012 beendete Google diesen Ausflug in die Welt der Enzyklopädien wieder.

Diese Zahlen sind durchaus beeindruckend, doch was hat Wikidata tatsächlich zu einem Gamechanger, wie man im Silicon Valley sagen würde, gemacht? Die Tatsache, dass alle Informationen maschinenlesbar sind. Ein Text, wie er etwa in einem Wikipedia-Artikel steht, ist für einen Computer zwar leicht vorzulesen, aber äußerst schwer zu verstehen. Das menschliche Gehirn stellt Verbindungen und Verknüpfungen zwischen Wörtern und Sätzen her, die einem Computer so kaum möglich sind.

Das mag angesichts der ungeheuren Fortschritte, die Computer in den letzten 30 Jahren gemacht haben, ungewöhnlich scheinen: Computer spielen besser Schach und Go als Menschen, sie fahren besser Auto, und sie können in Sekundenbruchteilen aus Millionen Bildern alle raussuchen, die das gleiche Motiv zeigen. Und auch in Sachen Textverständnis und Textanalyse haben Computer in den letzten Jahren ungemein Fortschritte gemacht.[5]

Doch Computer können in Texten nur sachliche Verknüpfungen herstellen, ohne dass sie wirklich verstehen, was sie da lesen. Stellt man etwa einem Computer die Frage, gegen wessen Autorität sich Luther aufgelehnt habe, so sucht der Rechner im zugrundeliegenden Text nach Wörtern, die auf Autorität hinweisen. Er analysiert die Grammatik und die Struktur von Sätzen, ohne deren Sinn jedoch zu erfassen. Trotz künstlicher Intelligenz gibt es hier bislang noch keinen Durchbruch.[6]

Wikidata jedoch strukturiert Daten in einer Art und Weise, die es einem Computer erlaubt, zu »verstehen« und damit entsprechende Verbindungen herzustellen und – vor allem – Fragen zu beantworten. Dies gelingt wegen einer ebenso einfachen wie genialen Struktur der erfassten Daten: Es gibt zunächst die *Objekte*, die aus dem Buchstaben Q und einer Zahlenkombination bestehen (Das Q ist übrigens eine Liebeserklärung des Wikidata-Erfinders Denny Vrandečić an seine Frau Qamarniso).

Der Autor dieses Buches trägt beispielsweise in Wikidata die Nummer Q15903779. Jedem dieser Objekte können beliebig viele Aussagen zugeordnet werden. In meinem Fall sind dies derzeit 16 Stück: unter anderem zu Arbeitgeber, Geburtsort, Mitgliedschaften oder Verwandten. Zu jedem dieser Aussagen kann es beliebig viele sogenannte *Qualifikatoren* oder auch Eigenschaften geben. So führt Wikidata als einen meiner Arbeitgeber Wikimedia Deutschland auf, inklusive der Daten, wann ich dort angefangen habe und wann meine Arbeit dort endete. Zugleich gibt es aber auch einen Qualifikator namens »Nachfolger« (in meinem Fall: Jan Engelmann), mit dem angezeigt wird, wer den Job nach mir gemacht hat (vgl. Tabelle 3).

Objekt	**Aussage**	**Qualifikator**	**Aussage**
Q15903779	Arbeitgeber	Nachfolger	Arbeitgeber
Pavel Richter	Wikimedia Deutschland	Jan Engelmann	Open Knowledge Foundation

Tab. 3 Wikidata-Struktur anhand eines Beispiels.

Das klingt zunächst recht technisch, aber im Alltag nutzen viele von uns die Anwendungen von Wikidata, zum Beispiel, indem wir fragen: »Okay, Google, sag mir, wo Pavel Richter gearbeitet hat.« »Hey Siri, wie heißt der Nachfolger von Pavel Richter bei Wikimedia Deutschland?« »Alexa, wo arbeitete Pavel Richter nach seiner Zeit bei Wikimedia Deutschland?« Um solche Fragen zu beantworten, nutzen die Sprachassistenten der drei großen Internetkonzerne Wikidata, wenn auch in unterschiedlicher Intensität. Da jedes Objekt, jede Aussage und jeder Qualifikator in zahlreichen Sprachen vorhanden ist, können diese Fragen auch in anderen Sprachen gestellt und beantwortet werden.

Strukturierte Daten, wie sie in Wikidata abgebildet sind, sind das Rückgrat der Technologierevolution durch künstliche Intelligenz, da sie es Rechnern erlauben, auch komplexe Fragestellungen fast natürlich zu beantworten. Probieren Sie es einmal aus und fragen Sie Alexa, Google oder Siri: »Wann wurde der Ehemann von Angela Merkel geboren?« Sie werden tatsächlich die richtige Antwort erhalten, obwohl der Name gar nicht genannt wurde. Natürlich versteht keiner der drei Dienste, was ein Ehemann ist, aber alle drei können den entsprechenden Qualifikator »verheiratet mit« in Wikidata richtig interpretieren.

Wohin die Entwicklung geht, lässt sich durchaus am beruflichen Weg der beiden Wikidata-Gründer ablesen: Markus Krötzsch ist heute Professor für wissensbasierte Systeme am Institut für Theoretische Informatik an der Technischen Universität Dresden. Ihm geht es darum, Methoden der intelligenten Verwaltung und Verarbeitung von Informationen zu erarbeiten, also quasi das, was er mit Wikidata bereits einmal umgesetzt hat. Denny Vrandečić ist im Silicon Valley gelandet: Er arbeitet für Google, wo er unter anderem am Knowledge Graph mitgewirkt hat. Und dieser zieht seine Informationen aus – genau: Wikidata.

Wikis außerhalb der Wikimedia-Welt

Die Wikimedia-Projekte sind quasi die Kernfamilie der Wikis, alle eint eine gemeinsame Lizenz, alle werden von der Wikimedia Foundation betrieben sowie von Ehrenamtlichen befüllt und verwaltet. Doch es haben sich zahlreiche weitere Wikis entwickelt, die alle mehr oder minder nach dem gleichen Prinzip funktionieren, aber keine Wikimedia-Projekte sind. Viele entstanden, weil Wikipedia kein Ort für alles ist und auch gar nicht sein will. In der Regel geht es dabei weniger um die Artikelgegenstände an sich als darum, dass Informationen erfasst werden sollen, die eben nicht in eine Enzyklopädie passen.

Eine große Gruppe sind beispielsweise die besonders in Deutschland populären Regio- oder Stadtwikis. In diesen werden Informationen zu Städten oder Regionen gesammelt, die weit über eine Enzyklopädie hinausgehen. Sie sind zugleich beschränkter als Wikipedia, weil jeder Artikel einen lokalen Bezug zur jeweiligen Region oder Stadt haben muss; sie sind aber auch deutlich breiter aufgestellt als die große Schwester-Enzyklopädie, weil ganz detaillierte Informationen Eingang finden, etwa Öffnungszeiten von Behörden oder lokalen Geschäften. Das FürthWiki zum Beispiel, das sich nach eigenen Aussagen mit allen Themen rund um die fränkische Stadt befasst, hat derzeit fast 10 000 Artikel zu bieten. Dort finden sich auch ausführliche Artikel zu einzelnen Häusern oder Gaststätten. Es wäre ein Einfaches, sich über diese Detailfreude lustig zu machen. Doch gerade die Regional- und Stadtwikis wie übrigens auch das Vereinswiki, in dem zahlreiche Vereine vorgestellt werden, erfüllen eine enorm wichtige Aufgabe für ihre Regionen und zugleich für Wikipedia. Für Wikipedia sind diese Spezialwikis eine Art Überlaufbecken, in dem Themen, die für die Enzyklopädie zu speziell sind, eine passendere Heimat finden. Zugleich gibt es zahlreiche Menschen, die sich sowohl in Wikipedia als auch in den kleineren Wikis engagieren und somit beide Ansätze unterstützen.

Es wäre jedoch eine grobe Missachtung der Regio-, Stadt- und Vereinswikis, wenn man sie lediglich in ihrer Funktion mit Bezug auf Wikipedia beschreiben und bewerten würde. Sie können in ihrem Bereich eine enorm wichtige Funktion für ihre Städte, Dörfer und Vereine erfüllen, indem sie zum Beispiel die Rolle der in den meisten Orten längst dem Rotstift der Stadtkämmerer zum Opfer gefallenen Stadtchroniken übernehmen. Am FürthWiki lässt sich dieser Anspruch gut zeigen, denn dort heißt es unter der Frage »Für wen ist das FürthWiki?«:

- Für alle Interessierten, die mehr wissen wollen über 1 000 Jahre Stadtgeschichte.
- Für Wissbegierige, die dort weiterlesen möchten, wo die früheren Stadtchroniken aufgehört haben.
- Für die Schülerin, die in der Schule ein Referat über »irgendetwas mit Fürth« halten soll.

- Für den Fußballfreak, der sich über die Vereine Fürths informieren und sein Wissen mit anderen teilen möchte.
- Für die Heimatforscherin, die sich auf einem Gebiet auskennt, über das sonst kaum jemand etwas weiß.
- Für den Zeitzeugen, der seine Erinnerungen und seine gesammelten Schätze der Nachwelt erhalten wissen möchte.
- Für Auswärtige, die einfach etwas über unsere schöne Stadt erfahren möchten.
- Kurzum: Einfach für alle![7]

Neben der regionalen Ausrichtung gibt es zahlreiche Fach-Wikis, die die Vorteile eines Wikis nutzen, um bestimmte Themen aufzubereiten und der Öffentlichkeit zugänglich zu machen: Seit 2006 gibt es beispielsweise den *SkipperGuide*, einen webbasierten Reiseführer für Segler und Wassersportler. Unter *offene-bibel.de* fertigen Freiwillige gleich drei Übersetzungen der Bibel an und nutzen dafür das Wiki-Prinzip. Das *Klexikon* erstellt seit 2014 ein Wiki-Lexikon speziell für Kinder zwischen sechs und zwölf Jahren.[8] Man könnte diese Liste noch weiterführen, schließlich verweist allein Wikipedia derzeit auf 93 einzelne Wiki-Projekte.[9]

Das vielleicht beeindruckendste und auch wichtigste Wiki-Projekt außerhalb des Wikimedia-Universums ist *OpenStreetMap (OSM)*. Dabei werden freie Geodaten, also die Informationen, aus denen Landkarten bestehen und die für Navigationssysteme wichtig sind, von Ehrenamtlichen gesammelt. Wir alle kennen Google Maps, Apple-Karten oder Auto-Navigationsgeräte. Für diese Dienste braucht es Geodaten, und die ändern sich ständig: Eine Straße wird in eine Spielstraße umgewidmet, die Richtung einer Einbahnstraße ändert sich, eine Baustelle macht die Durchfahrt für drei Monate unmöglich. Die großen Anbieter von Geodaten geben viel Geld aus, um ihre Karten auf einem aktuellen Stand zu halten. Genau das macht auch OpenStreetMap, nur mithilfe von Freiwilligen, die Veränderungen in ihrer Nachbarschaft in die Datenbanken von OSM einpflegen.

Die Idee zu OSM stammt aus dem Jahr 2004 und wurde in England entwickelt. Damals waren Geodaten, die vom Staat erhoben wurden, nur sehr restriktiv und für viel Geld nutzbar. Unternehmen waren in der Lage, diese Preise zu bezahlen, doch für alle anderen standen diese Informationen schlicht nicht zur Verfügung. Steve Coast startete daraufhin OpenStreetMap, und jeder, der über ein GPS-Gerät verfügte, konnte Geodaten sammeln und dem Projekt hinzufügen. Spätestens mit dem Auftauchen der Smartphones hatte quasi jeder ein solches GPS-Gerät in der Tasche. Anders als bei Wikipedia reagierte Google schnell auf die neue Konkurrenz und startete mit dem Google Map Maker eine eigene Oberfläche, über die Benutzer Änderungen in den lokalen Gegebenheiten an Google melden konnten. Heute ist Google Maps tatsächlich häufig genauso aktuell wie OpenStreetMaps – zumindest in großen Industrienationen.

Die gesellschaftliche Bedeutung von OSM liegt allerdings ganz woanders, nämlich dort, wo es sich für Google und andere wirtschaftlich schlicht nicht lohnt, aktuelle Karten zur Verfügung zu stellen. Karten, als Geschäft betrachtet, sind nur dort wirtschaftlich, wo es einen Markt gibt, der bereit und in der Lage ist, für diese Karten zu bezahlen.

Am 25. April 2015 um 11:56 Uhr Ortszeit wurde Nepal von einem gewaltigen Erdbeben der Stärke 7,8 erschüttert; innerhalb weniger Minuten wurden unzählige Gebäude zerstört, Straßen waren unzugänglich und mindestens 8 800 Menschen starben.[10] In einer solchen Ausnahmesituation ist es für Hilfsorganisationen enorm wichtig, schnell ein präzises Bild der Zustände vor Ort zu erhalten. Und das in einer Situation, in der sich die Lage minütlich verändert. Das war der Moment, in dem OpenStreetMap seine Stärke ausspielen konnte: Innerhalb weniger Stunden, während die Rettungsmannschaften vor Ort mit den Händen nach Opfern unter den Trümmern suchten, begannen Tausende von Ehrenamtlichen auf der ganzen Welt, eine detaillierte Landkarte von Nepal und besonders von den vom Erdbeben besonders betroffenen Gebieten zu erstellen. Mithilfe von Satellitenbildern, Informationen von Aktivisten vor Ort und den bereits früher erfassten Daten zu Nepal gelang es, eine präzise Detailkarte der betroffenen Gebiete zu erstellen. Diese wurde während der kommenden Tage und Wochen kontinuierlich verfeinert: Provisorische Hubschrauberlandeplätze wurden ebenso erfasst wie Trampelpfade in entlegene Gebiete, da jeder, der vor Ort mit einem Handy unterwegs war, den tatsächlichen und aktuellen Zustand vor Ort erfassen und in OpenStreetMap eintragen konnte.[11] Die Karte war eine große Unterstützung für die Hilfsorganisationen. Sie erleichterte es, schnell und zielgerichtet Hilfe zu leisten, weil klar war, welche Straßen befahrbar, welche Gebäude zerstört, welche Krankenhäuser geöffnet waren. Alles einsehbar in OpenStreetMap.

Das Humanitarian OpenStreetMap Team (HOT), ein Zusammenschluss von Ehrenamtlichen mit dem Ziel, in solchen Krisensituationen schnell zu reagieren, führt diese *Crisis Mapping*[12] genannte Hilfestellung in Fällen von Naturkatastrophen kontinuierlich fort. Sei es in der Flüchtlingskrise infolge des Syrienkriegs, bei den Waldbränden in Bolivien 2019, nach dem Zyklon Gita in Tonga 2018 oder der Flutkatastrophe 2017 in Peru: Überall waren Ehrenamtliche zur Stelle, um schnell Landkarten zu erstellen, die den Hilfsorganisationen Orientierung boten.

Projekte wie OpenStreetMap und andere tragen die Philosophie und die Werte von Wikipedia in andere Bereiche. In ihnen finden sich Menschen zusammen, um gemeinsam Inhalte zu erstellen, Wissen zu sammeln, aufzubereiten und allen Menschen frei zur Verfügung zu stellen. Die Wirkkraft von Wikipedia ist dabei so stark, dass sich auch Projekte »Wiki« nennen, die anders organisiert sind.

In meiner Zeit als Geschäftsführer von Wikimedia Deutschland wurde ich in so gut wie jedem Gespräch auf *Wikileaks* angesprochen. Wie ich denn zu deren Vorgehen stehen würde, ob es da Verbindungen gäbe zu Wikipedia? Wikileaks existiert seit 2006 und ist eine Plattform, auf der Dokumente anonym veröffentlicht werden, die durch Geheimhaltung als Verschlusssache, durch Zensur oder auf sonstige Weise in ihrer Zugänglichkeit beschränkt sind. Direkt nach Gründung der Whistleblower-Plattform gab es noch die Möglichkeit, die veröffentlichten Dokumente in einem Wiki zu kommentieren und zu diskutieren, doch diese Funktion wurde schon bald wieder abgestellt. Man tritt dem Gründer von Wikileaks, Julian Assange, sicherlich nicht zu nahe, wenn man konstatiert, dass der Name Wikileaks völlig unabhängig von der eingesetzten Methode oder Technik vom bereits 2006 deutlich sichtbaren Erfolg der Wikipedia profitieren wollte. Jimmy Wales zeigte sich 2010 verärgert darüber, dass Assanges Projekt »Wiki« im Namen führte: »Ich wünschte, sie würden diesen Namen nicht verwenden. Sie sind kein Wiki.«[13]

Doch von diesem so prominent gewordenen Projekt abgesehen, gibt es eine schier unendliche Liste von Wikis zu unzähligen Themen. Das Genwiki[14] etwa sammelt in mehr als 147 000 Artikeln alles, was es über das Thema Genealogie und Familienforschung zu wissen gibt. Im Koch-Wiki[15] finden sich 10 000 Rezepte, und bei Mein Kroatien[16] haben Freiwillige einen Wiki-Reiseführer über Kroatien mit mehr als 13 000 Einträgen erstellt. Es gibt ein Wiki über die in der DDR hergestellten Fahrräder,[17] eines über den Commodore 64, den Computer meiner Jugend,[18] und auch wer sich für Zauberei (*ZauberPedia*)[19], die TV-Serie *Die Simpsons* (*Simpsonspedia*)[20], den Autor Karl May (*Karl-May-Wiki*)[21], Autos (*Wikicars*)[22] oder Gärten (*Hortipedia*)[23] interessiert, findet sein Wiki. Es gibt sogar ein Wiki über Wikis (*Wiki-Index*)[24] mit Tausenden weiteren Wikis. Viele davon sind auch außerhalb von Wikimedia erfolgreich und zeigen so, wie weit sich die Idee bereits verbreitet hat.

Der Bedarf an Wikis ist enorm, selbst viele Unternehmen setzen heutzutage auf die technische und soziale Plattform eines Wikis, um das eigene Wissensmanagement voranzutreiben und Mitarbeitende zu motivieren, ihr Wissen mit Kollegen zu teilen. Wikis bieten eine einfache Möglichkeit, gemeinsam mit anderen an einem Thema zu arbeiten und die Ergebnisse öffentlich zur Verfügung zu stellen. Sie treffen einen Nerv bei vielen Menschen, die das Internet nutzen möchten, um sich zu organisieren, ihre Hobbys zu diskutieren, Gleichgesinnte zu treffen und sich auszutauschen. Zugleich zeigt diese enorme Themenvielfalt, wie groß das Potenzial eines Internets ist, das nicht auf Kommerz, auf Meinungsführerschaft, Klickzahlen und Werbeeinblendungen optimiert ist. Wikis – und zuvorderst Wikipedia – sind ein Hoffnungsschimmer für ein anderes Internet, für ein ganzheitliches Wissensverständnis sowie für eine Utopie der Kollaboration und des Austausches.

11

Wikipedia in Gefahr – und nur Autorinnen können sie retten

20 Jahre sind im Internet eine Ewigkeit. Für Enzyklopädien hingegen ist das nichts. Immer noch wächst Wikipedia enorm, jeden Tag kommen weltweit Tausende Artikel hinzu. Und mit Wikidata ist ein Projekt geschaffen, das vielleicht einmal die wichtigsten Funktionen von Wikipedia übernehmen wird.

Doch Wikipedia ist in Gefahr. Und gleichzeitig ist Wikipedia eine Gefahr.

Da ist zunächst der Anspruch, eine Enzyklopädie zu sein. Einer der Gründe, warum Wikipedia überhaupt erfolgreich wurde, ist, dass sie gar nicht versucht hat, etwas anderes zu sein. Die Menschen wussten intuitiv, was sie erwartet. Es wurde und wird zwar bis heute darüber diskutiert, *wie* dieses Lexikon geschrieben werden soll. Aber es wird nicht darüber gestritten, *was* geschrieben werden soll – nämlich eine Enzyklopädie.

Doch damit steht sich das Projekt selbst im Wege. Seit vielen Jahren versuchen Ehrenamtliche und die Wikimedia Foundation, das Erfolgsmodell besonders in Schwellen- und Entwicklungsländern zu wiederholen. Doch dies bleibt ohne nennenswerten Erfolg. Sprachen, die von Millionen von Menschen gesprochen werden, haben winzige Wikipedia-Ausgaben. Das, was in westlichen Kulturkreisen ein Grundstein des Erfolgs war, ist in anderen Ecken der Erde schlicht ein großes Hindernis. Wenn das Konzept einer Enzyklopädie als Schriftform, auch als ein Ausdruck der Aufklärung, in einer

Gesellschaft nicht bekannt ist, dann verliert Wikipedia diesen essenziellen Erfolgsfaktor.

Die Enzyklopädie war und ist ein Werkzeug, das sich die aufgeklärten Gesellschaften geschaffen haben, um ihr Wissen zu sammeln und zu überliefern. Doch viele andere Kulturkreise nutzen gänzlich andere Formen, um ihr Wissen zusammenzutragen und weiterzugeben: Tanz, Malerei, Märchen, Geschichten, Lieder – die Ausdrucksformen von Wissen sind vielfältig. Aber sie lassen sich nicht in eine Enzyklopädie bannen. Wenn es Wikimedia nicht gelingt, Formate jenseits der Enzyklopädie zu entwickeln, um auch diese Formen von Wissen zu erfassen und allen Menschen der Welt zugänglich zu machen, dann wird sie niemals wirklich global sein. Und damit würde sie an ihrem eigenen Anspruch, das gesamte Wissen der Menschheit zu sammeln, scheitern.

Zudem stößt auch in westlichen Kulturen das Modell Enzyklopädie an Grenzen. Stagnierende Zahlen der Beitragenden sind das eine Problem. Es bedarf einer gewissen Grundmenge an Ehrenamtlichen, um das Projekt am Laufen zu halten. Selbst wenn wir morgen Wikipedia für neue Beiträge sperren würden, müsste dennoch der Artikelbestand weiterhin gepflegt, aktualisiert und gegen Vandalismus verteidigt werden. Wenn Wikipedia nicht attraktiv genug ist für Menschen, die so etwas gerne machen, dann wird sie in kurzer Zeit veröden, austrocknen, veralten.

Doch wirklich gefährlich ist, dass es viele gesellschaftliche Gruppen gibt, die überhaupt nicht in Wikipedia mitarbeiten, dies nie getan haben – und es wohl auch nicht tun werden. Zum Beispiel sind alle Versuche, mehr Frauen als Autorinnen zu gewinnen, gescheitert, in Deutschland ebenso wie in der englischen Wikipedia. Wie wir gesehen haben, ist der Großteil der Wikipedianer männlich, akademisch gebildet und älter als 40 Jahre. Offensichtlich ist Wikipedia als Idee besonders für diese Gruppe attraktiv. Und natürlich machen diese »alten weißen Männer« einen tollen Job, sie haben Wikipedia so erfolgreich gemacht, wie sie heute ist. Sie ist ja nicht trotz, sondern wegen dieser engagierten Menschen da, wo sie heute ist.

Doch es wäre ein Fehler, wenn sich Wikipedia auf den unbestreitbaren Erfolgen ausruhen würde. Auch wenn die zu 90 Prozent männlichen Beitragenden in den letzten 20 Jahren eine unglaublich gute Enzyklopädie geschrieben haben: Es ist ein massives Problem für Wikipedia, dass sich kaum Frauen aktiv einbringen.

Die deutsche Science-Fiction-Autorin Theresa Hannig hat sich vermutlich nichts Böses dabei gedacht, als sie am 12. März 2019 die »Liste deutschsprachiger Science-Fiction-Autorinnen« in Wikipedia erstellte. Und ihr Aufruf beim Erstellen des Artikels fasst Wikipedias Ansatz und Anspruch bündig zusammen: »Es gibt bisher einfach keine Liste für deutschsprachige Science-Fiction-Autorinnen. Das muss sich ändern! Hier wird der Anfang gemacht. Die Liste wird/kann/soll stetig erweitert werden.« Doch sie löste mit dieser Liste einen Sturm aus, der viele Wochen durch Wikipedia und das weitere Internet fegte.

Vordergründig ging es darum, dass Wikipedia bereits eine Liste der Science-Fiction-Autoren habe und in dieser auch Frauen mit aufgenommen würden, es also keine eigene Liste für Autorinnen brauche. Frauen würden also, so der Grundgedanke, im Rahmen des generischen Maskulinums »mitgedacht«. Geradezu absurd wurde es, als ein Wikipedianer sich für das Löschen der Autorinnen-Liste mit dem Argument einsetzte: »Einen schlimmeren Angriff auf Gleichberechtigung und Emanzipation als eine Trennung in Geschlechter kann es nicht geben. […] Separationismus (sic!) und Sexismus der üblen Art.«

Nähern wir uns dem Problem zunächst von Seiten der Wikipedia-Inhalte: Aktuell gibt es 766 368 Biografien in der deutschen Wikipedia, und nicht einmal 17 Prozent (123 370) davon handeln von Frauen (Stand: Mai 2020). Bedeutet das, dass Wikipedia systematisch Frauen ausblendet und sie unsichtbar hält? Nein – dieser Gender Gap, dieses krasse Missverhältnis zwischen der Anzahl von Artikeln über Männer und denen über Frauen bildet leider lediglich die gesellschaftliche Realität ab. Denn jahrhundertelang dominierten Männer Kultur, Kirchen, Regierungen, Forschungseinrichtungen und so gut wie alle gesellschaftlichen Ebenen. Entsprechend kamen wenige Frauen in Positionen, in denen sie die Aufmerksamkeit erreichten, die für einen Wikipedia-Artikel Voraussetzung ist. Auch in anderen Enzyklopädien und Nachschlagewerken sieht es nicht besser aus. Hierzu haben die beiden Wikipedia-Urgesteine Achim Raschka und die Benutzerin mit dem Namen »Elya« ein höchst informatives Video in ihrer Reihe »Unboxing Wikipedia« erstellt.[1] Und in einer umfangreichen Datenanalyse kommt Leonie Bossemeyer zu dem Schluss, dass sich diese Lücke bei jüngeren Menschen mehr und mehr schließt: So »verändert sich die Verteilung der Artikel über Frauen je nach Geburtsjahr rasant, und in vielen Berufen holen junge Frauen den Unterschied auf.«[2]

Nähert man sich dem Gender Gap hingegen nicht von Seiten der Inhalte, sondern von Seiten der Wikipedianer, so wird die Kluft sehr schnell überdeutlich: Je nach Datenbasis sind es zwischen 7 und 17 Prozent der Wikipedianer, die sich als Frauen identifizieren. Egal, welcher Studie man folgt, es ist offensichtlich, dass Wikipedia in weiten Teilen von Männern dominiert wird und Frauen gemessen an ihrem Anteil an der Gesellschaft, als Autorinnen viel zu selten vorkommen. Warum ist das überhaupt ein Problem?

Die Antwort ist überraschend und zugleich deutlich. Ein Forscherteam des Leibniz-Instituts für Sozialwissenschaften in Mannheim und der ETH Zürich hat dazu im Jahr 2015 eine umfangreiche datengestützte Analyse der Wikipedia-Inhalte durchgeführt.[3] Es wollte herausfinden, ob Frauen in Wikipedia grundsätzlich anders behandelt und dargestellt werden als Männer. Und tatsächlich: In Artikeln über Frauen sind Beziehungsstatus oder Familie viel häufiger Thema, als dies bei Artikeln über Männer der Fall ist. Hier zeigt sich, dass die Männer, die Wikipedia bisher überwiegend schreiben, bewusst oder unbewusst Frauen anders darstellen als ihre Geschlechtsgenossen. Offensichtlich erscheint ihnen bei Frauen wichtig, mit wem sie verheiratet sind und ob sie Kinder haben. Wäre dies nicht auch in den Wikipedia-Biografien über Männer interessant? Dabei geht es gar nicht so sehr um die Frage, ob der Beziehungsstatus wichtig ist oder nicht – sondern darum, dass systematisch bestimmte Aspekte unterbelichtet, andere vielleicht überbelichtet sind. Es liegt nahe, dass die Ursache dafür darin liegt, dass die Autorenschaft der Wikipedia nicht divers, sondern weitgehend homogen ist.

Und homogene Teams produzieren nachweisbar schlechtere Ergebnisse als heterogene. Studie über Studie kommt zu dem Schluss, dass Gruppen dann produktiver und smarter sind und eine angenehmere Arbeitsatmosphäre ermöglichen, wenn sie divers, also unterschiedlich sind. Ob reine Frauenteams oder reine Männerteams, ist dabei egal – gemischte Gruppen schneiden in allen Studien deutlich besser ab als homogen zusammengesetzte. Mit Menschen zusammenzuarbeiten, die ganz anders sind als man selbst, fordert die Intelligenz heraus und hilft dabei, festgefahrene Bahnen des Denkens zu verlassen.

Besonders außerhalb von Wikipedia ist dieses Problem durchaus bekannt, und es gibt zahlreiche Versuche, mehr Autorinnen für Wikipedia zu begeistern. »WomenEdit« etwa ist ein solcher Ansatz, in dem sich Frauen zusammentun, um gemeinsam Wikipedia-Artikel zu schreiben oder zu verbessern. Der Ansatz ist, neuen Autorinnen den Einstand zu erleichtern, ebenso wie ein Unterstützerinnennetzwerk aufzubauen, um sich gegenseitig zu beraten und beizuspringen. Zugleich ist es wichtig, dass neue Autorinnen auch als solche wahrgenommen werden: »Wenn wir Frauen gesehen werden wollen, dann müssen wir uns sichtbar machen«, sagt die Wikipedianerin IvaBerlin, die Initiatorin von WomenEdit. »Wenn wir immer versuchen, in der Menge zu verschwinden, dann funktioniert das auf Dauer nicht.«[4]

Es ist unklar, wie weit dieser Ansatz den Gender Gap langfristig überbrücken kann. Denn Wikipedias Problem geht noch tiefer. Es sind nicht nur die fehlenden Frauen. Wikipedia gelingt es immer weniger, überhaupt neue Mitwirkende zu gewinnen. Von einer funktionierenden Willkommenskultur ist das Projekt weit entfernt – bei einer Umfrage gaben nur rund 50 Prozent der Befragten an, sich willkommen gefühlt zu haben, als sie bei Wikipedia anfingen. Und nur 29 Prozent kommen zu dem Schluss, dass die Community neue Autoren ausreichend beim Einstieg unterstützt. Und wenn es darum geht, was an der kontinuierlichen Mitarbeit hindert, sind die Antworten ebenso klar: Das Löschen der gerade erstellten Beiträge bewerten 62 Prozent als abschreckend, und 59 Prozent machen Konflikte mit bestehenden Wikipedianern verantwortlich dafür, dass Neuautorinnen und -autoren schnell wieder gehen. Geradezu erschütternd sind die Antworten auf die Frage, wie die Kommunikation mit Neulingen in der Regel ausfalle: »skeptisch« (46%), »bevormundend« (43%), »ungeduldig« (30%) und »unfreundlich« (29%). Erst auf Platz 5 und mit 25 Prozent weit abgeschlagen kommt die erste positive Beurteilung: »unterstützend«.[5]

Wie soll es gelingen, das gesamte Wissen der Menschheit abzubilden, wenn die Hälfte dieser Menschheit schlicht nicht mitmacht? Und wenn eine mangelhafte Willkommenskultur und ein in sich geschlossenes System an »alten Hasen« (und einigen wenigen Häsinnen) einen Männerclub geschaffen hat, der sich grundsätzlich mit neuen Autoren und besonders Autorinnen schwertut? Wikipedia wird erst dann attraktiv für Frauen, wenn Wikipedia wieder attraktiv für neue Autoren ist, ob weiblich oder männlich.

Theresa Hannig arbeitet immer noch sporadisch in Wikipedia mit. Wichtiger aber ist die von ihr außerhalb des Projekts gestartete Kampagne #wikifueralle – Öffnet die deutschsprachige Wikipedia! Anhand des Themas geschlechtergerechte Sprache macht Hannig auf das zugrundeliegende Problem einer von Männern dominierten Wikipedia aufmerksam. In kurzer Zeit konnte sie mehr als 6000 Unterschriften generieren. Wikipedia wird sich kaum von innen ändern, daher sind solche Anstöße von außen unverzichtbar. Und natürlich bedarf es einer deutlich höheren Beteiligung von Frauen in allen Prozessen des Projekts – als Autorinnen ebenso wie als Administratorinnen, Sichterinnen, Schiedsrichterinnen.

Zusätzlich gibt es zahlreiche Schranken, die Menschen außerhalb dieser Gruppe abschrecken. Da ist sicherlich zum einen die zum Teil toxische Gruppendynamik in Wikipedia, das oft unnötig unfreundliche Klima, bei dem sich viele Menschen fragen, warum sie sich das antun sollten. Und da ist die Übermacht der Zeit-Reichen, der Menschen, die Zeit haben oder sich Zeit nehmen können, und so deutlich im Vorteil sind. Nicht jeder hat die Zeit und Geduld, nicht jeder ist willens, seine Argumente wieder und immer wieder anzubringen.

Die Anzahl der Menschen, die in einer Wikipedia-Diskussion aufgeben, weil sie einfach zu lange andauert, ist Legion. Doch das bedeutet, dass sich eben nicht immer das bessere Argument durchsetzt, sondern oft auch derjenige, der abwarten kann.

Auch die Idee der Enzyklopädie an sich schreckt viele Menschen ab, mitzumachen. Wer bin ich, um an einer Enzyklopädie mitzuschreiben?, fragen sich sicherlich viele – und teilen stattdessen ihr Wissen auf Facebook, Quora oder Chefkoch.de. Auch in westlichen Kulturen scheint das Modell Enzyklopädie an eine gläserne Decke zu stoßen. Auch hier bei uns müssen wir neue Wege finden, wie Menschen ihr Wissen sammeln und teilen können. Wege, die über das enge Korsett der Enzyklopädie hinausgehen. Natürlich, ohne das Erfolgsmodell Wikipedia zu gefährden. Denn alles, was wir als Gesellschaft, als Bürgerinnen und Bürger nicht leisten, übernehmen an unserer Stelle die großen Internet-Giganten. Wikipedia ist als Enzyklopädie ein Erfolgsmodell – sie ist aber noch viel mehr ein Erfolg als freies, ehrenamtlich getragenes Projekt. Doch Wikipedia – und wir als Gesellschaft – haben noch keine Antwort darauf gefunden, wie wir auch dem nicht enzyklopädischen Wissen eine freie, ehrenamtlich getragene Heimat bieten.

Wikipedia ist also in Gefahr. Aber Wikipedia ist auch eine Gefahr. Wikipedia ist durchaus Ausdruck einer zunehmenden Skepsis den Wissenschaften und den Experten gegenüber. Ist die Mitmach-Enzyklopädie nicht der beste Beweis, dass auch Amateure genauso viel wissen wie die Experten an den Universitäten, die Fachleute in den Ministerien, mehr als Journalisten und Politiker? Das Modell von Wikipedia, dass jeder ohne Ansehen der Person und ohne nachgewiesene formelle Qualifikation mitschreiben kann, war und ist enorm erfolgreich. Doch gerade in den großen Ausgaben von Wikipedia liegt der Schwerpunkt heute vor allem in Ausbau und Sicherung von Qualität. Und dafür braucht es Fachleute – für die die Mitarbeit in Wikipedia oft nicht attraktiv ist. Zugleich bedient der Erfolg von Wikipedia das Narrativ, dass formale Bildung und Qualifikation zugunsten von Reichweite, Effekt und einem imaginären »Schwarm« zurücktreten müssen. Eine von Amateuren geschriebene Enzyklopädie ist auch ein Werturteil über die Expertise von Fachleuten. Wikipedia muss also Wege finden, die Expertinnen und Fachleute nicht abzuschrecken, sondern sie aktiv einzubinden, sie zu Mitstreitern zu machen und nicht zu Konkurrenten. Aber das kann nicht nur Aufgabe von Wikipedia sein, sondern muss ebenso von den Experten und ihren Institutionen (Universitäten und Ministerien, Bibliotheken und Museen, Unternehmen und Stiftungen) selbst initiiert werden. Zu lange hat sich die Wissenselite um eine kritische, aber eben auch würdigende Auseinandersetzung mit Wikipedia gedrückt. Lange verpönt als ein Projekt von Amateuren, bestenfalls ignoriert, schlimmstenfalls aktiv bekämpft, fand eines eben viel zu wenig statt: ein Dialog auf Augenhöhe, eine Wertschätzung der durch Wikipedia erfolgten Demokratisierung des Wissens. Niemandem an einer deutschen Universität bricht ein Zacken aus der Krone, wenn er anerkennt, dass Wikipedia enorm wirkmächtig ist. Und das nicht nur den eigenen Studenten gegenüber, sondern dass Wikipedia eine Reichweite in die Gesellschaft hat, die heutzutage ihresgleichen sucht.

Auch Wikipedia muss ihre Verantwortung wahrnehmen. So großartig der Erfolg der letzten 20 Jahre ist, wir können nicht übersehen, dass er nur im Fahrwasser eines dramatischen Ansehensverlustes von Experten, Wissenschaftlern, Politikern und Journalisten möglich war. Systematisch haben Populisten auf der ganzen Welt die Autorität von Experten untergraben. Wo es nicht in ihr Kalkül passt, da leugnen sie einfach die empirischen Grundlagen einer Erkenntnis und ersetzen sie durch eine Mischung aus Meinung und Gefühl. Von der Homöopathie über die Impf-Skepsis bis zum Leugnen des Klimawandels – wenn wissenschaftliche Erkenntnisse meine Meinung nicht unterstützen, dann greife ich die Wissenschaft an sich an. Auch den Journalisten geht es keineswegs besser – Donald Trump hat vorgemacht, wie man kritische Berichterstattung systematisch als »Lügenpresse« diskreditiert und sich selbst damit unangreifbar macht – flankiert von Beraterin Kellyanne Conway und ihren »alternativen Fakten«.

Wikipedia spielt eine nicht zu überschätzende Rolle: Sie ist eine Bastion gegen diese Skepsis und gegen den Populismus, weil sie radikal auf Belege, Quellen, Nachprüfbarkeit setzt. Und nicht irgendwelche Belege, sondern wissenschaftlich fundierte. Deshalb gelingt es den Skeptikern und Populisten auch nicht, ihre Meinungen als Wissen in Wikipedia unterzubringen.

Wikipedia muss dabei aber deutlicher machen, wie wichtig Fachleute, Experten, Wissenschaftler für eine Enzyklopädie sind, und durch neue Formate attraktiver für sie werden. Dazu müssten etwa auch sichtbare und leicht zuordbare Beiträge ermöglicht werden, was gerade im universitären Kontext wichtig ist. Besonders für junge Wissenschaftlerinnen und Wissenschaftler geht es darum, eine Veröffentlichungsliste zu entwickeln – und hier bietet die Mitarbeit bei Wikipedia keinerlei Anreize.

Und es muss ein Weg gefunden werden, die Experten in einem gewissen Maße zu schützen vor den alten Hasen und den Zeitreichen. Gelingt Wikipedia dies nicht, so hat sie keine Zukunft verdient. Zugleich müssen aber Universitäten und Institute, Parlamente und Parteien lernen, wie sie diese Kraft der Vielen, die Weisheit der Menge einbinden und zulassen können. Beide Seiten müssen sich einander annähern – sonst werden beide am Ende Verlierer sein.

Nicht zuletzt hält Wikipedia uns allen einen Spiegel vor – in Form ihrer radikalen Transparenz. Denn in Wikipedia sehen wir nicht nur das fertige Produkt, wir sehen auch, wie dieses hergestellt wird. Und, noch radikaler: Wir alle können selbst mitmachen. Ja, wir *müssen* sogar mitmachen, uns beteiligen, einbringen. Denn ohne uns gibt es keine Wikipedia. Es reicht nicht, auf *die da oben* zu schimpfen, sei es in den Redaktionen, den Parlamenten oder den Vorständen der Unternehmen. Wikipedia zeigt eindrucksvoll, was wir erreichen können, wenn wir zusammenarbeiten, und was möglich ist in einem selbstorganisierten Prozess. Doch Wikipedias Probleme zeigen eben auch, was passiert, wenn wir als Bürger uns nicht einbringen, uns nicht beteiligen.

Die Entstehung der größten Enzyklopädie der Welt in den letzten 20 Jahren kann ein Vorbild für viele andere Bereiche unseres Lebens sein. Wenn wir zusammen eine Enzyklopädie schreiben können, was können wir noch erreichen? Die großen Probleme unserer

Welt – der Klimawandel, die Energiewende, Hunger, Armut und die Ungerechtigkeit des Wirtschaftens –, sie alle werden seit Jahrzehnten in den Universitäten und Parlamenten debattiert, aber nicht gelöst. Es ist an der Zeit, globale Formate zu schaffen, in denen wir alle uns beteiligen können, um nach Lösungen zu suchen. Und Wikipedia kann eine Blaupause sein für einen solchen Prozess.

Wikipedia erinnert uns permanent daran, dass unsere Gesellschaft, unser Land, unsere Demokratie nicht von irgendwem – von Politikern, Bankern, Wissenschaftlern, Journalisten, Influencern – gemacht wird. Sondern dass Gesellschaft etwas ist, was nur dann funktioniert, wenn wir uns beteiligen, beitragen, mitmachen.

Wikipedia weist uns darauf hin, dass Enzyklopädie, Wissen, Politik, Gesellschaft etwas sind, was wir alle gemeinsam verantworten.

Danksagung

Der Impuls, dieses Buch zu schreiben, ist entstanden aus den vielen Gesprächen, die ich über die Jahre zu Wikipedia geführt habe. Wann immer ich anmerkte, dass ich bei Wikipedia mitschrieb, und auch während meiner Zeit als Geschäftsführer von Wikimedia Deutschland, jedes Mal wurde ich mit Fragen zu diesem einmaligen, sonderbaren Projekt konfrontiert. Und mir wurde klar: Wir alle benutzen Wikipedia, viele von uns jeden Tag – und viele Menschen möchten verstehen, wie die Texte in dieser Enzyklopädie entstehen, wer sie schreibt, wie sie zu dieser größten Wissenssammlung der Menschheit werden konnte. Diese Gespräche sind die Inspiration für dieses Buch. Bitte fragen Sie mich weiter zu Wikipedia!

Besonders zu Dank verbunden bin ich Nikolas Becker, Omer Benjakob, Enrico Brissa, Garfield Byrd, Nicole Ebber, Jan Engelmann, Thorsten Feldmann, Sue Gardner, Kurt Jansson, Daniel Kienzler, Torsten Kleinz, Arne Klempert, Andreas Kopietz, Delphine Menard, Manuel Merz, Lukas Mezger, Till Mletzko, Sebastian Moleski, Michael Nanz, Kasia Odrozek, Carla Pohl, Nicolas Richter, Stephan Rost, Matthias Schindler, Anasuya Sengupta, Hanna Stähle, Wenke Storn, Abraham Taherivand, Johannes Varwick, Denny Vrandečić, Miriam und Michael Weber, Alice Wiegand sowie den zahlreichen Wikipedianerinnen und Wikipedianern, die mir im Entstehungsprozess dieses Buches mit Rat und Tat zur Seite gestanden haben. Besonderer Dank an die Ehrenamtlichen, die auf der Wikipedia-Seite

»Fragen zu Wikipedia« zahlreiche meiner Anfragen schnell und kompetent bearbeitet haben.

Mein herzlicher Dank geht an meine Agentin Elisabeth Ruge und ihre Mitarbeiter, dir mir sehr geholfen haben, mein erstes Buch zu realisieren.

Meiner Frau Doreen danke ich für ihre Geduld mit mir im Prozess des Schreibens. Ich danke ihr dafür, dass ich den Raum hatte, den ich brauchte, und dass sie da war, wo ich nicht sein konnte. Und meiner Tochter Clara danke ich dafür, dass sie ihren Vater für eine gewisse Zeit mit einem Buchprojekt geteilt und sich fast nie beklagt hat.

And thank you, Jimmy Wales, for Wikipedia.

Weiterführende Literatur

Balzer, Jens: *Das entfesselte Jahrzehnt. Sound und Geist der 70er*, Berlin: Rowohlt Berlin 2019

Benjakob, Omer: »The Fake Nazi Death Camp: Wikipedia's Longest Hoax, Exposed«, in: Haaretz, 4. Oktober 2019. https://www.haaretz.com/israel-news/.premium.MAGAZINE-the-fake-nazi-death-camp-wikipedia-s-longest-hoax-exposed-1.7942233

Burke, Peter: *Die Explosion des Wissens. Von der Encyclopédie bis Wikipedia*, Berlin: Wagenbach 2014

Gilliver, Peter: »›Your dictionary needs you‹: a brief history of the OED's appeals to the public, https://public.oed.com/history/history-of-the-appeals/

Hill, Benjamin Mako: »Almost Wikipedia: Eight Early Encyclopedia Projects and the Mechanisms of Collective Action«, in: ders.: *Essays on volunteer mobilization in peer production*, Cambridge, MA 2013, S. 11–43

Jemielniak, Dariusz: *Common Knowledge? An Ethnography of Wikipedia*, Stanford 2014

Kleinz, Torsten: »Teenagerjahre einer Online-Enzyklopädie. 15 Jahre Wikipedia – und die Zukunft«, in: *c't – magazin für computertechnik*, 2/2016, S. 32, https://www.heise.de/select/ct/2016/2/1453356523630070

Merz, Manuel: *Die Wikipedia-Community. Typologie der Autorinnen und Autoren der freien Online-Enzyklopädie*, Wiesbaden: Springer VS 2019

Preece, Warren E., und Collison, Robert L.: »History of Encyclopaedias«, in: Encyclopædia Britannica, https://www.britannica.com/topic/encyclopaediaaktualisiert am 8. September 2016

Raymond, Eric S.: »Die Kathedrale und der Basar« (SelfLinux-0.12.3), https://www.selflinux.org/selflinux/pdf/die_kathedrale_und_der_basar.pdf (Deutsche Übersetzung 1999)

Roberts, Jason: *A sense of the world. How a blind man became history's greatest traveler*, New York 2006

Schneider, Ulrich Johannes: »Das Universallexikon von Johann Heinrich Zedler oder die Wikipedia des 18. Jahrhunderts«, in: *Gegenworte – Hefte für den Disput über Wissen*, 19. Heft, Frühjahr 2008, http://www.gegenworte.org/heft-19/schneider19.html

Schneider, Ulrich Johannes: *Die Erfindung des allgemeinen Wissens. Enzyklopädisches Schreiben im Zeitalter der Aufklärung*, Berlin/Boston: De Gruyter 2013

Stegbauer, Christian: *Wikipedia. Das Rätsel der Kooperation*, Wiesbaden: VS Verlag für Sozialwissenschaften 2009

Vrandečić, Denny: »Architecture for a multilingual Wikipedia«, https://arxiv.org/abs/2004.04733 2020

Wikimedia Deutschland e. V. (Hrsg.): *Alles über Wikipedia und die Menschen hinter der größten Enzyklopädie der Welt*. Hamburg: Hoffmann und Campe 2011, https://de.wikipedia.org/wiki/Datei:Allesueberwikipedia.pdf

Anmerkungen

1. Die Anfänge von Wikipedia

1 In der Sprache der Netzkultur und der Nerds steht dieser kurze Gruß für den Anfang eines Projektes, das Lernen einer neuen Programmiersprache und er dient als Test, ob eine Installation funktioniert oder nicht. Dies war ein durchaus augenzwinkernder Anfang, zeigte aber auch den experimentellen Charakter des Unterfangens.

2 In den 1970er Jahren erfolgte der Vertrieb von Lexika fast ausschließlich durch Handelsvertreter. Anfang der 1970er Jahre arbeiteten mehr als 100 000 Menschen in den USA im direkten Vertrieb von Enzyklopädien. Aus heutiger Sicht mag es verwunderlich klingen, eine Enzyklopädie in einem längeren Verkaufsgespräch kennenzulernen und sich dann für einen Kauf zu entscheiden. Aber eine solche Entscheidung fällte man wegen der hohen Kosten nicht leichtfertig: Eine Gesamtausgabe des *World Book* kostete 300 US-Dollar, bei einem monatlichen Durchschnittseinkommen von 720 US-Dollar eine große Investition für ein paar Bücher. Vgl. den Thread »World Book Encyclopedia – cost new in 1964?«, AgTalk, https://talk.newagtalk.com/forums/thread-view.asp?tid=682985

3 Sherry Turkle: »Who Am We?«, in: *Wired*, 1.1.1996, https://www.wired.com/1996/01/turkle-2/

4 Evan Hansen: »Wikipedia Founder Edits Own Bio«, in: *Wired*, 12. Dezember 2005, https://www.wired.com/2005/12/wikipedia-founder-edits-own-bio/

5 Friedrich August von Hayek: »The Use of Knowledge in Society«, in: *The American Economic Review*, Vol. 35, No. 4. (Sep., 1945), S. 519–530, https://www.kysq.org/docs/Hayek_45.pdf

6 Jimmy Wales im Gespräch mit Russ Roberts: »Wales on Wikipedia«, Econ Talk, 9. März 2009, https://www.econtalk.org/wales-on-wikipedia

7 Eric S. Raymond: »The Cathedral and the Bazaar. Musings on Linux and Open Source by an accidental revolutionary«, Cambridge, Mass. 2001; Online bereits 1997 erschienen: http://www.catb.org/~esr/writings/cathedral-bazaar/cathedral-bazaar/index.html

8 Dieser Shuttle fährt auch heute noch unter gleichem Namen: Seite »Wiki Wiki Shuttle«, Wikipedia, The Free Encyclopedia, 10 März 2020, 02:03 UTC, https://en.wikipedia.org/w/index.php?title=Wiki_Wiki_Shuttle&oldid=944812821

9 Larry Sanger: »Let's make a wiki«, E-Mail vom 10. Januar 2001, zugänglich über das Internet Archive, http://web.archive.org/web/20030414014355/http://www.nupedia.com:80/pipermail/nupedia-l/2001-january/000676.html

10 Benjamin Mako Hill: »Almost Wikipedia: Eight Early Encyclopedia Projects and theMechanisms of Collective Action«, in: *Essays on Volunteer Mobilization in Peer Production*, Cambridge, Massachusetts: Massachusetts Institute of Technology 2013, https://mako.cc/academic/hill-almost_wikipedia-DRAFT.pdf

11 Seite »Geschichte der Wikipedia«, in: Wikipedia, Die freie Enzyklopädie. Bearbeitungsstand: 27. Mai 2020, 13:12 UTC, https://de.wikipedia.org/w/index.php?title=Geschichte_der_Wikipedia&oldid=200380375

12 Miriam Tang: »Wie man sich an das Wissen heranklickt«, in: *Darmstädter Echo*, 2. Januar 2001. Online nicht verfügbar

13 Larry Sanger: »Fw: Nupedia: system up; Wikipedia started; German and Slashdot invasion«, E-Mail vom 23. März 2001, Mailingliste https://lists.wikimedia.org/pipermail/wikipedia-l/2001-March/000064.html

14 Jimmy Wales: »new language wikis«, E-Mail vom 15. Mai 2001, Mailingliste https://lists.wikimedia.org/pipermail/wikipedia-l/2001-May/000118.htm/

15 Seite »Polymerase-Kettenreaktion«, in: Wikipedia, Die freie Enzyklopädie. Bearbeitungsstand: 12. Mai 2001, 09:51 UTC, https://de.wikipedia.org/w/index.php?title=Polymerase-Kettenreaktion&oldid=2613

16 Jimmy Wales: »Celebration«, E-Mail vom 25. Januar 2002, Mailingliste https://lists.wikimedia.org/pipermail/wikipedia-l/2002-January/001164.html; Übersetzung durch den Autor.

17 Vgl. Seite »List of Wikipedias«, Wikipedia, The Free Encyclopedia, 30 Mai 2020, 13:25 UTC, https://en.wikipedia.org/w/index.php?title=List_of_Wikipedias&oldid=959759962

18 Nathaniel Tkacz: »The Spanish Fork: Wikipedia's ad-fuelled mutiny«, in: *Wired*, 20. Januar 2011, https://www.wired.co.uk/article/wikipedia-spanish-fork

19 Ebenso kann jeder Wikipedia (die Inhalte und die zugrundeliegende Software) jederzeit runterladen und auf eigenen Servern installieren und an-

bieten. Hierzu gibt es zahlreiche Anleitungen (auch bei Wikipedia selber, siehe Seite »Wikipedia:FAQ/Forking«, Wikipedia, The Free Encyclopedia, 24. Dezember 2019, 04:42 UTC, https://en.wikipedia.org/w/index.php?title=Wikipedia:FAQ/Forking&oldid=932205183 – und natürlich gibt es auch eine Wikipedia-Liste der derzeit bekannten aktiven und inaktiven Wikipedia-Klone: Seite »Wikipedia:Mirrors and forks/All«, Wikipedia, The Free Encyclopedia, 2. März 2012, 06:18 UTC, https://en.wikipedia.org/w/index.php?title=Wikipedia:Mirrors_and_forks/All&oldid=479777692

20 Larry Sanger: »Announcement about my involvement in Wikipedia and Nupedia«, E-Mail vom 13. Februar 2002, Mailingliste https://lists.wikimedia.org/pipermail/wikipedia-l/2002-February/001444.html

21 Jimmy Wales: »New to the Wikipedia with a few questions«, E-Mail vom 2. Februar 2002, 16:59 Uhr, Mailingliste https://lists.wikimedia.org/pipermail/wikipedia-l/2002-February/001279.html

22 Jimmy Wales: »New to the Wikipedia with a few questions«, E-Mail vom 2, Februar 2002, 17:40 Uhr, Mailingliste https://lists.wikimedia.org/pipermail/wikipedia-l/2002-February/001281.html; Übersetzung durch den Autor

23 Kurt Jansson: »New to the Wikipedia with a few questions«, E-Mail vom 4. Februar 2020, Mailingliste https://lists.wikimedia.org/pipermail/wikipedia-l/2002-February/001298.html

2. Wie ein Artikel entsteht – und manchmal auch wieder verschwindet

1 Jason Roberts: *A Sense of the World. How a Blind Man Became History's Greatest Traveler*, New York: Harper Collins 2006

2 Eine detaillierte Anleitung findet sich bei Wikimedia: »Mitmachen«, https://www.wikimedia.de/wikimedia-mitmachen/

3 Tanja Loos (Hrsg.): »Das Wikipedia-Lexikon in einem Band: die meistgesuchten Inhalte der freien Enzyklopädie, Gütersloh/München: Wissen Media 2008

4 Seite »Wikipedia:Statistik/Bücherregal«, in: Wikipedia, Die freie Enzyklopädie, Bearbeitungsstand: 25. Mai 2019, 02:22 UTC, https://de.wikipedia.org/w/index.php?title=Wikipedia:Statistik/B%C3%BCcherregal&oldid=188922582

5 Seite »James Holman«, in: Wikipedia, Die freie Enzyklopädie, Bearbeitungsstand: 26. August 2020, 08:34 UTC, https://de.wikipedia.org/w/index.php?title=James_Holman&oldid=203116556

6 Seite »Noctograph«, in: Wikipedia, Die freie Enzyklopädie, Bearbeitungsstand: 20. April 2020, 20:20 UTC, https://de.wikipedia.org/w/index.php?title=Noctograph&oldid=199104358

7 Der Noctograph kam übrigens ab der zweiten Hälfte des 19. Jahrhunderts aus der Mode, als sich der Füllfederhalter und danach der Kugelschreiber durchsetzten. Holman starb 1857, wenige Jahre, nachdem der Füller auf der Weltausstellung 1851 in London vorgestellt worden war; vgl. Seite »Füllfederhalter«, in: Wikipedia, Die freie Enzyklopädie, Bearbeitungsstand: 28. April 2020, 13:53 UTC, https://de.wikipedia.org/w/index.php?title=F%C3%BCllfederhalter&oldid=199384161

8 Statistik der in der deutschen Wikipedia im November 2006 neu erstellten Artikel, https://stats.wikimedia.org/#/de.wikipedia.org/contributing/new-pages/normal|bar|2006-04-01~2007-10-01|page_type~content|monthly

9 Seite »Wikipedia:Was Wikipedia nicht ist«, in: Wikipedia, Die freie Enzyklopädie, Bearbeitungsstand: 3. Januar 2020, 14:16 UTC, https://de.wikipedia.org/w/index.php?title=Wikipedia:Was_Wikipedia_nicht_ist&oldid=195464717

10 Seite »Enzyklopädie«, in: Wikipedia, Die freie Enzyklopädie, Bearbeitungsstand: 12. Mai 2020, 16:30 UTC, https://de.wikipedia.org/w/index.php?title=Enzyklop%C3%A4die&oldid=199881415

11 Seite »Verschwörungstheorien zur Mondlandung«, in: Wikipedia, Die freie Enzyklopädie, Bearbeitungsstand: 31. Mai 2020, 09:23 UTC, https://de.wikipedia.org/w/index.php?title=Verschw%C3%B6rungstheorien_zur_Mondlandung&oldid=200490319

12 Interview mit Larry Sanger, in: blick.ch, erschienen am 18. Februar 2020, online, https://www.blick.ch/news/wirtschaft/web-pionier-larry-sanger-ich-fuehle-mich-schuldig-wikipedia-gegruendet-zu-haben-id15749538.html

13 Seite »Die Schraube an der hinteren linken Bremsbacke am Fahrrad von Ulrich Fuchs«, Wikimedia – Meta-Wiki, Bearbeitungsstand: 28. Oktober 2018, 13:31 UTC, https://meta.wikimedia.org/w/index.php?title=Die_Schraube_an_der_hinteren_linken_Bremsbacke_am_Fahrrad_von_Ulrich_Fuchs&oldid=18527020

14 Tim Bartel: »Was ist relevant für Wikipedia? Kleine Einführung in die komplexe Welt der Relevanzkriterien«, veröffentlicht am 25. März 2013, https://de.slideshare.net/avataryt/relevanzkriterien-in-der-wikipedia, Zitat von Folie 9

15 Seite »Wikipedia:Relevanzkriterien«, in: Wikipedia, Die freie Enzyklopädie, Bearbeitungsstand: 21. Mai 2020, 08:05 UTC, https://de.wikipedia.org/w/index.php?title=Wikipedia:Relevanzkriterien&oldid=200162895

16 Christine Westerhaus: »Männliche Machtstrukturen bremsen Frauen aus«,

Deutschlandfunk vom 4. Oktober 2018, https://www.deutschlandfunk.de/nobelpreisvergabe-maennliche-machtstrukturen-bremsen-frauen.676.de.html?dram:article_id=460317

17 »Nicht wichtig genug – Wikipedia verweigerte Nobelpreisträgerin einen Eintrag«, *Spiegel Online* vom 4. Oktober 2018, https://www.spiegel.de/wissenschaft/mensch/donna-strickland-wikipedia-verweigerte-nobelpreis traegerin-eintrag-a-1231494.html

18 Seite »Pizzakarton«, in: Wikipedia, Die freie Enzyklopädie, Bearbeitungsstand: 17. September 2011, 09:55 UTC, https://de.wikipedia.org/w/index.php?title=Pizzakarton&oldid=93742077

19 Seite »Pizzakarton«, in: Wikipedia, Die freie Enzyklopädie, Bearbeitungsstand: 5. Oktober 2019, 20:19 UTC, https://de.wikipedia.org/w/index.php?title=Pizzakarton&oldid=192882788#Mechanische_Stabilit%C3%A4t_und_Stapelbarkeit

20 Alle Zitate: Seite »Diskussion:Pizzakarton/Archiv/1«, in: Wikipedia, Die freie Enzyklopädie, Bearbeitungsstand: 30. September 2018, 09:15 UTC, https://de.wikipedia.org/wiki/Diskussion:Pizzakarton/Archiv/1#Auszeich nungskanidatur_vom_9.11.-19.11.2011_(Ergebnis:_Lesenswert)

21 Seite »Wikipedia:Auskunft«, in: Wikipedia, Die freie Enzyklopädie, Bearbeitungsstand: 10. September 2020, 13:22 UTC, https://de.wikipedia.org/wiki/Wikipedia:Auskunft

22 »Rennrad-Ventil will Luft nicht ablassen«, Seite »Wikipedia:Auskunft/Archiv/2020/Woche 15«, in: Wikipedia, Die freie Enzyklopädie, Bearbeitungsstand: 22. April 2020, 01:28 UTC, https://de.wikipedia.org/wiki/Wiki pedia:Auskunft/Archiv/2020/Woche_15#Rennrad-Ventil_will_Luft_nicht_ablassen

3. Die Organisation der Wikimedia-Bewegung

1 Interview von Christine Elsaesser mit Jimmy Wales: »Wikipedia Founder: ›Great Ideas Come From Different Places‹«, Deutsche Welle, 28. Juni 2007, https://www.dw.com/en/wikipedia-founder-great-ideas-come-from-diffe rent-places/a-2648396

2 Rupert Neate: »Wikipedia founder Jimmy Wales goes bananas«, in: *Telegraph*, 7. November 2009, https://www.telegraph.co.uk/finance/newsbysector/me diatechnologyandtelecoms/3399843/Wikipedia-founder-Jimmy-Wales-goes-bananas.html

3 »Satzung, Ordnungen und Beschlüsse«, Wikimedia Deutschland, https://www.wikimedia.de/satzung-ordnungen-und-beschluesse/
4 Vgl. Leonhard Dobusch: »Commons als öffentlich-rechtliche Aufgabe: Erfahrungen, Chancen, Herausforderungen«, Netzpolitik.org, https://netzpolitik.org/2019/commons-als-oeffentlich-rechtliche-aufgabe-erfahrungen-chancen-herausforderungen
5 »Ankündigung des Präsidiums«, Mailingliste von Wikimedia Deutschland, 19. Mai 2020, https://lists.wikimedia.org/pipermail/vereinde-l/2014-May/007524.html
6 Die Mitglieder des Vereins sahen das übrigens anders und wählten bei der nächsten Wahl des Aufsichtsgremiums alle bis auf eine der damaligen Befürworter meiner Entlassung ab.

4. Die Finanzen des freien Wissens

1 Carmen Pförtner: »Grün bringt Geld«, in: ZEIT online am 16. Mai 2013, https://www.zeit.de/2013/21/beruf-fundraiser-online
2 Seite »Wikipedia:Fundraiser-Portal«, in: Wikipedia, Die freie Enzyklopädie. Bearbeitungsstand: 16. Juli 2020, 14:56 UTC, https://de.wikipedia.org/w/index.php?title=Wikipedia:Fundraiser-Portal&oldid=201931752

5. Wenn plötzlich Geschichte passiert – vom Umgang mit Nachrichten

1 Das ist die Nachfolgerin der Richterskala, mit der heute die Stärke von Erdbeben gemessen wird; vgl. Seite »Richterskala«, in: Wikipedia, Die freie Enzyklopädie, Bearbeitungsstand: 30. August 2020, 02:09 UTC, https://de.wikipedia.org/w/index.php?title=Richterskala&oldid=203226679
2 Seite »Nuklearkatastrophe von Fukushima«, in: Wikipedia, Die freie Enzyklopädie, Bearbeitungsstand: 11. März 2011, 10:49 UTC, https://de.wikipedia.org/w/index.php?title=Nuklearkatastrophe_von_Fukushima&type=revision&diff=86714345&oldid=86714344
3 Seite »Wikipedia:Was Wikipedia nicht ist«, in: Wikipedia, Die freie Enzyklopädie, Bearbeitungsstand: 3. Januar 2020, 14:16 UTC, https://de.wiki

pedia.org/w/index.php?title=Wikipedia:Was_Wikipedia_nicht_ist&oldid=195464717

4 »Zedler-Preis 2012: Wir gratulieren den Gewinnern!«, Wikimedia Deutschland, https://blog.wikimedia.de/2012/07/02/zedler-preis-2012-wir-gratulieren-den-gewinnern/

5 Seite »COVID-19-Pandemie in Deutschland«, in: Wikipedia, Die freie Enzyklopädie, Bearbeitungsstand: 31. Mai 2020, 19:50 UTC, https://de.wikipedia.org/w/index.php?title=COVID-19-Pandemie_in_Deutschland&oldid=20050627

6 Zum Vergleich: Auf den Diskussionsseiten (inkl. Archiven) des Artikels zu Angela Merkel gibt es 464 Abschnitte, und über den Artikel wird bereits seit September 2001 beraten; Seite »Diskussion:Angela Merkel«, in: Wikipedia, Die freie Enzyklopädie, Bearbeitungsstand: 18. Mai 2020, 00:59 UTC, https://de.wikipedia.org/w/index.php?title=Diskussion:Angela_Merkel&oldid=200056236).
Hier spiegelt sich die hohe Aktualität und auch die sich verändernde Faktenlage der Corona-Pandemie wider – bei einem etablierteren Artikelsubjekt ist der Diskussionsbedarf offensichtlich geringer.

7 Seite »COVID-19-Pandemie in Deutschland«, in: Wikipedia, Die freie Enzyklopädie, Bearbeitungsstand: 31. Mai 2020, 19:50 UTC, https://de.wikipedia.org/w/index.php?title=COVID-19-Pandemie_in_Deutschland&oldid=200506272

8 Seite »COVID-19-Pandemie«. In: Wikipedia, Die freie Enzyklopädie, Bearbeitungsstand: 31. Mai 2020, 20:38 UTC, https://de.wikipedia.org/w/index.php?title=COVID-19-Pandemie&oldid=200507502

9 Seite »SARS-CoV-2«. In: Wikipedia, Die freie Enzyklopädie, Bearbeitungsstand: 29. Mai 2020, 13:04 UTC, https://de.wikipedia.org/w/index.php?title=SARS-CoV-2&oldid=200439706

10 Seite »COVID-19-Pandemie auf den Komoren«, in: Wikipedia, Die freie Enzyklopädie, Bearbeitungsstand: 23. Mai 2020, 16:57 UTC, https://de.wikipedia.org/w/index.php?title=COVID-19-Pandemie_auf_den_Komoren&oldid=200242771

11 Seite »COVID-19-Pandemie in São Tomé und Príncipe«, in: Wikipedia, Die freie Enzyklopädie, Bearbeitungsstand: 29. Mai 2020, 23:41 UTC, https://de.wikipedia.org/w/index.php?title=COVID-19-Pandemie_in_S%C3%A3o_Tom%C3%A9_und_Pr%C3%ADncipe&oldid=200454681

12 Seite »COVID-19-Pandemie in Kiribati«, in: Wikipedia, Die freie Enzyklopädie, Bearbeitungsstand: 4. Mai 2020, 11:53 UTC, https://de.wikipedia.org/w/index.php?title=COVID-19-Pandemie_in_Kiribati&oldid=199605116

13 Seite »Pop-up-Radweg«, in: Wikipedia, Die freie Enzyklopädie, Bearbei-

tungsstand: 29. Mai 2020, 19:46 UTC, https://de.wikipedia.org/w/index.php?title=Pop-up-Radweg&oldid=200450328

14 Seite »Liste abgesagter Veranstaltungen in Deutschland aufgrund der COVID-19-Pandemie«, in: Wikipedia, Die freie Enzyklopädie, Bearbeitungsstand: 31. Mai 2020, 01:38 UTC, https://de.wikipedia.org/w/index.php?title=Liste_abgesagter_Veranstaltungen_in_Deutschland_aufgrund_der_COVID-19-Pandemie&oldid=200482759

15 Seite »Fernsehansprache von Angela Merkel anlässlich der COVID-19-Pandemie«, in: Wikipedia, Die freie Enzyklopädie, Bearbeitungsstand: 28. Mai 2020, 08:06 UTC, https://de.wikipedia.org/w/index.php?title=Fernsehansprache_von_Angela_Merkel_anl%C3%A4sslich_der_COVID-19-Pandemie&oldid=200401477

16 Seite »COVID-19-App«, in: Wikipedia, Die freie Enzyklopädie, Bearbeitungsstand: 31. Mai 2020, 18:51 UTC, https://de.wikipedia.org/w/index.php?title=COVID-19-App&oldid=200504886

17 Seite »COVID-19-Pandemie: Chronik der Ausbreitung in Deutschland«, in: Wikipedia, Die freie Enzyklopädie, Bearbeitungsstand: 30. Mai 2020, 08:04 UTC, https://de.wikipedia.org/w/index.php?title=COVID-19-Pandemie:_Chronik_der_Ausbreitung_in_Deutschland&oldid=200459793

18 Seite »Auswirkungen der COVID-19-Pandemie auf die Anime-Industrie«, in: Wikipedia, Die freie Enzyklopädie, Bearbeitungsstand: 20. Mai 2020, 13:39 UTC, https://de.wikipedia.org/w/index.php?title=Auswirkungen_der_COVID-19-Pandemie_auf_die_Anime-Industrie&oldid=200142286

19 Alle Zitate stammen aus einer E-Mail-Konversation mit Lacsap19 mit dem Autor aus dem April/Mai 2020.

20 Seite »COVID-19-Pandemie in Baden-Württemberg«, in: Wikipedia, Die freie Enzyklopädie, Bearbeitungsstand: 2. September 2020, 12:54 UTC, https://de.wikipedia.org/w/index.php?title=COVID-19-Pandemie_in_Baden-W%C3%BCrttemberg&oldid=203334876

6. Auf den Schultern von Giganten

1 Warren E. Preece und Robert L. Collison: »History of Encyclopaedias«, in: Encyclopædia Britannica, https://www.britannica.com/topic/encyclopaedia, zuletzt aktualisiert am 8. September 2016

2 Francis Bacon: *Über den Wert und die Bereicherung der Wissenschaften*, zitiert

nach: Störig, Hans Joachim: *Kleine Weltgeschichte der Philosophie*, Stuttgart: Fischer Taschenbuch Verlag 1999, S. 346

3 Ulrich Johannes Schneider: »Das Universallexikon von Johann Heinrich Zedler oder die Wikipedia des 18. Jahrhunderts«, *Gegenworte*, Heft 19, Frühjahr 2008, http://www.gegenworte.org/heft-19/schneider19.html

4 »Contribute to our latest appeals«, Oxford English Dictionary, https://public.oed.com/appeals/

5 Vgl. Seite »Encyclopédie«, in: Wikipedia, The Free Encyclopedia, 30 Mai 2020, 10:40 UTC, https://en.wikipedia.org/w/index.php?title=Encyclop%C3%A9die&oldid=959739868

6 So hieß es in der Einleitung des 1. Bandes der Encyclopédie. Claudia Albert: Eintrag »Denis Diderot«, in: Bernd Lutz (Hrsg.): *Metzler Philosophen Lexikon. Von den Vorsokratikern bis zu den Neuen Philosophen*. Berlin/Heidelberg 1995, S. 220–224

7 Vgl. Seite »History of the Encyclopædia Britannica«, in: Wikipedia, The Free Encyclopedia, 30. May 2020, 16:28 UTC, https://en.wikipedia.org/w/index.php?title=History_of_the_Encyclop%C3%A6dia_Britannica&oldid=959785723#Policy_of_continuous_revision

8 Urs Hafner: »Es ist aus mit dem »Brockhaus«, in: *Neue Zürcher Zeitung* vom 6. Januar 2014, https://www.nzz.ch/wissenschaft/bildung/es-ist-aus-mit-dem-brockhaus-1.18215199

9 Andreas Platthaus: »Der Untergang des Lexikons«, in: *Frankfurter Allgemeine Zeitung* vom 6. Juli 2014, https://www.faz.net/aktuell/feuilleton/buecher/themen/wikipedia-hat-brockhaus-beerbt-13028236.html

10 *Meyers Konversations-Lexikon*, 1888; Autorenkollektiv, Verlag des Bibliographischen Instituts, Leipzig und Wien, vierte Auflage, 1885–1892; 3. Band, Scite 1028 im Internet seit 2005; Text geprüft am 19.6.2007; publiziert von Peter Hug; Abruf am 7.8.2020 unter http://www.eLexikon.ch/03_1028. Weitere Beispiele für Korrespondenzblätter finden sich auf Wikimedia Commons (Online https://commons.wikimedia.org/w/index.php?title=Category:MKL_-_Complete_pages:_Book_17&filefrom=Meyers+b17+s1061 und _ https://commons.wikimedia.org/w/index.php?title=Category:MKL_-_Complete_pages:_Book_18&filefrom=Meyers+b18+s1027)

11 Seite »Ricardo (Internetauktionshaus)«, in: Wikipedia, Die freie Enzyklopädie, Bearbeitungsstand: 11. Februar 2020, 15:19 UTC, https://de.wikipedia.org/w/index.php?title=Ricardo_(Internetauktionshaus)&oldid=196724056

12 Seite »Wikipedia meets Brockhaus«, Wikimedia – Meta-Wiki, Bearbeitungsstand: 6. Februar 2009, 14:07 UTC, https://meta.wikimedia.org/w/index.php?title=Wikipedia_meets_Brockhaus&oldid=1377826

13 Vgl. Björn Hoffmann: »Die Suchmaschine ist der Brockhaus von heute«, Buchreport, 17. Januar 2011, https://www.buchreport.de/news/die-suchmaschine-istE-der-brockhaus-von-heute/

14 Ebenda

15 Torsten Kleinz: »Brockhaus-Verlag setzt auf Mediawiki«, Heise online, 29. August 2008, https://www.heise.de/newsticker/meldung/Brockhaus-Verlag-setzt-auf-Mediawiki-156608.html

16 Torsten Kleinz: »Meyers Lexikon lässt Leser mitschreiben«, Heise online, 11. September 2007, https://www.heise.de/newsticker/meldung/Meyers-Lexikon-laesst-Leser-mitschreiben-173793.html

17 Björn Hoffmann: »Die Suchmaschine ist der Brockhaus von heute«, Buchreport, 17. Januar 2011, https://www.buchreport.de/news/die-suchmaschine-ist-der-brockhaus-von-heute/

18 Vgl. Jens Balzer: *Das entfesselte Jahrzehnt. Sound und Geist der 70er*, Berlin: Rowohlt Berlin 2019

19 Seite »Hackerethik«., in: Wikipedia, Die freie Enzyklopädie, Bearbeitungsstand: 8. August 2020, 23:39 UTC, https://de.wikipedia.org/w/index.php?title=Hackerethik&oldid=202613442

7. Blick hinter die Kulissen: im Maschinenraum des freien Wissens

1 Christine Auerbach/Maximilian Zierer: »Wikipedia-Artikel über Abgeordnete vom Bundestag aus geschönt«, BR24 vom 14. September 2017, https://www.br.de/bundestagswahl/wikipedia-artikel-abgeordnete-bundestag-100.html

2 Twitter-Kanal »Bundesedit«, https://twitter.com/bundesedit

3 Karin Janker/Thomas Urban: »Die Besserwisserei«, in: *Süddeutsche Zeitung*, 05.10.2019, Ausgabe Deutschland, S. 11/Ressort: Buch Zwei

4 Winfried Weithofer: »Wikis Willkür«, in: *Stuttgarter Zeitung*, 21.01.2017, S. 24, https://www.stuttgarter-zeitung.de/inhalt.autoren-schimpfen-ueber-online-enzyklopaedie-wikis-willkuer.204bf525-4bad-4a55-8567-489613a0241c.html

5 Peter Gnaiger: »Wikipedia: Das große Puzzle des Wissens 123«, in: *Salzburger Nachrichten*, Nr. 47 vom 25.02.2017, S. 32, https://www.sn.at/panorama/medien/wikipedia-das-grosse-puzzle-des-wissens-123-76828

6 Seite »Projekt Goldener Schild«, in: Wikipedia, Die freie Enzyklopädie, Bearbeitungsstand: 9. September 2020, 14:48 UTC, https://de.wikipedia.org/w/index.php?title=Projekt_Goldener_Schild&oldid=203530401

7 Manuel Merz: *Die Wikipedia-Community. Typologie der Autorinnen und Autoren der freien Online-Enzyklopädie*, Wiesbaden 2019

8 »Internetnutzer in Deutschland nach beruflicher Ausbildung im Vergleich mit der Bevölkerung im Jahr 2019«, Statista, Zugriff: 24. Juli 2020, https://de.statista.com/statistik/daten/studie/940098/umfrage/umfrage-unter-internetnutzern-in-deutschland-zur-beruflichen-ausbildung/

9 Seite »Wikipedia:Redaktion Biologie/Bestimmung«, in: Wikipedia, Die freie Enzyklopädie, Bearbeitungsstand: 29. Mai 2020, 23:43 UTC, https://de.wikipedia.org/wiki/Wikipedia:Redaktion_Biologie/Bestimmung

10 Seite »Wikipedia:Treffen der Wikipedianer«. In: Wikipedia, Die freie Enzyklopädie, Bearbeitungsstand: 8. April 2020, 08:47 UTC, https://de.wikipedia.org/w/index.php?title=Wikipedia:Treffen_der_Wikipedianer&oldid=198635475

11 Wikimedia Foundation: Seite »Community Insights/2018 Report«, Wikimedia – Meta-Wiki, Bearbeitungsstand: 24. April 2020, 22:18 UTC, https://meta.wikimedia.org/w/index.php?title=Community_Insights/2018_Report&oldid=20012487

12 Seite »Wikipedia:WikiCon 2019/Evaluation«, in: Wikipedia, Die freie Enzyklopädie, Bearbeitungsstand: 13. Januar 2020, 22:32 UTC, https://de.wikipedia.org/w/index.php?title=Wikipedia:WikiCon_2019/Evaluation&oldid=195795080

13 Seite »Wikipedia:WikiCon 2019/Programm«, in: Wikipedia, Die freie Enzyklopädie, Bearbeitungsstand: 7. Oktober 2019, 20:17 UTC,https://de.wikipedia.org/w/index.php?title=Wikipedia:WikiCon_2019/Programm&oldid=192942614

14 Seite »Wikipedia:WikiCon 2019/Evaluation«, in: Wikipedia, Die freie Enzyklopädie, Bearbeitungsstand: 13. Januar 2020, 22:32 UTC, https://de.wikipedia.org/w/index.php?title=Wikipedia:WikiCon_2019/Evaluation&oldid=195795080

15 Seite »Donauturm«, in: Wikipedia, Die freie Enzyklopädie, Bearbeitungsstand: 28. Oktober 2009, 13:54 UTC, https://de.wikipedia.org/w/index.php?title=Donauturm&oldid=66118155

16 Seite »Donauturm«, in: Wikipedia, Die freie Enzyklopädie, Bearbeitungsstand: 30. Oktober 2009, 20:42 UTC, https://de.wikipedia.org/w/index.php?title=Donauturm&oldid=66213148

17 Seite »Diskussion:Donauturm/Archiv/2«, in: Wikipedia, Die freie Enzyklopädie, Bearbeitungsstand: 9. Mai 2010, 14:19 UTC, https://de.wiki

pedia.org/w/index.php?title=Diskussion:Donauturm/Archiv/2&oldid=74148011#Donauturm

18 Seite »Wikipedia:Administratoren«. In: Wikipedia, Die freie Enzyklopädie. Bearbeitungsstand: 29. April 2020, 14:15 UTC, https://de.wikipedia.org/w/index.php?title=Wikipedia:Administratoren&oldid=199423190

19 Seite »Wikipedia:Schiedsgericht/Geschichte«, in: Wikipedia, Die freie Enzyklopädie, Bearbeitungsstand: 19. Februar 2020, 20:12 UTC, https://de.wikipedia.org/w/index.php?title=Wikipedia:Schiedsgericht/Geschichte&oldid=196972203#Die_Einsetzung_des_ersten_Schiedsgerichts_in_der_englischen_Wikipedia

20 Seite »Diskussion:Donauturm«, in: Wikipedia, Die freie Enzyklopädie, Bearbeitungsstand: 29. Dezember 2009, 09:17 UTC, https://de.wikipedia.org/w/index.php?title=Diskussion:Donauturm&oldid=68556825#Der_Community_hat_entschieden:_der_Donauturm_darf_kein_Fernsehturm_sein

21 Seite »Wikipedia:Meinungsbilder/MB Verbindlichkeit genealogische Zeichen«, in: Wikipedia, Die freie Enzyklopädie, Bearbeitungsstand: 18. Dezember 2014, 23:02 UTC, https://de.wikipedia.org/w/index.php?title=Wikipedia:Meinungsbilder/MB_Verbindlichkeit_genealogische_Zeichen&oldid=136910713

8. Stalins Badezimmer: Fehler, Fakes und Fantasien

1 Seite »Karl-Marx-Allee«, in: Wikipedia, Die freie Enzyklopädie, Bearbeitungsstand: 16. Februar 2009, 20:13 UTC, https://de.wikipedia.org/w/index.php?title=Karl-Marx-Allee&oldid=56754304

2 Seite »Berolinismus«, in: Wikipedia, Die freie Enzyklopädie, Bearbeitungsstand: 30. August 2020, 09:49 UTC, https://de.wikipedia.org/w/index.php?title=Berolinismus&oldid=203234543

3 »Eine Nacht im Badezimmer von Stalin«. Spiegel Online vom 11. Oktober 2010, https://www.spiegel.de/lebenundlernen/uni/social-networks-im-echttest-eine-nacht-im-badezimmer-von-stalin-a-722111.html

4 Eva-Maria Hilker: »In der Karl-Marx-Allee haben es Gastronomen schwer, ihre Kundschaft zu finden«, in: *Berliner Zeitung* vom 25. Februar 2011, https://www.berliner-zeitung.de/in-der-karl-marx-allee-haben-es-gastronomen-schwer-ihre-kundschaft-zu-finden-von-eva-maria-hilker-eine-krude-mischung-li.6675

5 »Das längste Baudenkmal Europas«, in: *Berliner Morgenpost* vom 1. März 2011, https://www.morgenpost.de/printarchiv/top-bmlive/article104833006/Das-laengste-Baudenkmal-Europas.html

6 Vgl. Clay Risen: »Beer in the Ruins of Communism«, in: *The Atlantic*, 12. August 2009, https://www.theatlantic.com/health/archive/2009/08/beer-in-the-ruins-of-communism/23104/

7 Peter Jäger, Leserbriefe, in: *Berliner Zeitung* vom 1. März 2011, https://www.berliner-zeitung.de/leserbriefe-li.6673

8 Andreas Kopietz: »Wikipedia-Selbstversuch: Wie ich Stalins Badezimmer erfand«, in: *Berliner Zeitung* vom 29. März 2012, https://www.berliner-zeitung.de/wikipedia-selbstversuch-wie-ich-stalins-badezimmer-erschuf-li.6677

9 Aus einem Gespräch des Autors auf Twitter mit Andreas Kopietz vom 20. Mai 2020.

10 Seite »Rhein«, in: Wikipedia, Die freie Enzyklopädie, Bearbeitungsstand: 31. Juli 2002, 17:16 UTC, https://de.wikipedia.org/w/index.php?title=Rhein&oldid=11523

11 Christopher Schrader, Berit Uhlmann: »Jahrhundert-Irrtum«, in: *Süddeutsche Zeitung*, 28. März 2010, https://www.sueddeutsche.de/wissen/der-rhein-ist-kuerzer-als-gedacht-jahrhundert-irrtum-1.24664

12 Schrader, Uhlmann, in: *Süddeutsche Zeitung*, 28. März 2010

13 Seite »Rhein«, in: Wikipedia, Die freie Enzyklopädie, Bearbeitungsstand: 30. Januar 2010, 13:07 UTC, https://de.wikipedia.org/w/index.php?title=Rhein&oldid=69998827

14 »Länge des Rheins (Update 2015)«, Internationale Kommission für die Hydrologie des Rheingebiets, 9. Januar 2015, http://www.chr-khr.org/de/nachrichten/lange-des-rheins-update-2015

15 Eintrag »Jimmy Wales/Researchers Note«, in: *Encyclopædia Britannica*, https://www.britannica.com/biography/Jimmy-Wales

16 Eintrag von Jimmy Wales auf seiner Diskussionsseite vom 19. Februar 2015, Seite »User talk:Jimbo Wales/Archive 183«, Wikipedia, The Free Encyclopedia, 24. Januar 2016, 00:59 UTC, https://en.wikipedia.org/wiki/User_talk:Jimbo_Wales/Archive_183#Your_birthdate. Zur Geschichte um das richtige Datum siehe auch Mike Rogoway: »Wikipedia & its founder disagree on his birth date«, in: *The Oregonian/OregonLive* vom 27. März 2019, https://www.oregonlive.com/siliconforest/2007/07/on_wikipedia_and_its_founders.html

17 Seite »Warsaw concentration camp«, Wikipedia, The Free Encyclopedia, 27. Mai 2020, 10:52 UTC, https://en.wikipedia.org/w/index.php?title=Warsaw_concentration_camp&oldid=959148457 (Übersetzung durch den Autor)

18 Omer Benjakob: »The Fake Nazi Death Camp: Wikipedia's Longest Hoax, Exposed«, in: *Ha'aretz*, 4. Oktober 2019, https://www.haaretz.com/israel-news/.premium.MAGAZINE-the-fake-nazi-death-camp-wikipedia-s-longest-hoax-exposed-1.7942233

19 Siehe den Artikel von Omer Benjakob: »The Fake Nazi Death Camp: Wikipedia's Longest Hoax, Exposed«, in: *Haaretz*, 4. Oktober 2019, https://www.haaretz.com/israel-news/.premium.MAGAZINE-the-fake-nazi-death-camp-wikipedia-s-longest-hoax-exposed-1.7942233

20 Seite »KZ Warschau«, in: Wikipedia, Die freie Enzyklopädie, Bearbeitungsstand: 15. Februar 2005, 14:05 UTC, https://de.wikipedia.org/w/index.php?title=KZ_Warschau&oldid=4893725

21 Seite »KZ Warschau«, in: Wikipedia, Die freie Enzyklopädie, Bearbeitungsstand: 26. Juni 2020, 15:33 UTC, https://de.wikipedia.org/w/index.php?title=KZ_Warschau&oldid=201329932

22 Moritz Tschermak deckte im Watchblog *bildblog.de* diese Geschichte auf: »›Verlagsleitung BILD Gruppe‹ hübscht ›Bild am Sonntag‹ bei Wikipedia auf«, bildblog.de, 29. Mai 2019, https://bildblog.de/111102/verlagsleitung-bild-gruppe-huebscht-bild-am-sonntag-bei-wikipedia-auf/

23 Seite »Bild am Sonntag«, in: Wikipedia, Die freie Enzyklopädie, Bearbeitungsstand: 27. Mai 2019, 14:02 UTC, https://de.wikipedia.org/w/index.php?title=Bild_am_Sonntag&oldid=188998165

24 Tschermak, 29. Mai 2019

25 Vgl. Adrian Lobe: »Gekaufte Wahrheiten auf Wikipedia«, in: *Süddeutsche Zeitung*, 29. Juni 2019, https://www.sueddeutsche.de/digital/wikipedia-werbung-manipulation-schleichwerbung-wissen-1.4496890

26 Vgl. »Atomiccocktail«, xtools, https://xtools.wmflabs.org/ec/de.wikipedia/Atomiccocktail?uselang=de

27 Seite »Teemaschine«, in: Wikipedia, Die freie Enzyklopädie, Bearbeitungsstand: 9. Dezember 2019, 17:49 UTC, https://de.wikipedia.org/w/index.php?title=Teemaschine&oldid=194772270

28 »Requests for content alteration and takedown«, Wikimedia Foundation, https://wikimediafoundation.org/about/transparency/2019-2/requests-for-content-alteration-and-takedown/

29 Seite »Rudolph Moshammer«, in: Wikipedia, Die freie Enzyklopädie, Bearbeitungsstand: 13. Januar 2020, 18:12 UTC, https://de.wikipedia.org/w/index.php?title=Rudolph_Moshammer&oldid=195787770

30 Seite »Wikipedia:Wikipedia als Quelle für Gerichte«, in: Wikipedia, Die freie Enzyklopädie, Bearbeitungsstand: 4. April 2020, 19:37 UTC, https://de.wikipedia.org/w/index.php?title=Wikipedia:Wikipedia_als_Quelle_f%C3%BCr_Gerichte&oldid=198479077

9. Das globale Wikiversum

1 Vgl. Denny Vrandečić: »Architecture for a Multilingual Wikipedia«, 2020. https://arxiv.org/pdf/2004.04733.pdf

2 Seite »Die Simpsons/Episodenliste«, in: Wikipedia, Die freie Enzyklopädie, Bearbeitungsstand: 18. Mai 2020, 03:32 UTC, https://de.wikipedia.org/w/index.php?title=Die_Simpsons/Episodenliste&oldid=200057562

3 Z.B. Seite »Die Simpsons/Staffel 1«, in: Wikipedia, Die freie Enzyklopädie, Bearbeitungsstand: 11. April 2020, 05:46 UTC, https://de.wikipedia.org/w/index.php?title=Die_Simpsons/Staffel_1&oldid=198731527

4 Seite »Kategorie:Die Simpsons«, in: Wikipedia, Die freie Enzyklopädie, Bearbeitungsstand: 9. August 2014, 14:00 UTC, https://de.wikipedia.org/w/index.php?title=Kategorie:Die_Simpsons&oldid=132920016

5 Seite »Portal:The Simpsons«, in: Wikipedia, The Free Encyclopedia, Bearbeitungsstand: 21. April 2020, 08:10 UTC, https://en.wikipedia.org/w/index.php?title=Portal:The_Simpsons&oldid=950290867

6 Vgl. Seite »Bot«, in: Wikipedia, Die freie Enzyklopädie, Bearbeitungsstand: 25. Mai 2020, 00:43 UTC, https://de.wikipedia.org/w/index.php?title=Bot&oldid=200290955

7 Vgl. Ellen Emmerentze Jervell: »For This Author, 10,000 Wikipedia Articles Is a Good Day's Work«, in: *Wall Street Journal*, 13. Juli 2014, https://www.wsj.com/articles/for-this-author-10-000-wikipedia-articles-is-a-good-days-work-1405305001

8 Vgl. Seite »Lsjbot«, in: Wikipedia, Die freie Enzyklopädie, Bearbeitungsstand: 17. Juni 2019, 20:08 UTC, https://de.wikipedia.org/w/index.php?title=Lsjbot&oldid=189627193

9 Vgl. Seite »Tian'anmen-Massaker«, in: Wikipedia, Die freie Enzyklopädie, Bearbeitungsstand: 22. April 2020, 17:20 UTC, https://de.wikipedia.org/w/index.php?title=Tian%E2%80%99anmen-Massaker&oldid=199172598; auf Kantonesisch: https://zh-yue.wikipedia.org/wiki/%E5%85%AB%E4%B9%9D%E6%B0%91%E9%81%8B

10. Die Weiterentwicklung der Wikipedia-Idee

1 Seite »德国«, Wuu- Wikipedia, Bearbeitungsstand: 4. Juli 2015, 21:57 UTC, https://wuu.wikipedia.org/w/index.php?title=%E5%BE%B7%E5%9B%BD&oldid=200781

2 Seite »Jẹ́mánì«, Yoruba-Wikipedia, Bearbeitungsstand: 20. Mai 2020, 13:06 UTC, https://yo.wikipedia.org/w/index.php?title=J%E1%BA%B9%CC%81m%C3%A1n%C3%AC&oldid=534553

3 Zitiert nach: Anton Weste: »Automatisierung als Lösung für Wikipedias Probleme mit Freiwilligen?«, in: *Technology Review* vom 22. August 2016, https://www.heise.de/newsticker/meldung/Automatisierung-als-Loesung-fuer-Wikipedias-Probleme-mit-Freiwilligen-3301400.html

4 Wikimedia-Chefin Maher im Interview mit Torsten Kleinz: »Vielleicht gibt es nur Platz für eine Organisation wie uns«, in: Heise.de vom 16. Mai 2018, https://www.heise.de/newsticker/meldung/Wikimedia-Chefin-Maher-im-Interview-Vielleicht-gibt-es-nur-Platz-fuer-eine-Organisation-wie-uns-4050414.html

5 »A new AI language model generates poetry and prose«, in: *The Economist*, 8. August 2020, https://www.economist.com/science-and-technology/2020/08/08/a-new-ai-language-model-generates-poetry-and-prose

6 Drew Harwell: »AI models beat humans at reading comprehension, but they've still got a ways to go«, in: *Washington Post* vom 17. Januar 2018, https://www.washingtonpost.com/business/economy/ais-ability-to-read-hailed-as-historical-milestone-but-computers-arent-quite-there/2018/01/16/04638f2e-faf6-11e7-a46b-a3614530bd87_story.html

7 Seite »FürthWiki:Über FürthWiki«, in: FürthWiki, Bearbeitungsstand: 11. Mai 2020, 20:50 UTC, https://www.fuerthwiki.de/wiki/index.php?title=F%C3%BCrthWiki:%C3%9Cber_F%C3%BCrthWiki&oldid=304295

8 Vgl. www.skipperguide.de, https://offene-bibel.de/, https://klexikon.zum.de.

9 Seite »Kategorie:Wikiprojekt«, in: Wikipedia, Die freie Enzyklopädie, Bearbeitungsstand: 6. Januar 2019, 15:01 UTC, https://de.wikipedia.org/w/index.php?title=Kategorie:Wikiprojekt&oldid=184456639

10 Thiago Henrique Poiani, Roberto Rocha, Livia Degrossi, Joao De Albuquerque (2016): »Potential of Collaborative Mapping for Disaster Relief: A Case Study of OpenStreetMap in the Nepal Earthquake 2015«, HICSS '16: *Proceedings of the 2016 49th Hawaii International Conference on System Sciences* (HICSS), Januar 2016, S. 188–197, https://doi.org/10.1109/HICSS.2016.31

11 Annie Sneed, »The Open Source Maps That Make Rescues in Nepal Possible«, in: *Wired*, 5. August 2015, https://www.wired.com/2015/05/the-open-source-maps-that-made-rescues-in-nepal-possible/.

12 Seite »Crisis mapping«, in: Wikipedia, Die freie Enzyklopädie, Bearbeitungsstand: 21. März 2020, 02:23 UTC, https://de.wikipedia.org/w/index.php?title=Crisis_mapping&oldid=197950836

13 »Wikipedia-Gründer kritisiert Wikileaks scharf«, in: *Handelsblatt* vom 28. September 2010, https://www.handelsblatt.com/technik/it-internet/ent

huellungsplattform-wikipedia-gruender-kritisiert-wikileaks-scharf/3549704.html

14 http://wiki-de.genealogy.net/

15 https://www.kochwiki.org

16 http://www.mein-kroatien.info/

17 http://ddr-fahrradwiki.de/

18 https://www.c64-wiki.de

19 http://www.zauber-pedia.de

20 https://simpsonspedia.net

21 https://www.karl-may-wiki.de

22 http://wikicars.org

23 https://hortipedia.com

24 https://wikiindex.org

11. Wikipedia in Gefahr – und nur Autorinnen können sie retten

1 Unboxing Wikipedia: Gendergap in Artikeln, 11.11.2019, https://youtu.be/YQjvOYOpxaE

2 Leonie Bossemeyer: »Warum das Frauenproblem bei Wikipedia so tief sitzt«, in: Spiegel Online vom 12. Dezember 2018, https://www.spiegel.de/kultur/gesellschaft/wikipedia-hat-ein-frauenproblem-klischees-von-weiblichkeit-a-1231017.html

3 Claudia Wagner, David Garcia, Mohsen Jadidi, Markus Strohmaier: »It‘s a man‘s Wikipedia? Assessing gender inequality in an online encyclopedia«, Association for the Advancement of ArtificialIntelligence, 2015, https://www.aaai.org/ocs/index.php/ICWSM/ICWSM15/paper/viewFile/10585/10528

4 Zitiert nach: Julia Stürzl, »Diese Frauen wollen Wikipedia weiblicher machen«, in: ze.tt vom 30. Dezember 2018, https://ze.tt/diese-frauen-wollen-wikipedia-weiblicher-machen/

5 Jana Werg, Svenja Wilhelm, Dirk Scheffler: Bericht der Ergebnisse der AutorInnenbefragung »Willkommenskultur für NeuautorInnen bei Wikipedia«. im Auftrag von Wikimedia Deutschland, 2016. Online: https://upload.wikimedia.org/wikipedia/commons/a/a8/Bericht_der_Ergebnisse_der_AutorInnenbefragung_2016_%E2%80%9CWillkommenskultur_f%C3%BCr_NeuautorInnen_bei_Wikipedia%E2%80%9D.pdf

Gunter Dueck
Heute schon einen Prozess optimiert?
Das Management frisst seine Mitarbeiter

2020. 328 Seiten.
Hardcover gebunden
mit Schutzumschlag
auch als E-Book erhältlich

Wir sind die Roboter

Alle reden vom Menschen 4.0. Der sei kreativ, selbstverantwortlich und eigeninitiativ – aber in Wirklichkeit werden wir hart dressiert und im Tagesgeschäft von Prozessorientierung und Dauerkontrollen gequält. Die Großsysteme haben die Menschen roboterisiert. Und dann sollen eben dieselben innovativ und neugierig sein?

Gunter Dueck führt die grausame Unternehmensrealität vor Augen – unbarmherzig scharf, hinreißend nah am Objekt. Die Unternehmen handeln zukunftsfeindlich, wenn sie ihre Mitarbeiter standardisieren und sich – entgegen aller Erfordernisse – eben nicht für die digitale Welt neu erfinden.

campus.de

campus
Frankfurt. New York